Alois Gmeiner

Das Low-Budget-Werbe 1 x 1 für Selbständige und Kleinunternehmer

Alois Gmeiner

Das Low-Budget-Werbe 1 x 1 für Selbständige und Kleinunternehmer

Schritt für Schritt die besten Werbestrategien, Werbemedien, Werbemittel

REDLINE WIRTSCHAFT
bei verlag moderne industrie

Die Deutsche Bibliothek – CIP-Einheitsaufnahme

Gmeiner, Alois:
Das Low-Budget-Werbe-1-x-1 für Selbständige und Kleinunternehmer :
Schritt für Schritt die besten Werbestrategien, Werbemedien, Werbemittel / Alois Gmeiner. – 2. Aufl. – München : Redline Wirtschaft bei Verl.
Moderne Industrie, 2002
ISBN 3-478-85470-9

2. Auflage 2002
1. Auflage 2000 erschienen unter ISBN 3-478-85340-0

Copyright © 2002 verlag moderne industrie, 80992 München
Internet: http://www.redline-wirtschaft.de

Copyright © 2000 mvg-verlag im verlag moderne industrie AG & Co.
KG, 86895 Landsberg am Lech

Umschlaggestaltung: Vierthaler & Braun, München
Satz: Wolfgang Appun, München
Druck: Himmer GmbH, Augsburg
Bindearbeiten: Thomas-Buchbinderei, Augsburg
Printed in Germany 85470/1021501
ISBN 3-478-85470-9

Inhalt

5

Es war einmal um 7.30 Uhr morgens ...

Vor kurzem hat mich ein ehemaliger Teilnehmer eines meiner vielen Werbeseminare angerufen. >**Klingeling**< Es war 7.30 früh. >**Klingeling**< – eigentlich „zu früh" für einen Kreativen wie mich. >**Klingeling**< „Ja. Ja ... >**Klingeling**< JAAAAA, komm' ja schon, nur keine Panik." >**Klingeling**< Müde schleppte ich mich zum Telefon und durchaus knurrig nahm ich den Hörer ab. Darauf folgte dieses Gespräch:

Sehr fröhlich erregte Stimme:	„Hallo, Herr Gmeiner!?"
Weniger fröhlich erregte Stimme:	„Mmmmh!"
Noch immer fröhlich erregt:	„Ich bin bei Ihnen im Tischler-Werbekurs gewesen, vor 2 Wochen."
Pflichtbewusst freundlich:	„Ääähh jaaaa, weiß schon ... mmmhh."
Enthusiastisch:	„Na ja, ich wollte Ihnen nur sagen, dass ich ein Direct-Mailing gemacht habe, genauso wie sie das im Kurs gezeigt haben ..."
Freundlich skeptisch:	„Jaaa ... und ...?"
Erklärend:	„Na, also ich habe doch den Betrieb von meinem Vater übernommen, die Tischlerei eben, und da habe ich halt alle Kunden aus der Kartei von meinem Vater angeschrieben, wie Sie es im Kurs gesagt haben ..."
Sehr skeptisch:	„Äh, ja ...?"
Überschwänglich:	„Ja, was ... also, es hat toll funktioniert. Super, he, he!"
Merklich erleichtert:	„Ohhhhhh, na toll!"
Optimistisch:	„Ja, gleich am zweiten Tag nach der Aussendung sind die ersten Antwortkarten eingetrudelt. Und jetzt, was soll ich sagen ..."
Relaxed und ... munter:	„Na, was, sind Aufträge daraus geworden?"
Freudig erregt:	„Jaaaa, bisher sechs größere Aufträge, da habe ich eine Zeit lang zu tun."
Ganz souverän:	„Na sehen Sie, ich hab doch gesagt, dass die ersten Erfolge in längstens 14 Tagen kommen."
Überschwänglich:	„Ja, danke noch mal – sensationell – und als nächste Werbung versuchen wir ein Flugblatt, das ich in meiner nächsten Umgebung verteilen lassen werde – bin gespannt. Ich halte Sie auf dem Laufenden. Der Kurs war toll."

Nach diesem netten Anruf konnte der Tag nur mehr hervorragend werden.

Solche Anrufe bekomme ich nach meinen Kursen des Öfteren (allerdings meist zu einer späteren Stunde am Tag). Sie beweisen mir immer wieder, dass die vorgestellten und propagierten Werbemethoden auch tatsächlich funktionieren. Und dass mit kleinen, ja sogar kleinsten Budgets eine ganze Menge bewegt werden kann. Man muss nur wissen, wie es geht.

Low Budget?!

Low Budget – ein Ausdruck aus dem Englischen – bedeutet nichts anderes als „kleines Budget" oder „niedriges Budget" und beschreibt daher präzise jene Situation, die in Hunderttausenden Kleinbetrieben tagtäglich anzutreffen ist: „No money" – kein Geld. Und genau darum habe ich bei diesem Buch den Schwerpunkt auf die Low-Budget-Problematik gelegt. Schon im Titel dieses Buches wollte ich Sie darauf aufmerksam machen, dass Werbung auch ohne die gigantischen Budgets der großen Markenfirmen funktioniert. Leider glauben die meisten Unternehmer in Klein- und Mittelbetrieben noch immer, dass „gute Werbung" nur mit „viel Geld" einhergeht. Meiner Meinung nach war das nie so und es wird auch nie so sein. Das beweisen die eklatanten Marketing- und Werbeflops der Großen. Denn auch mit viel Geld kann nichts „verkauft" werden, wenn grundsätzliche und schwer wiegende Fehler in der Ansprache der Kunden und in der Kommunikation gemacht werden. Sie finden einige Beispiele in diesem Buch. Außerdem: Viel Geld in die Werbung zu stecken, ist keine Kunst: Das kann jeder. Aber mit wenig Geld große Erfolge zu erzielen, dazu gehört eine gesunde Portion Know-how. Genauer: das Wissen um die vielen kleinen Regeln, Tricks und Kniffe der Werbung. Wohl gemerkt, es sind keine Geheimnisse, um die es geht. Aber auch mich erstaunt es immer wieder, dass es oft nur einzelne Worte sind (siehe „Werbezauberworte"), die aus einer gewöhnlichen Anzeige eine „Erfolgsanzeige" machen oder aus einem billigen Flugblatt einen „Umsatzbringer".

Low-Budget-Werbung muss sein:

Auffälliger als die anderen
Ungewöhnlicher als die anderen
Besser als die anderen
Erfolgreicher als die anderen
Billiger als die anderen

Kurz gesagt:

Anders als die anderen

Das „kleine" und „große" Werbe 1x1?!

Jeder kann rechnen, der eine besser, der andere schlechter – aber alle können es und tun es täglich! Und eines ist interessant: Es gibt auf der Welt Millionen von Unternehmern und von diesen Unternehmern gibt es sicher Hunderttausende, die nicht (oder nicht gut) schreiben können – dennoch führen sie erfolgreich ihr Geschäft. Aber es gibt weltweit keinen Unternehmer, der weder rechnen kann noch muss. Egal, ob es sich bei diesem Unternehmer um einen fliegenden Händler in Afrika handelt, der im Busch seine Habseligkeiten verkaufen möchte, oder um den Hamburger Großhändler, der tagtäglich für Millionen Mark Ware ein- und verkauft. Alle rechnen, es gehört sozusagen zum Grundhandwerk eines jeden Geschäftsmannes. Und genauso wie alle Unternehmer der Welt rechnen können, genau so ist es auch mit der Werbung:

Alle Unternehmer dieser Welt betreiben Werbung!

Nur wissen es die meisten gar nicht. Denn sie machen es seit jeher – unbewusst – und meist ohne spezielles Werbebudget. Und so wie der Hamburger Geschäftsmann etwas kompliziertere Berechnungen anstellen muss als der fliegende Händler in Afrika, genauso ist auch die Werbung in unserer komplexeren westlichen Industriegesellschaft eben ein wenig komplizierter als im afrikanischen Busch. Denn Sie wissen schließlich, was eine Anzeige ist. Vielleicht haben Sie sogar schon eine oder mehrere Anzeigen geschaltet oder in Auftrag gegeben. Sie sehen tagtäglich Plakate, Prospekte, Visitenkarten, Flugblätter, TV-Spots und hören Radiospots. Darüber muss ich Sie also nicht mehr aufklären. Das „Große Werbe 1x1" beschäftigt sich daher mehr mit den Feinheiten der Werbung, zum Beispiel, wie man aus einer „Normalanzeige" eine „Erfolgsanzeige" macht oder aus 20 Sekunden Radiospotzeit 20 „umsatzbringende" Sekunden für Ihr Unternehmen.

Und: Nicht trockene Theorie ist das Ziel, sondern so viel praktisches Wissen, dass Sie schon bei Ihren ersten „Werbe-Experimenten" voll ins Schwarze treffen und mehr Umsatz machen, noch dazu mit möglichst wenig Werbebudget. Denn von einer Sache bin ich so sehr überzeugt, dass ich sie zu meinem Firmen-Slogan erkoren habe:

> **!**   Werbung ist keine Frage des Budgets — sondern der Ideen!

Erwarten Sie von diesem Buch:

→ Vorschläge, die mit wenigen hundert Mark Einsatz mehrere tausend oder sogar zehntausend Mark Umsatz bringen;
→ Vorschläge, die Sie selbst am Computer verwirklichen können;
→ Vorschläge, die Ihnen tatsächlich bereits nach 14 Tagen neue Kunden und mehr Umsatz bringen;
→ Vorschläge, wie sie sich von Ihrer Konkurrenz absetzen können;
→ Vorschläge, die nicht nur Ihre Werbung, sondern auch Ihr Marketing beeinflussen werden;
→ Vorschläge, die klein im Aufwand, aber groß in der Wirkung sein werden;
→ Vorschläge und Beispiele, die in der Praxis auch tatsächlich genau so funktioniert haben.

Erwarten Sie von diesem Buch nicht:

→ Reine Theorie ohne jeden Praxisbezug;
→ wissenschaftliches Zahlen- oder Tabellenmaterial;
→ Vorschläge, die nicht umsetzbar sind;
→ Vorschläge, die für Klein- und Mittelbetriebe nicht finanzierbar sind;
→ Vorschläge, die nur von Großbetrieben umsetzbar sind;
→ Vorschläge, die nur ein einziges Mal funktioniert haben;
→ **den Stein der Weisen!**

Noch eine wichtige Anmerkung:

Werbung ist Geschmackssache!

Sie finden in diesem Buch viele Vorschläge und Grafikumsetzungen. Nicht jede dieser Gestaltungen wird Ihnen gefallen. Das wäre auch unmöglich. Werbung ist eben Geschmackssache. Nehmen Sie diese Grafiken, Texte und Gestaltungen daher eher als Richtungsweiser und als „Schnittmuster" für Ihre eigenen Ideen und Umsetzungen.
Doch vor allem will ich mit diesem Buch eines:

> **!** Ich will Ihnen Mut machen.

Denn eines habe ich in all den Jahren in der Werbung gelernt:

Tun Sie was – dann ist der Erfolg „beinahe" garantiert!

Zu oft komme ich in Betriebe, in denen zwar für Tausende und Abertausende Mark geworben wird, der Erfolg sich aber nicht einstellen will. Und nur, weil bestimmte Grundregeln – eben das 1x1 der Werbung – aus Unwissenheit oder aus Arroganz nicht eingehalten werden. Ja, auch Arroganz, denn oftmals verzichten Unternehmer gerade auf jene Werbemittel, die ihnen Erfolg bringen könnten, nur deshalb, weil Sie selbst nicht Konsumenten dieser Werbemittel oder Medien sind. Eine teuflische Falle und ein fataler Fehler.

Der Wurm muss dem Fisch schmecken – nicht dem Angler!

Genau jenen Wurm oder Köder zu finden, der unserem Kunden am besten mundet, das ist die Aufgabe der Werbung. Und wie beim Angeln muss der Köder je nach Fischart, Gewässer und Witterungsbedingungen ausgewählt und oft auch mehrmals gewechselt werden, um Erfolg zu bringen. Der große Fang kann nur gelingen, wenn alle Vorraussetzungen richtig sind. Fehlt der richtige Köder, dann kann ich jahrelang immer wieder meine Angel auswerfen, der Erfolg wird ausbleiben. Genau, wie bei jenen Unternehmern, die immer wieder die gleichen Werbemethoden anwenden, obwohl sie genau wissen, dass sie nichts bringen. Das Argument, warum sie es dennoch tun, lautet meist: Wenn ich gar nicht werbe, dann kommen vielleicht überhaupt keine Kunden mehr.
Jeder Fischer würde nach spätestens einem Tag die Geduld verlieren und seine Taktik überdenken. Er würde zu Fischerfreunden gehen und sich mit diesen über die beste Stelle, die beste Tageszeit und natürlich den besten Köder unterhalten. Bei manchen Unternehmern jedoch scheint die Geduld – oder sollte man es Schwerfälligkeit nennen – extrem hoch zu sein.

z.B. Auf einem meiner Seminare zeigte mir vor kurzem ein gestandener Seniorchef seine Anzeigen mit dem Hinweis: „Die bringen alle nichts."
Ein kurzer Blick auf eine der Anzeigen genügte und ich war im Bilde. Es war eine jener klassischen „Weihnachts-Dankeschön-allen-Kunden-für-die-Treue-Anzeige", die zu Hunderten vor Weihnachten und Neujahr in den vielen Lokal- und Gratiszeitungen erscheinen. Ich habe den Unternehmer gefragt, warum ein Kunde auf Grund dieser Anzeige bei ihm kaufen sollte. Nach langem Überlegen kam dann die zögernde, unsichere Aussage:
„Na ja, weil ... weil ... keine Ahnung!"
„Ach, und der Kunde soll es wissen, obwohl nicht einmal Sie, als Chef der Firma, es mir sagen können?"
„Hmmmm ... stimmt eigentlich!"

Schockierend! Anzeigen werden ohne konkrete Aussage und ohne Vorteil für den Kunden geschaltet. Geld wird mit Schwung zum Fenster hinausgeworfen. Und warum? Nur weil der Anzeigenvertreter so nett ist? Oder weil man halt werben muss? Nein! Nur weil man es nicht besser weiß und weil man nie gelernt hat, es besser zu machen. Aber hauptsächlich, weil Unternehmer nicht einmal über die Kundenvorteile ihrer eigenen Produkte bzw. Dienstleistungen Bescheid wissen. Und genau dieses Manko soll durch das erste Kapitel dieses Buches aus der Welt geschafft werden. Denn: Wenn ICH nicht weiß, was ICH besser kann als alle anderen, wie sollen es dann meine Kunden wissen?

Machen wir also den ersten wichtigen Schritt in Richtung Werbeerfolg!

Viele Kunden und auch Seminarteilnehmer fragen mich immer wieder, ob es denn in der Werbung bestimmte Regeln oder Gesetzte gibt, die immer zutreffen. Meine Antwort:

Im Prinzip lässt sich die Werbung auf **sechs goldene Tipps** reduzieren.

Sie wollen diese goldenen Tipps nun sicher, wie es unserer schnelllebigen Zeit entspricht, „sofort" und „gleich" erfahren. Und wenn Sie jetzt vielleicht in der Buchhandlung stehen und einer derjenigen sind, die, bevor sie ein Buch kaufen, nicht nur den Klappentext lesen, sondern auch das Vorwort überfliegen, dann möchte ich vermeiden, dass Sie jetzt (verstohlen umblickend) hastig durch das schöne neue Buch durchblättern müssen, um einen kurzen gierigen Blick auf diese **sechs goldenen Tipps** zu erhaschen. Ich mache es Ihnen einfach (natürlich in erster Linie, um unschöne Eselsohren in meinem hübschen, bis jetzt noch jungfräulichen Werk zu verhindern)!

Also auch auf die Gefahr hin, dass Sie nun dieses „Beste aller Werbebücher" wieder ins Regal stellen und es nicht mehr kaufen: Hier präsentiere ich Ihnen die einzigen, die wahren, die echten ...

Die sechs goldenen Werbetipps

Goldener Tipp 1

Sagen Sie was – tun Sie was.
Etwas Werbung ist besser als gar keine Werbung!

Goldener Tipp 2

Kontinuität geht vor Kreativität.
Immer alles ändern bringt gar nichts.
Lieber weniger kreativ, aber dafür konsequent.
Denken Sie an Waschmittelwerbung:
Immer gleich – aber noch immer erfolgreich!

Goldener Tipp 3

Denken Sie nicht an den eigenen Vorteil,
denken Sie an den Vorteil für Ihre Kunden.
Erst dann, wenn jemand in Ihrem Produkt, Ihrer Dienstleistung oder in der Werbe-
aussage, die Sie über Ihr Produkt verbreiten, einen Vorteil für sich erkennt,
wird er auch zum Kunden.

Goldener Tipp 4

Anders als die anderen.
Versuchen sie nicht, sich ähnlich wie Ihr Konkurrent zu verkaufen
oder zu präsentieren.
Sie sind doch schließlich auch ... einzigartig!

Goldener Tipp 5

Wenn Sie der richtigen Zielgruppe das richtige Produkt anbieten,
dann ist es eigentlich egal, ob die Gestaltung Ihrer Werbung gut oder schlecht
ist.
Dann werden Sie „100-prozentig" erfolgreich sein
(zumindest viel erfolgreicher als Ihr Konkurrent,
der versucht, „Kühlschränke an Eskimos" zu verkaufen)!

Goldener Tipp 6

Werbekontrolle ist Bargeldkontrolle.
Überprüfen Sie ständig, wo Ihre Werbung funktioniert und wo nicht.
Besser können Sie Ihr Werbebudget nicht verwalten.

Na, habe ich zu viel versprochen? Oder sind Sie vielleicht gar enttäuscht, weil es
so simpel ist? Denken Sie daran, dass die besten Erfindungen immer die einfachsten und unspektakulärsten sind. Wenn Sie mir jetzt nicht glauben, dann
werden Sie viel Geld, Zeit und Gehirnschmalz vergeuden und sich dennoch
nach mehreren Monaten oder auch Jahren eingestehen müssen:

Die sechs goldenen Regeln funktionieren wirklich!

Anmerkung

Um das Arbeiten mit diesem Buch für Sie möglichst einfach und effizient zu gestalten, haben wir wichtige Textpassagen mit folgenden Icons gekennzeichnet:

 Beispiel   Achtung, wichtig!

 Tipp   Stolperstein

 Das sollten Sie auf jeden Fall vermeiden!

 Besonders „Budget schonende Tipps

Ihre Meinung ist uns wichtig!

Bei Anregungen, Fragen und Kritik erreichen Sie uns unter folgender Adresse:

REDLINE WIRTSCHAFT bei
verlag moderne industrie
Lektorat
80992 München

Internet: http://www.redline-wirtschaft.de

Informationen und Anfragen zu individuellen LOW-BUDGET-Werbeseminaren in Ihrem Betrieb oder für Ihre Organisation erhalten Sie direkt vom Autor:

Ideenmanufaktur
z.Hd. Alois Gmeiner
Rembrandtstr. 23
A 1020 Wien

E-Mail: ideenmanufaktur@chello.at

Und nun: Das Werbe 1x1 im Detail ...

 1 Die Ist-Analyse

Einfach gesagt: „Wo stehe ich derzeit mit meinem Unternehmen, und wo will ich eigentlich hin?"
Die Ist-Analyse überprüft nichts anderes als den Ist-Zustand und den derzeitigen Status quo in Ihrem Unternehmen. Denn wie die Erfahrung zeigt, wissen viele Unternehmer meist selbst nicht immer ganz genau, welche Vorteile Ihr Unternehmen gegenüber der Konkurrenz eigentlich zu bieten hat, sei es aus Betriebsblindheit oder aus anderen Gründen. Nicht die Vorteile zu kennen, welche Ihrer Firma das Überleben sichern, kann letztlich auch zum Tod des Betriebs führen. Denn nur der Kundenvorteil bringt Ihnen Kunden, Aufträge und Umsätze. Es haben auch schon große Betriebe bitter dafür bezahlen müssen, wenn das Management in seinem Elfenbeinturm nichts mehr mit dem Tagesgeschäft und damit den Kunden zu tun haben wollte und über die Köpfe aller hinweg fatale Produkt- und Marketingentscheidungen fällte. IBM war Anfang der 80er-Jahre beinahe dem Untergang geweiht, weil keiner mehr die überteuerten Produkte kaufen wollte und der Riese einen Verwaltungsapparat mit sich herumschleppte, der auch einer ehemaligen Ostblockdiktatur zur Ehre gereicht hätte. Doch man erkannte das Problem, ehe es zu spät war. Innerhalb weniger Jahre wurde aus einem Moloch wieder ein schlagkräftiges Unternehmen mit Produkten, die sich verkauften. Das war nur möglich, weil man zuerst eine „ehrliche" Analyse des Ist-Zustandes anfertigte. Denn „Unehrlichkeit zu sich selbst" egal, ob bewusst oder unbewusst, kann zu keinem klaren Bild des Unternehmenszustands führen. Dies ist gerade in Kleinbetrieben ein nicht zu unterschätzendes Problem. Da wagt der Buchhalter nicht, dem Chef die wahre finanzielle Situation zu schildern, und der Außendienst schwärmt in Gegenwart des Chefs immer noch von den Produkten, obwohl es immer schwerer wird, diese Produkte auch an den Mann oder die Frau zu bringen.
Deshalb bitte ich Sie inständig: Lesen Sie sich die folgenden Seiten genau durch. Beschäftigen Sie sich darüber hinaus in einer ruhigen Stunde **intensiv** mit den gestellten Fragen auf den nächsten Seiten. Beziehen Sie auch alle Mitarbeiter mit ein und/oder Ihren Führungsstab. Und sollten Sie „Einzelkämpfer" sein, dann sehen Sie Ihr Unternehmen einmal (ehrlich) von der Warte eines Kunden oder Interessenten.
Nach diesem Kapitel können Sie nach Herzenslust Absätze, Seiten oder ganze Kapitel einfach überblättern. Denn wenn Sie in Kürze eine Direct-Mailing-Aktion planen – wozu sich den Kopf mit den wichtigsten Punkten für die Anzeigengestaltung füllen. Wenn Sie knapp vor einer Messe stehen, dann springen Sie lieber zu diesem Kapitel und holen sich letzte, aber entscheidende Tipps für die erfolgreiche Teilnahme.

Beantworten Sie aber die folgenden Fragen auf jeden Fall ehrlich und ohne Selbstüberschätzung. Wenn nicht, dann würde es sich nämlich bitter durch erbarmungslose Erfolglosigkeit rächen.

> Ich garantiere Ihnen: Wenn Sie dieses Kapitel gewissenhaft durcharbeiten, haben Sie den Werbeerfolg bereits zu 50 Prozent, ach, was sage ich, zu 70 Prozent in der Tasche.
> Mit Sicherheit!

Denn genau diese Ist-Analyse ist es, um die sich alteingesessene Betriebe nicht mehr (oder nicht intensiv genug) kümmern. Und darum werden altehrwürdige Betriebe so oft und so schnell von jungen Betrieben überholt. Nicht, weil der junge Unternehmer dynamischer ist, sondern weil er **kundenorientierter** agiert und denkt.

Hand aufs Herz! Haben Sie schon einmal Ihren unternehmerischen „Status quo" festgestellt? Mit anderen Worten: Haben Sie schon einmal darüber nachgedacht, warum jemand bei Ihnen Kunde wird oder wurde. Oder, noch besser, warum er das überhaupt werden sollte?

Ich nenne Ihnen den Grund, warum es weltweit nicht nur einen einzigen Computerhersteller gibt oder nur einen Hersteller für Schokolade, und warum in aller Welt täglich für verschiedenste Waren und verschiedenste Dienstleistungen geworben wird:

> Nach einer Million Jahren an Entwicklung ist der Mensch im Geiste das geblieben, was er immer war:
> Jäger und Sammler!

Immer auf seinen persönlichen Vorteil bedacht, immer auf der Suche nach einem Schnäppchen, immer auf der Pirsch nach der Lösung und Befriedigung seiner ganz individuellen Probleme und Wünsche.

Der Mensch könnte sich auch mit einem einzigen Kleidungsstück wärmen und schützen. Aber nein, es zieht ihn jede Saison hinein in die Boutiquen, um nach etwas Neuem Ausschau zu halten. Und da Geschmäcker verschieden sind, leben von diesem Wunsch nach Individualität Tausende von Firmen prächtig. Und so sieht es auch bei anderen Produkten aus – ein einziges Produkt bedeutet Einschränkung; man will auswählen können. Sei es nun ein Hustensaft, „der länger im Hals haften bleibt", oder ein Hustensaft ohne Zucker, mit oder ohne Alkohol, die Tropfen mit Eukalyptusgeschmack oder die neue Geschmacksrichtung Wildkirsche. Als ob es ein einziger (wirkungsvoller) Hustensaft nicht auch tun würde. Wie die Jäger und Sammler vor Jahrtausenden nehmen auch wir Mühen und Entbehrungen bei der „Jagd" auf uns, wenn wir tagelang, wochen- und oftmals monatelang Vergleichsangebote und Prospekte studieren und auf der Suche nach dem „perfekten Produkt" in Dutzende Kauf- und Waren-

häuser gehen, bis wir das geeignete Produkt finden. Sei es zu dem von uns gewünschten günstigen Preis oder in der von uns präferierten Farbe oder Form.
Es muss nach unserem Willen gehen – koste es, was es wolle. Beobachten Sie
einmal Ihr eigenes Kaufverhalten.

Ein kleines Beispiel zeigt sehr genau, was gemeint ist: Sie betreten den Supermarkt und haben eine detaillierte Einkaufsliste für die Besorgungen dabei. Auf
dieser Liste steht unter anderem ein Kilo Orangen. Sie kommen zur Obsttheke
und vor ihnen prangt in riesigen Lettern

> ### Orangen im Angebot
> ### 3 kg zum Preis von 2 kg

Was werden Sie tun? Ich denke das, was 80 Prozent aller Orangen-Käufer tun
würden – Sie „schnappen" das Schnäppchen und fühlen sich gut. Sie haben sich
eben spontan einen klaren „Vorteil" verschafft. Erst nach der Kasse (nachdem
es zu spät ist) überlegen manche, ob dieser Kauf denn notwendig war. Meist
siegt auch hier der Jäger- und Sammlerinstinkt und der Kunde versucht, sich
selbst mit Argumenten von seinem richtigen Handeln zu überzeugen: „War
doch billig – außerdem die vielen Vitamine, gut für die Kinder – essen wir heute
eben keine Süßspeise, sondern was Gesundes …"

Ich sehe Sie vor meinem geistigen Auge bereits schmunzeln! Stimmts? Aber so
handeln wir eben – egal, ob beim Kauf von Orangen oder beim Autokauf –, wir
suchen einzig nach unserem Vorteil. Es ist kein Geheimnis: Alle tun es, egal, ob
Bankdirektor oder Hilfsarbeiter. Die Beträge und Summen ändern sich und
vielleicht die Produkte – aber das System bleibt das gleiche.

z.B. Einer meiner Kunden, der sich mit Badewannensanierung beschäftigte,
zeigte mir auf die Frage, ob denn Anzeigen für ihn das geeignete Werbemittel wären, ohne Worte eine Anzeige seines Betriebs. Sie war fein säuberlich
aus einer Zeitung ausgeschnitten. „Da, hab' ich heute von einer alten Dame bekommen – die Anzeige ist drei Jahre alt." Der Inhalt der Anzeige war sofort abzu-
lesen – **Aktionswochen: 15 Prozent auf alles!** So viel zur erbarmungslosen Jagd
der Konsumenten nach dem eigenen Vorteil.

Werbung funktioniert also, wenn Sie auf den Vorteil für den Kunden achten.
Je mehr Vorteile in Ihren Werbemitteln vorhanden sind, desto weniger spielt es
eine Rolle, ob eine Anzeige in Schwarz-weiß oder in Farbe erscheint oder ob
Ihr Prospekt auf Hochglanzpapier oder auf Kopierpapier gedruckt wird. Und
das kann wiederum Ihr Werbebudget ganz entscheidend schonen.

Und genau darum ist es notwendig, sich Fragen zu stellen wie: Was kann ich
meinen Gästen und Kunden bieten, dass Sie woanders nicht oder nur in
schlechterer Qualität bekommen? Welches Angebot unterscheidet mich von

meiner Konkurrenz? Und: welche „Zielgruppen" sind derzeit noch „unterversorgt" oder werden nicht adäquat betreut?

 Eine große Bitte – Nehmen Sie sich Zeit!

Beginnen wir bei der konkreten Ist-Analyse mit einem Punkt, der Ihnen (hoffentlich) sehr vertraut ist!

Mein Unternehmen – meine Produkte (bzw. Dienstleistungen)

Aufgeteilt in drei grundsätzliche Fragen:

In welchen Bereichen ist mein Unternehmen derzeit tätig?

Also z.B. bei einer *Bäckerei* a) Brot, Gebäck, Konditorwaren b) Konditorei-Café c) Großhandel (Lieferung an Lebensmittelhandel, Gastronomie etc.) d) …

a ....
b ....
c ....
d ....
e ....
f ....

Welche speziellen Produkte (Dienstleistungen) kann ich meinen Kunden und Gästen derzeit anbieten?

(z.B. *Bäckerei:* lokale Spezialität; *Obsthändler:* seltene exotische Früchte; *Tischler:* Feng-Shui oder Verarbeitung von Mondholz; *Pizzeria:* monatliche Spezialitätenwochen, Frischfische etc.)

a ....
b ....
c ....
d ....
e ....
f ....

Warum kommen Kunden und Gäste gerade zu mir?

(*Produktspezifische Gründe:* günstiger Preis, Gratis-Lieferung, Gratis-Planung, spezielle Angebote. *Allgemeine Gründe:* Freundlichkeit, Nähe, schnelle Terminvereinbarung, ständige Erreichbarkeit, günstige Verkehrsverbindungen, günstiger Preis.)

Beantworten Sie diese Aufgabe im Rahmen eines Brainstormings. Alle Mitarbeiter Ihrer Firma sollten daran teilnehmen (vielleicht auch Ihre Kunden). Jede auch noch so simpel klingende Antwort gibt Aufschluss über die Beweggründe unserer Kunden, zu uns – und nur zu uns – zu kommen. Die schnelle Antwort einer Mutter zu Ihrem Friseur: „Weil Sie diese Spielecke im Geschäft haben", sagt sehr viel über die Beweggründe von gestressten Müttern aus. Sie treffen eine bestimmte Kaufentscheidung fast ausschließlich in Hinblick auf die Versorgung (oder Beschäftigung) des Kleinkindes.

a ....

b ....

c ....

d ....

e ....

f ....

Praxisbeispiel

Sie müssen sich natürlich nicht auf die oben abgedruckten wenigen Zeilen beschränken. Besser wäre es, wenn Sie sich ein Blatt zurechtlegen und die Seite zuerst in drei Spalten unterteilen. In die erste Spalte schreiben Sie Ihre einzelnen Hauptproduktgruppen / Hauptprodukte / oder Ihre Hauptdienstleistungen. Wenn Sie also Besitzer eines Lebensmittelgeschäfts sind, dann könnte Ihre Liste folgendermaßen aussehen:

Meine Hauptproduktgruppen:

→ Lebensmittelspezialitäten und speziell Wurstspezialitäten
→ Getränke antialkoholisch (z.B. nur spezielle Marken höherer Qualität)
→ Getränke alkoholisch (z.B. nur bekannte Marken höchster Qualität)
→ Käse (z.B. hauptsächlich mittleres Preisniveau)
→ Hygieneartikel und Reinigungsartikel
→ Brot und Gebäck
→ Konditorware (darunter z.B. auch arabische bzw. türkische Spezialitäten)
→ Süßigkeiten (unteres Preisniveau) etc.

Meine Spezialitäten:

→ Frischer Beinschinken aus Italien
→ Parma-Schinken
→ Wildpasteten aus eigener Erzeugung
→ Steirisches Kürbiskernöl eines bestimmten Bauern
→ Weinessig eines kleinen Weinbauern
→ Top-Rotweine aus Spanien/Österreich/Deutschland
→ Top-Weißweine aus Deutschland etc.

Meine Dienstleistungen:

→ Buffet- und Partyservice
→ Lieferung frei Haus ab 50,- DM
→ Wildpasteten in Handarbeit

Als Überschrift über die noch übrig gebliebenen beiden Spalten schreiben Sie einmal Plus und einmal Minus. Zu jedem einzelnen Punkt schreiben Sie nun spontan (oder auch nach reiflicher Überlegung), was Ihnen dazu Positives bzw. Negatives einfällt. Beim Beispiel unseres Lebensmittelhändlers könnte das Ergebnis so aussehen:

Erzeugnis	Plus	Minus
Wildpasteten aus eigener Erzeugung	→ Werden von den Kunden sehr gut angenommen und nachgefragt. → Einige neue Kunden!	→ Sehr viel Arbeit. → Preis ist derzeit noch zu niedrig kalkuliert.
Käse	→ Nach der Schule kommen viele Schüler und fragen nach billigen Käsebrötchen.	→ Zu wenig Nachfrage. → Gleiche Produkte wie der Supermarkt. → Müsste Topqualitäten bieten. → Günstigen Käse nur für Schüler bereithalten, Stückzahl muss aber erhöht werden.

Allein auf Grund der Beantwortung dieser zwei Punkte unseres Lebensmittelhändlers lässt sich vorhersagen, dass ihm nach der Analyse seines Unternehmens auffallen würde, dass es für Ihn besser wäre, nicht mehr mit den Supermärkten um das „Billigpreissegment" zu kämpfen (ein Kampf, den er auf alle Fälle verlieren würde), sondern sich auf seine Vergangenheit als Spezialitätengeschäft zu besinnen. Er sollte sich daher auch wieder auf Spezialitäten und hochpreisige Ware spezialisieren und sich noch mehr als bisher auf die Eigenproduktion (seiner Wildpasteten) konzentrieren. Was auch erkennbar wurde, ist, dass, obwohl die Nachfrage nach den Pasteten scheinbar sehr gut ist, diese leider noch nicht zu einem befriedigenden Preis verkauft werden können. Genau hier ist der Punkt, wo die Werbung versuchen sollte, für dieses „sehr gute" Produkt auch einen besseren Preis auf dem Markt zu erzielen. Sei es durch eine elegantere Verpackung, eine Imagewerbung, durch die dem Konsumenten die Pasteten auch mit dem höheren Preis schmackhaft gemacht werden können, oder einfach durch die Erschließung von neuen Zielgruppen, die ohnehin bereit sind, den höheren Preis zu bezahlen. Das alles kann die Werbung leisten – allerdings nur, wenn der Unternehmer die Vor- und Nachteile seiner Produkte oder seines Betriebs genau benennen kann.

Der zweite wichtige Ansatz bei der Analyse des Ist-Zustands ist Ihr derzeitiger Kundenstamm. Wer kauft bei Ihnen derzeit ein – und wer soll in Zukunft bei Ihnen einkaufen?

Meine Kunden – meine Zielgruppen

Wer ist mein Kunde – wer kauft bei mir? Der Bestsellerautor Jay Conrad Levinson (Guerilla-Werbung) beschreibt es in seinem Buch sehr treffend:

> „Jeder Werbetreibende setzt bei drei Zielgruppen an:
> den Leuten, die seine Produkte bereits kaufen,
> den Leuten, die seine Produkte kaufen sollten,
> und den Leuten, die die Absicht haben, diese Produkte demnächst zu kaufen.
> Gute Werbung zielt auf alle drei dieser Zielgruppen ab,
> indem sie jenen, die bereits kaufen, einen Grund gibt, bald wieder zu kaufen;
> indem sie jenen, die die Absicht haben, zu kaufen, einen Grund gibt,
> es jetzt sofort zu tun,
> und jenen, die die Absicht haben, in Zukunft zu kaufen, einen Grund gibt,
> endlich zur Tat zu schreiten."

Nicht schlecht. Allerdings hätte ich da noch einen weiteren Grund, um zu werben, lieber Mr. Levinson. Nämlich jenen, den Kunden, die gerade bei Ihnen gekauft haben, zu bestätigen, dass Sie *genau die richtige Entscheidung getroffen haben*. Hier geht es um die so genannte Kognitive Dissonanz direkt nach dem Kauf – meist einer größeren Anschaffung. Also eine Unsicherheit die eine eben getroffene Entscheidung mit sich bringt. Hat man als Kunde richtig entschieden?

Hat man gut gekauft? Oder gibt es da ein Angebot, das nicht doch besser gewesen wäre?

Die Bestätigung, die richtige Kaufentscheidung getroffen zu haben, ist besonders bei Luxus- oder Investitionsgütern wichtig, also bei Juwelieren, Autohändlern, Pelzhändlern, Immobilienmaklern, Möbelhäusern etc.

Ihre Kunden müssen auch nachträglich genügend Argumente finden, um zufrieden mit ihrem Kauf zu sein.

Low-Budget Am einfachsten und preiswertesten ist die Ausgabe von „Qualitätspässen", in denen noch einmal alle Kundenvorteile und die besonderen Eigenschaften des Produkts (Handarbeit, spezielle Materialien, etc.) aufgelistet werden. Möglicher Textbeginn: „Sie haben richtig gewählt. Das Produkt, das Sie gerade erstanden haben, zählt zum Besten, das derzeit auf dem Markt verfügbar ist ..."

Aus welchem speziellen Grund Sie auch immer werben – die Definition der eigenen Zielgruppen ist deshalb so wichtig, weil wir sehr viel Werbebudget sparen können, wenn wir wissen, wer unsere Käufer sind, welche Zeitungen unsere Kunden lesen bzw. welche Medien von unserer Zielgruppe genutzt werden und welche grundsätzlichen Verhaltensweisen unsere Kunden an den Tag legen. Denn es wäre widersinnig, würde man in einer Seniorenzeitung Werbung für die neueste Hardrock-CD schalten. Allerdings wäre es durchaus erfolgversprechend, in einer reinen Frauenzeitung für einen Männerhemdenversand zu werben, denn noch immer entscheiden, meist Frauen darüber, was ihr Mann „drüber und drunter" trägt. Überlegen Sie sich vor jeder Werbeaktion immer, wie Ihre angepeilte Zielgruppe reagieren und agieren würde.

Praxisbeispiel

z.B. Ich hatte vor Jahren einmal den Auftrag, für eine Perückenerzeugung ein Direct-Mailing zu entwerfen. Zielgruppe für dieses Mailing: Damen von 59 bis 89 Jahren. Wie habe ich das Problem gelöst? Ganz einfach, ich habe an meine eigene Großmutter gedacht und daran, worauf diese alte Dame reagieren würde, was ihr gefallen oder missfallen würde. Was soll ich sagen – das Mailing wurde ein Erfolg!

Wenn ich also ein Geschäft mit billigen „No-name"-Aktionswaren habe, hätte es kaum Sinn, meine Anzeige in einer Managerzeitung zu platzieren. Anders jedoch, wenn derselbe Laden Designer-Markenanzüge zu sensationell günstigen Preisen organisieren könnte. Dann wäre die Schaltung gerade in einer dieser Wirtschaftszeitungen erfolgversprechend und es würde sich wieder die Jäger-und-Sammler-Einstellung des Menschen bewahrheiten. Auch Gutverdiener werden dann den Weg in Ihren Laden finden, aber wahrscheinlich nicht (wie Normalverdiener) nur einen einzigen Anzug kaufen, sondern mit Sicherheit gleich zwei, drei oder mehr. In diesem Fall wäre die große Marke, gepaart mit dem kleinen Preis, ein unwiderstehlicher Magnet. Leider bemerke ich bei meinen eigenen Kunden immer wieder einen Hang zum Elitären. Was sie selbst nicht lesen, ist quasi nicht wichtig, ja sogar unter ihrer Würde. Dieses Denken kann eine schöne Stange Geld kosten. Überlegen Sie also sehr genau, wer Ihre Hauptkunden sind und welche besonderen Eigenschaften diese aufweisen. Gerade bei Einzelhandelsgeschäften kommt es auch sehr darauf an, welche Zielgruppenschichten in der nächsten Umgebung des Ladens arbeiten und wohnen. Als Boutique in einer Reihenhaussiedlung werde ich wohl kaum Erfolg haben, wenn ich mir hochpreisige Designerware auf Lager lege und hoffe, das große Geschäft mit der Hausfrau von vis-à-vis zu machen. Verstehen Sie mich jetzt bitte nicht falsch: Sie können mit teurer Ware, die Sie an Besserverdiener verkaufen, genauso gut oder schlecht leben wie mit Billigware, die Sie zu Aktionspreisen an Schnäppchenjäger verscherbeln. Denken Sie an die Meister dieser Billigschiene: „Aldi" (bzw. „Hofer" in Österreich). Es kommt auf die richtigen Produkte oder das richtige Angebot zur richtigen Zeit am richtigen Ort an und natürlich auf die entsprechende Kalkulation. Oft haben gerade elegante Innenstadtboutiquen zwar hohe Umsätze, durch die exorbitanten Fixkosten bleibt jedoch meist weniger übrig als bei manchem „Billigladen" in der Vorstadt.

Einige Beispiele zur Verdeutlichung der Zielgruppenfindung:

→ **Boutique:** Sind Ihre Kunden alte oder junge Menschen, eher Frauen oder Männer, eher Besserverdiener oder Leute, die den Pfennig dreimal umdrehen, bevor sie ihn ausgeben?

→ **Fleischer:** Sind es junge T-Bone-Steak-Käufer oder doch eher alte Damen, die sich wöchentlich gerade mal 100 g Mettwurst leisten?

→ **Tischler in der Provinz:** Junge Bauherren (schauen auf den Pfennig), aber auch Gewerbebetriebe und Zweiteinrichter (nur das Beste vom Besten).

Sie sehen, die Fokussierung auf eine Hauptzielgruppe ist eine wichtige unternehmerische Entscheidung, die die gesamte zukünftige Richtung, in die Ihr Unternehmen sich entwickeln soll, beeinflusst.

z.B. Ich selbst bin das beste Beispiel für überlegte Zielgruppenauswahl: Als freiberuflicher und allein arbeitender Werbefachmann habe ich es hauptsächlich mit Klein- und Mittelbetrieben zu tun, ich habe mich daher auf die Bedürfnisse dieser Zielgruppe spezialisiert und eingestellt. Warum ich mir ganz bewusst diese Zielgruppe ausgewählt habe, ist ganz einfach:

1. Diese Zielgruppe wird kaum von Werbeagenturen umworben, da die Werbeetats dieser Klein- und Mittelbetriebe meist zu gering für den aufwändigen Apparat einer Agentur sind.

2. Es ist für mich sehr beruhigend zu wissen, dass, auch wenn ein Kunde meine Dienste von einem Tag auf den anderen nicht mehr in Anspruch nimmt, ich nicht in finanzielle Schwierigkeiten komme – so wie es bei mittleren und großen Werbeagenturen oft geschieht, wenn einer der wenigen Großkunden plötzlich die Agentur wechselt.

3. Es ist bei dieser Zielgruppe relativ einfach, durch minimale Werbung an neue Kunden zu kommen. Darüber hinaus gibt es bei Vertragsabschlüssen keine langen Verhandlungen, da die Entscheidungsgewalt meist in einer einzigen Hand liegt.

4. Im Gegensatz zu Großagenturen werden meine Ideen und Vorstellungen ohne Reibungsverluste direkt an den Kunden weitergeleitet und meist auch 1:1 verwirklicht. „Kreative" in Agenturen haben dieses Erfolgserlebnis – wie ich aus eigener Erfahrung weiß – nur sehr selten. Daher ist es für mich persönlich sehr befriedigend, mit dieser Zielgruppe zu arbeiten.

5. Nicht zuletzt könnte ich es mir bei Großkunden nicht – wie derzeit – leisten, mich für einige Wochen in Klausur zu begeben, um mich ungestört meinen „kreativen Spinnereien" (wie diesem Buchprojekt) zu widmen.

Sie sehen, die Entscheidung für eine Zielgruppe sollte durchaus genau bedacht werden. Die **Hauptzielgruppe** eines alteingesessenen Autohändlers in der Provinz könnte also wie folgt aussehen:

→ Unternehmer aus den Bereichen Landwirtschaft, Gewerbe und Gastronomie, einige höhere Angestellte und Freiberufler.

→ Eigenschaften: Männlich, 40 bis 65 Jahre alt, höheres Einkommen, konservativ denkend (bei diesen Daten sieht man förmlich einen Mercedes-, Opel- oder Audi-Händler vor seinem geistigen Auge).

Nun kommt es bei diesem Autohändler zu einer Veränderung. Seine Tochter will nach dem Studium im Betrieb mitarbeiten. Eine ideale Gelegenheit, um die etwas überalterte Zielgruppe zu verjüngen und auch auszuweiten. Die **Wunschzielgruppe** könnte also folgendermaßen aussehen:

→ Einerseits mehr Freiberufler (Ärzte, Anwälte usw., auch aus der nahen Stadt) und andererseits auch Private aus der Umgebung und aus dem 20 km entfernten städtischen Raum.

→ Eigenschaften: Weiblich, männlich, zwischen 25 bis 45 Jahre alt, mittleres bis hohes Einkommen, liberal aufgeschlossene Einstellung – nicht Technik steht bei der Kaufentscheidung im Vordergrund, sondern Spaß und cooles Design. (Hier wären Mercedes-A-Klasse, Smart oder eine neue japanische oder italienische Marke interessant, die ins bisherige Angebot aufgenommen werden könnte.)

So weit ein fiktives Beispiel – jetzt sind Sie an der Reihe. Nehmen Sie sich Zeit für die Beantwortung der folgenden Fragen.

Wer sind Ihre eigenen derzeitigen Hauptzielgruppen?

1. ....
2. ....
3. ....
4. ....
5. ....
6. ....

Eigenschaften (z.B. Einkommen, Alter, Geschlecht, Besonderheiten):

....

....

....

....

....

Welche Zielgruppen werden derzeit von Ihnen noch zu sehr vernachlässigt und sollten in Zukunft verstärkt angesprochen werden?

1. ....
2. ....
3. ....
4. ....
5. ....
6. ....

Eigenschaften (z.B. Einkommen, Alter, Geschlecht, Besonderheiten):

....

....

....

....

....

Wenn Sie die letzten Fragen gewissenhaft beantwortet haben, dann wird sich wahrscheinlich ein bestimmter Käufertyp (oder auch mehrere) herauskristallisiert haben. Und nun geht es darum, diesen Käufer auch in den Medien wiederzufinden. Denken Sie dabei an sich selbst – Sie haben bestimmte Vorlieben für Zeitungen, Zeitschriften, Radio- und TV-Programme. Genauso ist es mit jedem anderen Menschen – er hat Vorlieben und Gewohnheiten. Er nutzt bestimmte Medien stärker oder schwächer. Genau darum geht es im kommenden Punkt der Ist-Analyse.

Welche Medien für welche Zielgruppe?

Nachdem wir nun unsere Zielgruppen umrissen haben, können wir uns überlegen, welche Medien diese Personen nutzen bzw. mit welchen Werbemitteln Sie Ihre Käufer am besten erreichen können. Im Falle unseres Autohändlers:

Hauptzielgruppe: Anzeigen in klassischen Tageszeitungen, Regionalzeitungen, Bauernzeitungen, Wirtschaftszeitungen, Kammerzeitung für Selbständige, Fachzeitungen für potenzielle Käufer seiner Nutzfahrzeuge (also z.B.: Tischlerzeitung, Gastronomiefachzeitung, Fleischerzeitung, Gelbe Seiten etc.). Hinzu kommen Veranstaltungen und Präsentationen im Autohaus, Bewerbung durch Mailings, Hausprospekte, Hauszeitung.

Die neuen Zielgruppen der Tochter: Bewerbung durch Plakate, Anzeigen in Qualitätszeitungen, Fachzeitungen (Ärzte, Anwälte), Special-Interest-Magazine (also z.B.: lokale Veranstaltungszeitung, lokale Lifestylemagazine oder Sport- und Musikzeitungen usw.), Gelbe Seiten, verstärkt Direct-Mailing-Aktionen, Internet sowie kulturelle oder musikalische Veranstaltungen im Autohaus (Bewerbung auch durch Plakate und Mailing), Hausprospekte, Hauszeitung. (**Wichtig**: Anderer Inhalt und andere Aufmachung als bei der konservativen Zielgruppe des Vaters.)
Da es sich bei diesem Buch um ein Low-Budget-Werk handelt, sind mit „Wochen- oder Monatszeitschriften" natürlich nicht *Focus* oder *Spiegel* gemeint, son-

dern Zeitungen und Magazine, die in Ihrer nächsten Umgebung, im Landkreis oder sogar in Stadtbezirken erscheinen.

Sind die folgenden Werbemittel und -medien für die Werbeansprache meiner Zielgruppe sinnvoll? (Bitte ankreuzen und bewerten.)

Werbemedien	sinnvoll	weniger	gar nicht
☐ regionale Tageszeitungen	☐	☐	☐
☐ überregionale Massenblätter	☐	☐	☐
☐ Qualitätszeitungen (Frankfurter Allgemeine, Standard etc.)	☐	☐	☐
☐ Gratiszeitungen	☐	☐	☐
☐ Wirtschaftszeitungen	☐	☐	☐
☐ Wochenzeitungen	☐	☐	☐
☐ Berufsfachzeitschriften (fast jede Berufsgruppe hat eine eigene Zeitung)	☐	☐	☐
☐ Wochenmagazine	☐	☐	☐
☐ Illustrierte	☐	☐	☐
☐ Frauenzeitschriften	☐	☐	☐
☐ Männerzeitschriften	☐	☐	☐
☐ Special-Interest-Zeitschriften (Zeitschriften zu verschiedenen Themen)	☐	☐	☐
☐ Gelbe Seiten (Telefonbuchwerbung)	☐	☐	☐
☐ Buchwerbung (nur einige Verlage bieten diesen Service)	☐	☐	☐
☐ Bessere und größere Geschäftstafel am Eingang	☐	☐	☐
☐ Prospekte/Eigenpräsentationen	☐	☐	☐
☐ Firmenlogo (auffälliger als bisher)	☐	☐	☐
☐ Visitenkarten	☐	☐	☐
☐ Kundenvorteilskarte	☐	☐	☐
☐ Internet-Banner-Werbung	☐	☐	☐
☐ E-Mail Werbung	☐	☒	☐
☐ Internet-Homepage oder sogar -Shop	☐	☐	☐
☐ Public-Relations-Aktionen	☐	☐	☐
☐ Direct-Mailing-Aktionen (also Briefwerbung)	☐	☐	☐
☐ Kuponheftwerbung	☐	☐	☐
☐ Verkehrsmittelwerbung (innen)	☐	☐	☐
☐ Verkehrsmittelwerbung (außen)	☐	☐	☐

☐	Firmenwagenbeschriftung (auffälliger als bisher)	☐	☐	☐
☐	Beilagen in Medien	☐	☐	☐
☐	Rundschreiben	☐	☐	☐
☐	Flugblätter	☐	☐	☐
☐	Bandenwerbung auf Sportplätzen	☐	☐	☐
☐	Großplakate	☐	☐	☐
☐	Kleinplakate	☐	☐	☐
☐	Miniplakate (oder Aufkleber)	☐	☐	☐
☐	Büro-, Geschäftsausstattung (CI-Linie)	☐	☐	☐
☐	Mitarbeiterkleidung oder Uniformen	☐	☐	☐
☐	Veranstaltungen in eigenen Räumlichkeiten	☐	☐	☐
☐	Hausmessen	☐	☐	☐
☐	Verkostungen – Präsentationen	☒	☐	☐
☐	Hauszeitung/Firmenzeitung/Kundenzeitung	☐	☐	☐
☐	Eigene Seminare – Vorträge	☐	☐	☐
☐	Eigene Fachpublikationen	☐	☐	☐
☐	Fach- oder Publikumsmessen	☐	☐	☐
☐	elektronische Medien/Radio	☐	☐	☐
☐	elektronische Medien/TV	☐	☐	☐
☐	elektronische Medien/Kino	☐	☐	☐
☐	Werbegeschenke und Werbeartikel	☐	☐	☐
☐	Sportsponsoring	☐	☐	☐
☐	Kultursponsoring	☐	☐	☐
☐		☐	☐	☐

Denken Sie vorerst nicht darüber nach, ob das Medium zu teuer oder aufwändig ist, sondern nur daran, wo Sie Ihre Zielgruppe finden könnten bzw. ob Sie in diesem Medium oder mit diesem Werbemittel Ihre Zielgruppe umwerben könnten.

Eigene Werbeaktivitäten im letzten Jahr

Dies ist die Frage danach, was ich im letzten Jahr wann und wofür ausgegeben habe und ob es überhaupt etwas gebracht hat. Auch hier ist es notwendig, den derzeitigen (oder letztjährigen) Status quo festzustellen. Wie viel haben Sie im letzten Jahr für Werbemaßnahmen aufgewendet, und wie viel ist das im Verhältnis zu Ihrem Gesamtumsatz? Bedenken Sie, dass bei Markenartikeln bis zu zehn Prozent des Gesamtumsatzes für Marketing und Werbemaßnahmen verwendet werden. Von nichts kommt eben nichts. Ein guter Anfang wären schon zwei bis fünf Prozent vom Gesamtumsatz als Budget für Ihre Werbung. Sind Sie allerdings ein Jungunternehmer, sollten Sie durchaus das Mehrfache dieses Prozentsatzes veranschlagen. Sie werden sehen, dass es sich auszahlt. Bedenken Sie: Wer nichts von Ihrer Neueröffnung weiß, kann auch nicht Kunde bei Ihnen werden. Logisch, oder?

Was haben Sie also dieses bzw. letztes Jahr in die Werbung investiert?
Was hat funktioniert, und was hat nicht oder nicht gut funktioniert?

	Okay?	Medium	Budget (€)
z.B. Anzeige	kaum Reaktionen	Stadtanzeiger	750,00
z.B. Broschüre	ja	an Besucher	450,00
z.B. Mailing	ja	an eigene Adressen	375,00
1.			
2.			
3.			
4.			
5.			
6.			
7.			
8.			
9.			
10.			
		Summe:	

Derzeitige Unternehmensprobleme

Der letzte Punkt unserer Ist-Analyse. Jetzt wird es ernst. Hier geht es darum, die eigenen Schwachstellen konkret zu analysieren, um danach mittels zielgerichteter Werbung gegenzusteuern, um den Missstand aus der Welt zu schaffen. Mit einem Wort: „Was läuft derzeit schief in meinem Betrieb?" Die Fragen, die Sie sich stellen sollten, lauten: Wo gibt es in meinem Unternehmen derzeit Probleme in der Kommunikation nach außen? Was könnte ich ändern? Was möchte ich in Zukunft für meine Kunden verbessern?

Mögliche Probleme bei einem Café: Kellnerin, die inkompetent oder nicht freundlich genug ist. Die Inneneinrichtung, die im Laufe der Zeit bereits schäbig geworden ist. Zu wenig Publikum zur Mittagszeit. Keine Highlights (Konzerte, Lesungen, Ausstellungen etc.). Das Durchschnittsalter der Gäste ist sehr hoch, eine Verjüngung täte daher für die Zukunft gut etc.

Meine derzeitigen Schwachstellen

1. ....
2. ....
3. ....
4. ....
5. ....
6. ....

Das kann ich ändern

1. ....
2. ....
3. ....
4. ....
5. ....
6. ....

Schwachstellen aufzudecken und Näheres über seine Käufer (und auch über die Beweggründe ihres Einkaufs) zu erfahren, gelingt besonders zielgenau durch Marktforschungsaktionen. Dass Befragungen nicht immer teuer sein müssen, beweist das kommende Kapitel.

2 Eine kleine Marktforschungsaktion

„Jetzt will ichs aber genau wissen!" So könnte das Motto dieses Kapitels lauten. Denn wo wir bisher in der Ist-Analyse nur auf eigene Einschätzungen und Überlegungen angewiesen waren, da kann eine konkrete Markt- oder Kundenbefragung zu sehr detaillierten Antworten führen. Darüber hinaus zeigt uns eine Befragung „objektive" Urteile über unser Angebot, unsere Produkte oder unsere Firma. Auch eine derartige Befragung lässt sich **low-budget** durchführen.

Kennen Sie die einfachste und billigste Befragung, um zu erfahren, ob ihre Werbung funktioniert? Sie fragen einfach den Kunden, der Ihr Geschäft, Lokal oder Büro betritt:

Wie sind Sie auf mich gekommen?

Sofort erfahren Sie, ob sich Ihre Anzeige oder Ihr Plakat bezahlt gemacht hat oder ob die Kunden nur wegen ihres schönen Schaufensters in Ihr Geschäft kommen. Und wie fragen Sie am einfachsten und billigsten, um zu erfahren, ob die Kunden zufrieden sind?

War alles zu Ihrer Zufriedenheit oder gab es Probleme?

Die Antwort auf diese beiden Fragen kann Ihnen bereits einen sehr detaillierten Einblick in die Beweggründe Ihrer Kunden bieten, warum sie gerade bei Ihnen einkaufen. Stellen Sie die Fragen nicht beiläufig, sondern so, dass der Kunde auch merkt, das Sie es wirklich wissen wollen. Genau zuzuhören, wenn Kunden erzählen, warum gerade Sie es sind, bei dem sie einkaufen, kann Ihnen viel Werbegeld sparen. Denn vielleicht haben Sie bisher gedacht, die meisten Ihrer Kunden kommen aufgrund der kostspieligen Anzeigen, die Sie im örtlichen Bezirksblatt geschaltet haben. Mit der Zeit erfahren Sie aber, dass es das einsame Plakat war, das seit einem halben Jahr an einer Bushaltestelle hängt. Oder Sie entdecken, dass Sie nur über Mundpropaganda zu Ihren neuen Kunden kommen (wenn das passiert – Gratulation!). Was auch immer der Kunde Ihnen sagt – seien Sie dankbar dafür, dass er Ihnen etwas sagt. Bei den großen Markenartiklern wird jährlich viel Geld investiert, um vom „Mann auf der Straße" zu erfahren, warum er was, wann und wo kauft.

Praxisbeispiel

z.B. Meine Mutter hat bis zu ihrer Pensionierung ein kleines Buffet betrieben, in dem ich auch hin und wieder ausgeholfen habe. Und von Zeit zu Zeit gab es auch bei uns unzufriedene Gäste. Eine Situation, die mich jungen, unerfahrenen Mann immer sehr peinlich berührte. Meine Mutter hingegen blickte mich dann immer sehr resolut an und meinte nur: „Ich bin doch froh, wenn die Gäste etwas reklamieren, dann weiß ich beim nächsten Mal, was ich besser machen kann." Sprachs, schenkte dem murrenden Gast ein Gläschen Schnaps ein und entschuldigen Sie sich bei Ihm. Auch Sie werden sehen, wie schnell alles wieder im Lot ist, wenn man ein klärendes Gespräch führt.

Über das Thema Marktforschung ist viel geschrieben worden, sodass wir uns hier auf das Wesentliche beschränken wollen. Nur so viel: Es müssen nicht immer große Befragungen mit mehreren hundert oder gar tausend Befragten durchgeführt werden, um zu Erkenntnissen über die eigene Marktposition oder das Image zu gelangen. Es genügen oft einige wenige Interviews, die dafür aber die „richtigen" Fragen enthalten.

Gezielt eingesetzt ist die Marktforschung ein wichtiges Instrument, um unsere Kunden und deren Wünsche und Beweggründe näher kennen zu lernen bzw. ihre Meinung über unser Unternehmen zu erfahren.

Low-Budget Der effektivste Weg ist meist die Befragung von Stammkunden mittels Direct-Mailing (Briefwerbung), Befragung in der Hauszeitung oder sogar in einem einfachen Flugblatt. Machen Sie aus der Befragung gleich eine Werbeaktion. Mit einem Mailingbrief, verbunden mit einem kleinen Gewinnspiel, können so bereits schöne Ergebnisse und daraus resultierende Erkenntnisse über Kaufverhalten und Zielgruppenaufteilung erzielt werden. Aber Achtung! Stammkunden sind bereits Kunden bei Ihnen – bestimmte Fragen können daher von dieser Personengruppe nicht mehr aussagekräftig beantwortet werden, weil sie „befangen" agieren. Wenn Sie etwas über Ihre Firmenbekanntheit erfahren wollen, haben Fragen wie: „Kennen Sie unsere Firma?" daher wenig Sinn – achten Sie also darauf, wem Sie welche Fragen stellen, sonst erhalten Sie verfälschte Ergebnisse.

Wer es wissenschaftlicher liebt: Auf der Homepage der Firma *Medox* von Marktforscher Mag. Fred Husny sind für einige Berufsgruppen standardisierte, aber sehr detaillierte Fragebogen ausgearbeitet, die von Ihnen nur noch ausgedruckt und verteilt werden müssen. In Eigenregie können Sie so bereits einige sehr interessante Erkenntnisse herauslesen. Wollen Sie allerdings fundiertere und wissenschaftliche Aussagen aus den Rückantworten Ihrer Kunden, dann senden Sie die ausge-

füllten Fragebogen einfach an *Medox* und in wenigen Wochen erhalten Sie eine detaillierte Analyse Ihrer Kundenstruktur. Die Bezahlung erfolgt aufgrund der Anzahl der zugesandten Fragebogen. Medox Homepage: **www.medox.at**
Welche und wie viele Personen sollte man befragen? Die besten Dienste leistet in diesem Fall die eigene Adressenkartei. Bereits mit 100 Adressen ist eine repräsentative Umfrage möglich. Selbstverständlich ist hierbei Datenschutz oberstes Gebot.
Oder verteilen Sie einen Fragebogen in Ihrem Lokal oder Geschäft, den jeder Besucher bei seinem Besuch ausfüllen kann (Denken Sie an die Fragebogen in manchen Kettenrestaurants oder Autobahnraststätten). Mit der Zeit kommt eine erhebliche Anzahl an Fragebogen zusammen. Einfach ist auch die Errichtung eines „Kummerkastens". Alle diese Bemühungen haben allerdings nur dann wirklich Sinn, wenn Sie gewillt sind, etwaige Missstände oder Probleme auch tatsächlich zu beheben.
Wie soll der Fragebogen also aussehen? Hier eine kleine Auswahl von möglichen Fragen für einen Friseursalon (anschließend die aus diesen Fragen möglicherweise resultierenden Ideen und deren Umsetzung in Ihrer Werbung).

1. Frage – persönliche Daten

→ Alter des Befragten ....
→ Geschlecht ....
→ Anzahl Kinder ....
→ (Alter) ....
→ Beruf ....
→ Wohnort (Bezirk) ....

2. Besondere Fragen (je nach Umfrageziel)

→ Wie weit haben Sie es bis in mein Geschäft? Ca. ... Minuten
   Die Antwort ist wichtig dafür, wie weit von Ihrem Geschäft entfernt Sie z.B. Ihre Flugblätter streuen sollten.

→ Wie oft gehen Sie durchschnittlich zum Friseur (egal zu welchem)?

   ☐ jede Woche   ☐ alle 14 Tage
   ☐ jeden Monat   ☐ alle zwei bis drei Monate
   ☐ seltener

   Eine Aktionsidee für ein Beauty-Abo: Wenn festgestellt wird, dass bei Ihnen alle drei Wochen zum Friseur gegangen wird – warum nicht versuchen, das auf alle 14 Tage zu erhöhen, dafür ein Jahresabo auszugeben und natürlich deutlich günstigere Preise anzubieten. 1. Vorteil: Kundenbindung; 2. Vorteil: Mehr Auslastung und Umsatz.

→ Was lassen Sie beim Friseur machen?

☐ nur Schneiden ☐ Schneiden und Stylen
☐ Dauerwelle ☐ Färben
☐ Waschen ☐ Maniküren
☐ Massieren ☐ anderes, und zwar:
☐ Frisieren

....

Wenn z.B. herauskommt, dass Maniküren sehr wenig verlangt wird, warum nicht eine Manikür-Aktionswoche ins Leben rufen, um – vielleicht – die Hemmschwelle für diesen Luxusservice zu senken.

→ Wie viele Friseure kennen Sie? Nennen Sie drei mit Namen:

....

....

→ Was gefällt Ihnen am besten beim Friseur (egal bei welchem)?

☐ Schneiden ☐ Färben
☐ Dauerwelle ☐ Maniküren
☐ Waschen und Föhnen ☐ Frisieren
☐ Massieren ☐ Zeitung lesen
☐ Plaudern ☐ anderes, und zwar:
☐ Stylen

....

→ Haben Sie den Eindruck, es gibt genügend Friseure in ihrer Gegend?

☐ zu viele ☐ genügend
☐ zu wenige ☐ keine

Gibt es zu wenige und Sie müssen bereits viele Termine abweisen– vielleicht ist eine zweite Filiale ratsam.

→ Wie gefällt Ihnen die Ausstattung meines Studios?

☐ sehr gut ☐ weniger gut
☐ gut ☐ gar nicht

→ Ist der Aufenthaltsraum bequem genug?

☐ sehr bequem ☐ bequem
☐ mittel ☐ unbequem

→ Ist der Auftenhaltsraum groß genug?

☐ groß genug ☐ groß
☐ weniger groß ☐ zu klein

→ Was soll ein Friseur Ihrer Meinung nach allgemein können?

☐   gut stylen   ☐   richtige Typberatung
☐   gut beraten   ☐   wissen, was trendy ist
☐   gut schneiden   ☐   gute Menschenkenntnis
☐   gut plaudern können

→ Was fehlt Ihnen in meinem Studio? Was würden Sie ändern?

....

....

→ Finden Sie die Betreuung durch meine Assistentinnen

☐   sehr gut   ☐   weniger gut
☐   gut   ☐   gar nicht

→ Wie finden Sie die Bekleidung des Personals:

☐   sehr gut   ☐   übertrieben modisch
☐   gut   ☐   gar nicht gut

→ Welche Geschäftszeiten wären für Sie ideal?

Wochentage   Zeit

....

....

→ Wären für Sie Wochenenddienste bzw. Öffnungszeiten am Wochenende von Vorteil?

☐   ja   ☐   nein

→ Wären Hausbesuche für Sie von Vorteil?

☐   ja   ☐   nein

Ein Optiker, der sein Geschäft in einem kleinen Dorf mitten in den Alpen betreibt, macht gute Geschäfte mit den Bergbauern in der Gegend. Einmal im Monat fährt er eine Tour zu allen Höfen, repariert Brillen und macht auch Augen- und Sehtests. Stolz meinte er: „In meiner Gegend gibt es keinen mit Discounterbrillen." Service at its best! Aber natürlich – ohne Fleiß kein Preis!

→ Wäre ein offener Montag für Sie von Vorteil?

☐ ja   ☐ nein

Wenn Sie der Einzige in ihrer Gegend wären, der Montag offen hält – ein klarer Vorteil!

→ Wie oft lesen Sie Beiträge über Frisurenmode in Zeitungen/Zeitschriften?

☐ oft/täglich   ☐ selten
☐ gelegentlich   ☐ nie

→ Welche Zeitschriften/Zeitungen lesen Sie?

....
....
....

→ Welche Regionalzeitung haben Sie als Letzte gelesen?

....
....
....

→ Wären Sie bereit, sich als Frisurenmodell zur Verfügung zu stellen?

☐ ja   ☐ nein

→ Was erwarten Sie sich von einem guten Friseur? Ein guter Friseur soll (bitte ankreuzen)

☐ ein guter Menschenkenner sein
☐ die bestmögliche Behandlung bieten
☐ sich in der Mode auskennen
☐ sich ständig weiterbilden
☐ die neuesten Mittel und Kosmetika haben
☐ den billigsten Preis bieten
☐ sich für einen Plausch Zeit nehmen
☐ die Kunden gut informieren
☐ ein guter Stylist sein
☐ anderes und zwar: ....
☐ ....

Persönliche Anregungen:

....

....

....

Das Resultat lässt sich mühelos in einfachen Datenprogrammen verarbeiten oder sogar mit wenig Aufwand mittels Strichlisten und Tabellen auch per Hand aufzeichnen. Die Mühe würde sich lohnen, um mehr über die Wünsche und Probleme seiner eigenen Kunden zu erfahren.

Eines ist jedoch zu bedenken – stellen Sie keine Fragen, die die Antwort schon beinhalten, denn sonst besteht die Gefahr, dass Sie nicht nur zu falschen (geschönten) Umfrageergebnissen kommen, sondern dass Sie auch noch die falschen Rückschlüsse daraus ziehen. Keine Kundin, vor allem keine Stammkundin würde „ehrlich" auf folgende „Fangfrage" Ihres Figaro antworten:

Guter Service hat seinen Preis – würden Sie Ihre Haare auch einem Billigfriseur anvertrauen?

       ☐   ja   ☐   nein

Alles klar?

3 Die Soll-Analyse

Was will ich durch meine Werbung eigentlich erreichen und was soll bewirkt werden?

Wo soll Ihr Unternehmen in zwölf Monaten stehen – was soll bis dahin geschafft sein? Die Soll-Analyse ist nach der konsequenten Analyse des Ist-Zustands sozusagen der zweite Schritt auf dem Weg zur erfolgreichen Werbestrategie. Um entscheiden zu können, in welche Richtung Ihre Werbung in Zukunft gehen könnte, kommt es darauf an, die richtigen Schlußfolgerungen aus den gesammelten Daten der Ist-Analyse zu ziehen. Dieser Entscheidung kommt große Tragweite zu, denn davon hängt es ab, wie Sie sich Ihren Kunden präsentieren und wie Sie Ihren Werbeauftritt planen.

Als ersten Punkt der Soll-Analyse widmen wir uns dem **Werbeziel**. Hier legen Sie die Ziele fest, die Sie mit Ihrer Werbung erreichen wollen. Achten Sie darauf, dass Sie sich nicht zu große (und damit unerreichbare) Ziele stecken. Als Beispiel wäre ein kleiner Bäcker anzuführen, der als illusorisches Ziel die Marktführerschaft bei Brot in Bayern innerhalb von drei Jahren anstrebt. Ein Ziel für diesen Bäcker wäre aber durchaus, in diesem Zeitraum Marktführer in seinem Landkreis oder auch nur in seiner Stadt zu werden.

Werbeziel

Bevor man Geld für Werbung ausgibt, muss also das Ziel ins Auge gefasst werden.

Was will ich mit meiner Unternehmenswerbung erreichen?

Mögliche Ziele:

- → besseres Image   ☒
- → höhere Bekanntheit   ☒
- → höhere Auslastung   ☐
- → mehr Kunden   ☒
- → mehr Umsatz   ☒
- → Status quo festigen   ☐
- → Kunden halten   ☐
- → andere (neue bzw. jüngere) Zielgruppen gewinnen   ☐
- → einheitliches Erscheinungsbild nach außen   ☐

→ erfolgreiche Neueröffnung   ☐
→ höheren Marktanteil in meinem Gebiet   ☐
→ Frequenzerhöhung in meinem Geschäft   ☒
→ ....   ☐

1. ....

2. ....

3. ....

4. ....

5. ....

6. ....

7. ....

8. ....

9. ....

10. ....

Achtung! Bitte wählen Sie keine sich widersprechenden Werbeziele – also nicht „Besseres Image" und gleichzeitig „höhere Bekanntheit als Billigpreisgeschäft".

Die Hauptaussage meiner Werbung

Vom Vorteil für den Kunden haben wir in der Ist-Analyse schon gesprochen. Jetzt werden genau diese Daten und Fakten wieder aufgegriffen. Sie haben sich im ersten Kapitel einige Vorteile aufgeschrieben, die Ihren Betrieb, Ihr Produkt oder Ihre Dienstleistung „einzigartig" gegenüber der Konkurrenz machen. Nehmen Sie sich nun diese Vorteile noch einmal vor und analysieren Sie sie hinsichtlich der Möglichkeit, sie in der Werbung zu verwenden und groß herauszustellen.

Auf welchen Vorteil würden Ihre angepeilten Kunden am besten reagieren? Welche Informationen könnten Ihre potenziellen Zielgruppen dazu bringen, bei Ihnen – und nur bei Ihnen – zu kaufen?

Denn: Ohne klaren Kundenvorteil gibt es keinen Werbeerfolg!"

Und nur wenn Sie ihren potenziellen Kunden über alle Vorteile Ihres Angebots „informieren", kann der Kunde bei der Masse an Werbung, die ihn täglich bombardiert, die Spreu vom Weizen trennen. Erst dann wird er Ihr Angebot in die engere Wahl nehmen. Werbung ist Information – und Information ist Wissensvermittlung.

Werbung ohne Information ist wie eine Verpackung ohne Inhalt, wie ein Versprechen, das nicht eingelöst wird.

Denken Sie daran: Dass Werbung etwas mit wirklicher Information zu tun hat, ist heute fast schon vergessen. In der Vergangenheit waren die ersten Werbeaussagen die Folgenden:

„Frische Eier"
„Wein aus Italien"
„Neue Stoffe eingetroffen"

Diese Beispiele entsprechen übrigens archäologischen Funden ehemaliger Krämerläden bei Ausgrabungen mittelalterlicher europäischer Siedlungen. Wie man sieht, haben sich zwar die Zeiten dramatisch geändert, aber die Werbeaussagen sind fast die gleichen geblieben. Noch heute wird mit der Frische der Eier geworben und eventuell zusätzlich noch mit dem Hinweis aus Bodenhaltung oder vom Bio-Bauernhof. Noch immer ist die Information „Wein aus Italien" attraktiv, allerdings nur mit der Zusatzinformation und dem Hinweis auf einen bekannten Weinbauern oder einen berühmten Jahrgang. In der Mode funktioniert Informationswerbung zu jedem Saisonbeginn perfekt.

Wie kommen Sie jetzt also auf dem einfachsten Weg zu einem Vorteil für Ihre Kunden?

Als gewissenhafter Leser dieses Buches haben Sie natürlich schon längst „Mein Unternehmen – meine Produkte (bzw. Dienstleistungen)" durchgearbeitet und Ihr Unternehmen auf Besonderheiten und spezielles, derzeit vielleicht noch brachliegendes Know-how und nicht genutzte Angebote durchleuchtet. Diese Besonderheiten sollten Sie nun auf einen möglichen konkreten Kundennutzen abklopfen.

Die Fragen, die Sie sich dazu stellen sollten, sind folgende:

→ Was unterscheidet mein Unternehmen oder meine Dienstleistung von anderen Unternehmen oder anderen Dienstleistungen?
→ Wo ist mein Unternehmen gegenüber der Konkurrenz unschlagbar?
→ Wo bin ich **anders als alle anderen**?

Wofür will ich bei meinen Kunden „bekannt" sein?

1. ....

2. ....

3. ....

Geben Sie nicht mehr als zwei bis drei Hauptvorteile an, die Sie von Ihrer Konkurrenz unterscheiden, und nur jene, die echte **Vorteile für den Kunden** sind. Mehr kann in einer Anzeige kaum „verkauft" werden.

Übrigens: In der Werbung nennt man diese einzigartigen Verkaufsgründe U.S.P. (Unique Selling Proposition).

Also machen Sie sich einzigartig – am Ende soll für die Verwertung in der Werbung nur eine einzige Aussage von Ihren oben genannten übrig bleiben. Mehr kann sich der Konsument nicht merken. Am besten ist es natürlich, wenn die Einzigartigkeit aus Ihrem Produkt resultiert (das größte, praktischste, schmackhafteste, süßeste, leichteste, einfachste …) oder auch aus Ihrer Preispolitik oder sogar allein aus Ihrem einzigartigen Werbeauftritt (wie es die Yellow Cab Co. zustande brachte, indem sie ihre Taxis gelb anstrich). Der U.S.P. ist so ziemlich der einzige Grund, die sonst in der Werbung verpönten Superlative zu verwenden.

Sagen lässt sich das leicht: Der Billigste – der Exklusivste – der Leichteste … Wie soll das aber in einer Zeit gehen, in der die Supermärkte einen gnadenlosen Preiskampf führen? Oder wie kann ich bei meiner Zielgruppe höhere Preise durchsetzen? Sie glauben vielleicht, bei hohen Preisen kann man nicht mit Superlativen auftrumpfen und stolz verkünden: Ich bin der Teuerste! Das ist ein Irrtum!

z.B.   Verkaufen Sie sich oder Ihr Produkt als das „teuerste der Welt"!

Ein besonders interessantes U.S.P.-Beispiel soll ihnen beweisen, dass auch das funktioniert. Fragen Sie beim nächsten Besuch in Ihrer Apotheke einmal nach der „teuersten Zahncreme der Welt". Ihr Apotheker wird Sie Ihnen (falls vorrätig) gern überreichen. Ich habe, während ich diese Zeilen schreibe, mindestens 5 Minuten nachgedacht, wie diese verflixte Zahnpasta heißt. Ich komme nicht darauf. Aber auf Grund des einprägsamen U.S.P. weiß ich dennoch, wonach ich fragen muss, damit ich das Produkt erwerben kann. Und ich weiß, dass ich sie in einem Aufsteller auf dem Ladentisch meines Apothekers stehen gesehen habe und dass auf dem Aufsteller als Werbeslogan genau dieser Satz stand: „Die teuerste Zahncreme der Welt." Ich finde diese „Positionierung" schlichtweg genial – vor allem in der heutigen Zeit, wo alle versuchen, möglichst billig anzubieten. Und soll ich Ihnen noch etwas verraten, ich werde beim nächsten Apothekenbesuch einen „Testkauf" wagen – man gönnt sich ja sonst nichts.

Wofür wollen Sie bzw. Ihr Unternehmen „bekannt" sein?

....

Nebenvorteile könnten sein: (wichtig z.B. für kurzfristige Aktionen etc.)

1. ....

2. ....

3. ....

4. ....

5. ....

6. ....

Zum Ende dieses U.S.P.-Exkurses noch einige mögliche U.S.P.-Beispiele:

→ Die teuerste Zahnpasta der Welt
→ Die billigste Tankstelle in Bayern
→ Die scharlachroten „Limousinen-Taxis"
→ Die Pasteten-Manufaktur
→ Das leichteste Handy der Welt
→ Der einfachste Computer der Welt
→ Mauerentfeuchtung – kinderleicht
→ Das älteste Hotel in Berlin
→ Das Reisebüro für die exklusivsten Reisen

Bedenken Sie auch, dass, sollten Sie sich einmal für eine Aussage (und damit für eine Positionierung) entschlossen haben, jede weitere Produkt-, Marketing- und Werbeaktivität den U.S.P. unterstützen sollte. Es wäre also kontraproduktiv, wenn es die „teuerste Zahnpasta der Welt" jemals zu einem Sonderpreis geben sollte oder wenn man eine Billigausgabe für die großen Supermärkte einführte. Es würde nicht funktionieren und den Konsumenten irritieren.

Wie will ich mich in der Öffentlichkeit präsentieren? - Die Corporate Identity (C.I.)

Wieder ein englischer Begriff: „Corporate Identity" oder abgekürzt C.I. Die einfachste deutsche Übersetzung lautet: „das einheitliche Erscheinungsbild". Damit ist der gesamte optische Eindruck des Unternehmens gemeint. Also: Wie wirkt Ihr Unternehmen auf die Außenwelt und auf Ihre Zielgruppen? Ganz gleich, ob es die Farbgestaltung des Geschäftslokals, den Einrichtungsstil, die einheitliche Werbegestaltung, oder die gleichbleibende Schriftwahl in Prospekten und Anzeigen betrifft. Jeder Gang in die Öffentlichkeit muss auf das Unternehmen abgestimmt sein. Sollten Sie keinen Warenvertrieb besitzen, sondern nur ein Büro und nur Dienstleistungen „verkaufen", werden Sie sich sicherlich fragen, wo bei Ihnen die Corporate Identity anfängt und wo sie aufhört. Denn bei Gastgewerbebetrieben erwartet man „Gestaltung". Das Lokal ist in einem besonderen Stil eingerichtet, bestimmte Farben überwiegen, es ist konservativ, modern, rustikal etc. Bei Boutiquen oder Geschäften ist für viele „Gestaltung" ebenfalls nachvollziehbar. Aber in Büros – wozu denn?

Unterschätzen Sie den ersten Eindruck nicht, der von Ihrem Büro, von den gewählten Farben oder den verwendeten Materialien ausgehen kann. Dies beeinflusst oft nachhaltig den Konsumenten (auch im Kaufverhalten). Ihr Unternehmen wirkt auf die Außenwelt in seiner Gesamtheit. Sie können dieses Erscheinungsbild ganz entscheidend beeinflussen und legen so schon vor der Eröffnung Ihres Geschäfts, Ihres Lokals oder Ihres Büros den Image-Grundstein für Ihr Unternehmen.

z.B. An diesem Beispiel werden Sie sofort erkennen können, wie sehr Kleinigkeiten die Kundenstruktur und das Käuferverhalten bei Unternehmen beeinflussen.

Jeder kennt Flohmärkte, besucht sie hin und wieder oder – so wie ich – häufiger. Dabei fällt auf, dass die Stände der Händler sehr unterschiedlich sind und in Stil und Aufmachung meist sehr genau der dort angebotenen Ware bzw. dem jeweiligen Preisniveau der Waren entsprechen. Da gibt es den privaten Anbieter, der seinen ganzen Krimskrams einfach in einem großen Haufen (wie in den Supermärkten die billigen Wühlkisten) auf den Boden wirft und den Kunden auch tatsächlich nach Herzenslust wühlen lässt – der aber auch sehr günstige Preise anbietet. Da gibt es aber auch den Händler, der nur Designerstücke (egal ob namhafte oder No-Name-Produkte) auf einer schwarzen Samtdecke ausbreitet und noch dazu nicht auf einem Haufen, sondern liebevoll die wenigen Stücke arrangiert und oft sogar farblich aufeinander abstimmt. Und will man sich eines der Stücke näher betrachten, greift es sich der Chef, bevor man selbst zulangen kann, und hält einem die „Kostbarkeit" hin. Nichts da mit wühlen, nichts da mit Selbstbedienung –

automatisch wird mit dieser Präsentation auch „teuer" und „exklusiv" assoziiert. Dementsprechend sind auch die Preise dieser Profi-Krämer bedeutend teurer als die der „Krimskramsstände". Und das – eigentlich – nur durch ein Stück schwarzen Samt.

Low-Budget	Das letzte Beispiel hat Ihnen gezeigt, dass C.I. nicht unbedingt teuer sein muss.

Für Kleinbetriebe wäre z.B. die besondere Gestaltung der Einkaufstüten oder Tragetaschen wichtig. Überwiegend sieht man nur sehr schlichte Taschen in der meist immer gleichen Grundfarbe weiß. Ich komme heute gerade von meiner Steuerberaterin, mit der ich mich auch ein wenig über Werbung und die Möglichkeiten für Steuerberater unterhalten habe. Ein sehr günstiger Vorschlag, um für etwas Aufsehen zu sorgen, wären stabile Papiertaschen (für die Akten der Klienten) in einer besonderen Farbe. Ein elegantes Gelb wäre dafür ideal. Tolle Idee. Ich habe noch keine Tragetasche eines Steuerberaters gesehen. Auch einem Optiker habe ich Tragetaschen vorgeschlagen. Diesem habe ich mit wenig Aufwand eine neue, auffällige C.I.-Linie verpasst. Um die Kunden möglichst sofort und umgehend mit der neuen C.I.-Linie zu konfrontieren, wurden Papiertaschen in grellgrüner Grundfarbe mit in Blau gehaltenem Logo bestellt. Ungeheuer auffällig – enorm werbewirksam. Und das mit unwahrscheinlich wenig Geld. Ein Tipp für Sie?

Ganz allgemein ist zu sagen, dass das äußere Erscheinungsbild eines Unternehmens deshalb so wichtig ist, weil in jeder Lebenslage das Aussehen Vorrang hat. Der Mensch als prähistorischer Jäger entdeckte und erforschte die Welt zu einem großen Prozentsatz mit seinen Augen. Diese Vorrangigkeit und Allgegenwärtigkeit optischer Darbietung wirkt sich auch noch heute und besonders stark im Wirtschaftsleben aus. Nicht umsonst werden Broschüren, Kataloge und vieles mehr gedruckt, Logos werden möglichst elegant oder auffällig gestaltet. Firmenschilder sollen möglichst weit sichtbar und daher auffällig sein. Dies alles sind Werbemittel, die uns zum Schauen animieren und uns durch die Reizung des Auges in unserer Entscheidung beeinflussen sollen.

Aber auch das äußere Erscheinungsbild einzelner Produkte (die Verpackung, die Ausstattung, die Farbe, der Stil, die Präsentation) beeinflusst ganz entscheidend das Verhalten der Umworbenen.

Denken Sie nur an bestimmte große Marken. Sofort fällt Ihnen entweder der Stil der Werbung ein, die Farben und Formen der Verpackungen oder des Markensignets (Coca-Cola, Pepsi, Aldi, IBM, Mercedes usw.).

Dies ist nur möglich durch die konsequente Arbeit mit den Mitteln der Corporate Identity. Die Möglichkeiten, am einheitlichen Erscheinungsbild eines Unternehmens zu feilen, sind faszinierend und auch nahezu unbegrenzt, wenn Sie an all die Dinge denken, die Sie in Ihrem Büro, Ihrem Geschäft, Ihrem Lokal etc. umgeben. Durch die stilistische und farbliche Abstimmung von Einrichtung, Werbeauftritt und Produktgestaltung können Sie konkrete Aussagen für das Unterbewusstsein der Kunden transportieren bzw. eine Stimmung vermitteln.

z.B. Für eine durchdachte C.I.-Linie sei nur ein Immobilienhändler genannt: Er könnte sein Büro in einer bestimmten Farbe ausgestalten und auch z.B. seine Aktentasche, sein Handy, seine Aktenmappen, Kugelschreiber etc. in dieser „Firmenfarbe" halten. Oder denken Sie nur an streng konservative Anwaltskanzleien, die noch immer den Hauch der Jahrhundertwende atmen, weil sie eben mit Stilmöbeln, schweren Teppichen, alten Ölgemälden und samtenen Vorhängen ausgestattet sind. Automatisch absorbiert der Besucher, der zum ersten Mal die Kanzlei betritt, die Atmosphäre und wartet fast ehrfürchtig darauf, dass ihm jemand mit gestärktem Stehkragen und weißer Fliege entgegentritt.

Wenn Sie diese Stimmung erreichen wollen – kein Problem; und wenn sie selbst nichts mit einem modernen Einrichtungsstil anzufangen wissen – wunderbar. Sie müssen sich schließlich wohl fühlen. Wenn Sie dann auch noch die richtigen Klienten für dieses Kanzlei-Image haben (konservativ, etwas älter, Unternehmer, Landwirte etc.), was kann da noch schief gehen?
Wie falsch wäre dieser Stil allerdings bei einer Werbeagentur, die ja von den Kunden nicht zuletzt deshalb engagiert wird, um Modernität und Innovation im eigenen Betrieb zu garantieren. Man kauft schließlich Dienstleistungen auch mit den Augen.

Low-Budget Wie wichtig selbst kleine Details sind, möchte ich ihnen anhand einer persönlichen Episode schildern. Als Werbetexter und Werbefachmann wird man, wie die meisten Berufsgruppen, von seinen Kunden in eine bestimmte Image-Schublade gesteckt.

z.B. Vor einigen Jahren bekam ich von meiner Frau einen pinkfarbenen Plastikkoffer geschenkt. Als braver Ehemann tauschte ich meine (selbstgekaufte) teure schwarze Ledertasche gegen dieses ziemlich skurrile Ding. Schon bei meinem ersten Besuch bei einem Kunden bemerkte ich, wie die Augen meines Gegenübers immer wieder verstohlen lächelnd auf meinem Plastikkoffer landeten. Hoppla, da schau her, dachte ich mir. Ich wurde aufmerksam und studierte von nun an die unterschiedlichsten (aber immer positiven) Reaktionen meiner Kunden auf mein „kitschiges" Anhängsel. Schließlich wurde ich anlässlich der Präsentation eines Werbekonzepts in der Vorstandsetage einer großen Brauerei bei meinem ersten Schritt ins Konferenzzimmer vom sehr konservativ gekleideten Direktor mit den freudigen Worten „Jaaaaa, da kommt endlich die Kreativität!" begrüßt. Ich war im ersten Moment perplex, weil ich ehrlich gesagt nicht genau wusste, worauf angespielt wurde. Was soll ich sagen, es war dieser kleine (und sehr billige) Plastikkoffer in Schweinchenrosa, der es diesem hoch bezahlten Manager angetan hatte. Tja, Pech für die in elegantem Blau erschienene Konkurrenzagentur. Ich brauche wohl nicht zu erwähnen, dass wir die Präsentation gewonnen haben. Dieser Tipp gilt für alle Branchen, die den Nimbus der Kreativität an sich haften haben. Also für Architekten, Grafiker, Friseure, Modedesigner, aber auch für alle Arten von Medienunternehmern.

> **!** Resümee: Jeder Gang in die Öffentlichkeit muss auf das Unternehmen und sein jeweiliges Image abgestimmt werden. Die Zielgruppe sollte sofort erkennen können, um welches (wessen) Angebot es sich handelt. Ein Blick sollte genügen, um die vorliegende Anzeige oder das Plakat eindeutig zu identifizieren.

Zusätzlich muss diese Identifikation auch noch bei geringer Aufmerksamkeit durch den Leser und bei sehr kurzer Betrachtungsdauer stattfinden. Die Marktforschung hat ergeben, dass die Betrachtungsdauer für Werbemittel in den nächsten Jahren auf weit unter eine Sekunde sinken wird. Ein sehr rasches Erkennen und auch „Verstehen" dieser Werbemittel sowie auch unserer Werbebotschaften ist daher von entscheidender Bedeutung für unseren Werbeerfolg. Genau hierbei hilft eine klare C.I.-Linie.

Haben wir uns einmal auf eine Werbe- und C.I.-Linie eingelassen, sollte diese auch konsequent weiterverfolgt werden. Daher ist der immer gleiche Aufbau (und die gleichen Gestaltungselemente) aller Werbemittel unumgänglich.

> **!** **Kontinuität geht vor Kreativität!**

Egal ob es Farben sind, bestimmte wiederkehrende Formate (etwa bei Anzeigen oder Prospekten), die Mitarbeiterkleidung, gleichartige Gestaltungselemente oder auch bestimmte wiederkehrende Formulierungen oder Schreibstile, die mit uns in Verbindung gebracht werden – gravierende Änderungen sind Gift für unseren Werbeerfolg.

Wir haben jetzt so viel von Farben gesprochen. Wie wirken nun eigentlich die einzelnen Farben auf unser Unterbewusstsein? Welche Farbe ist für welchen Anlass oder welches Unternehmen geeignet? Eine klare Antwort kann es darauf nicht geben, der persönliche Geschmack entscheidet. Die folgenden Stichworte zu den gängigsten Farben sollen lediglich als eine kleine Entscheidungshilfe dienen.

Die Psychologie der Farben

Farben beherrschen unser Leben!

Der Mensch sieht – im Gegensatz zu vielen Tieren – farbig. Dass daher auch unsere Eigenpräsentation an Attraktivität gewinnt, wenn Farben verwendet werden, ist klar. Allerdings ist Farbe, gerade bei Kleinbetrieben, nicht unbedingt und zwingend notwendig, um einen hohen Aufmerksamkeitseffekt zu erzielen. Der Verzicht auf Farbe bringt auch einen nicht unerheblichen Vorteil auf der Kostenseite. Denn in der Werbung ist in Bezug auf Farben eines zu beachten:

Farben sind teuer!

Überall und in jeder Form. Ob in Anzeigen oder auf einem Flugblatt das gedruckt wird. Jede zusätzliche Farbe (die schwarze Druckfarbe ist obligat) muss bezahlt werden. Für jede zusätzliche Farbe wird in der Druckvorbereitung auch ein eigener „Druckfilm" benötigt. Ein Vierfarbdruck benötigt daher 4 einzelne Filme die in die Druckmaschine eingespannt werden müssen – das kostet Geld. Daher sollte bereits bei der Gestaltung von Werbemitteln (und vor allem beim Logo) darauf Bedacht genommen werden, mit möglichst wenigen Farben auszukommen.

Low-Budget In meiner täglichen Praxis als Werbefachmann habe ich immer wieder mit Logos und Firmenzeichen zu tun, die aus unerfindlichen Gründen vom Grafiker vierfarbig konzipiert wurden. Diese Logos wirken meist auch nur mit all diesen Farben und sobald sie in Schwarz-Weiß-Druck erscheinen, ist das Logo nur halb so schön. Oft verliert die Gestaltung in Schwarz-Weiß so stark, dass eine Neugestaltung erforderlich ist. Verzichten Sie also – wenn möglich – auf vierfarbige Logogestaltungen – es würde Sie zu viel Werbegeld kosten.

Tipp Achten Sie bei der Logo-Konzeption darauf, dass Ihr zukünftiges Markenzeichen zwar Auffälligkeit durch eine oder zwei „Firmenfarben" gewinnt, aber seine Auffälligkeit bei reinem Schwarz-Weiß-Druck auch nicht verliert.

Die Farbpsychologie sollte grundsätzlich nicht überbewertet werden. Bei der Gestaltung von Verpackungen, der Einrichtung eines Büros, eines Geschäfts oder eines Lokals kommt der Farbe dennoch entscheidende Bedeutung zu. Hier sind einfach die Farbflächen größer und können daher auch voll zur Geltung kommen. Bei Logos oder auch Anzeigen ist es für den Erfolg nicht wirklich entscheidend, ob Grün oder Blau verwendet wird. Ein Logo in Gelb wäre auf Grund der schlechten Erkennbarkeit von Gelb auf Weiß allerdings aus rein technischer Sicht abzulehnen. Beim Einsatz von Farben sind einige Grundregeln zu beachten. Die nun folgende kurze Aufstellung der wichtigsten Farben und deren Wirkungsweise soll Ihnen einen kurzen Einblick geben.

Einige Fakten über die Wirkungsweise von Farben:

→ **Rot**: Die älteste und prominenteste Farbe. Fragen Sie jemanden spontan nach seiner Lieblingsfarbe – in 90 Prozent der Fälle wird Rot genannt. Rot ist anregend, eine männliche Farbe (ja, tatsächlich männlich), die Farbe der Lust, der Dynamik, aber auch des Lasters; Rot bewirkt in Labortests die stärksten Reaktionen bei Testpersonen; es ist eine warme, fast heiße Farbe; Rot wirkt als Alarm (Verkehrszeichen, Verbotszeichen).
Praxisanwendung: Farbe, die den Appetit anregt und im Verpackungsdesign für süße, aber auch scharfe, kräftige, würzige Produkte verwendet wird (Kaffee, starke Zigaretten). Rot lenkt auch bei Verpackungen (neben Orange) die stärkste Aufmerksamkeit auf sich. Nicht umsonst wird die rote Farbe schon seit jeher in der Werbung für Heraushebungen verwendet. Rot wirkt in Anzeigen informierend, dringlich, modern und aktuell. Achtung! Rot kann aber auch aufdringlich und billig wirken.

→ **Blau**: Die Farbe, die nach Rot am häufigsten als Lieblingsfarbe genannt wird. Blau ist eine weibliche Farbe; sie symbolisiert den Himmel, Ferne, Sehnsucht nach Ruhe und Entspannung. Blau ist eine kühle Farbe. In einem blauen Zimmer empfindet eine Testperson eine bestimmte Temperatur subjektiv um einige Grad kühler (also Achtung bei einem ganz in Blau gehaltenen Büro – es kann kalt und abweisend wirken). Blau zeigt in Verkehrszeichen freie Fahrt an – also keine Gefahr. Blau ist im Gegensatz zu Rot eine passive und leise Farbe.
Praxisanwendung: Eine seriöse Farbe, die unaufdringlich wirkt und Klasse ausstrahlt. Eleganz und Technik werden durch diese Farbe symbolisiert. Daher haben auch sehr viele Automarken Blau in ihrem Logo. Blau ist auch eine „reine" Farbe. Sie wird daher auch neben Weiß gern im medinzinischen Bereich verwendet. Interessant: Blau = süß (daher wird Zucker meist in blauen Verpackungen angeboten). Blau in Verbindung mit Gelb oder Weiß findet auch bei Light-Produkten Verwendung.

→ **Gelb**: Die hellste Farbe. Daher Assoziation mit Sonne, Sauberkeit, heiter, sanft, reizend, Optimismus, Wärme, Jugendlichkeit. Gelb wird auch teilweise mit Gold gleichgesetzt, daher ist Gelb auch eine elegante, exklusive Farbe.

Gelb wird neben seinen positiven Eigenschaften aber auch für Warnsignale verwendet (in der Natur haben z.B. Wespen die gelbe Warnfarbe).

Praxisanwendung: In der Werbung ist Gelb meist die Farbe für den Hintergrund. Niemals Gelb für Schrift verwenden (außer auf dunklem Untergrund), da gelbe Schrift auf weißem Papier nahezu unlesbar ist. Logobeispiele für Gelb sind unter anderem die Post, die mit Gelb gleichgesetzt wird. Auch McDonald's wirbt mit dem großen gelben M um Kundschaft. Hier wird Gelb allerdings immer in Verbindung mit einer anderen Farbe verwendet. Ideal: Rot, Blau, Schwarz. In jüngster Zeit setzt auch ein Stromanbieter voll auf diese helle, leichte und fröhliche Farbe.

→ **Grün**: Die Farbe des Lebens. Assoziation mit: Vitalität, Wachstum, Gesundheit, Jugend, Harmonie, Hoffnung, Ruhe, Ausgeglichenheit; Grüne Piktogramme geben sich als hilfreiche Signale zu erkennen.

Praxisanwendung: Farbe für Umweltschutz, Bioprodukte, erfrischend (daher oft bei Hustenbonbons). Interessant: Hellgrüne oder grasgrüne Teppiche wirken in Gaststätten und Speisezimmern appetitanregend (es ist allerdings im wahrsten Sinne des Wortes eine „Geschmacksfrage", ob ich mein Lokal nur auf Grund dieser Erkenntnis mit einem grünen Teppichboden ausstatte). Eine berühmte grüne Firmenfarbe ist die des Edelkaufhauses Harrod's in London (ein dunkles Grün) oder die des österreichischen Wäscheerzeugers Palmers. Hier wird ein eher ins Gelbe tendierendes Grün mit Gold kombiniert.

→ **Orange**: Berstend vor Aktivität. Es leuchtet wie Gelb und springt ins Auge wie Rot. Weitere Assoziationen: herzhaft, reif, satt, lebendig, prall, warm.

Praxisanwendung: Orange, die Farbe der 60er- und 70er-Jahre, kommt langsam wieder in Mode. Vorsicht bei Einrichtungsgegenständen – sie können leicht „kitschig" wirken. Toll für Aktionsangebote da die Farbe billig wirkt. Gegenbeispiel dieser Billigwirkung sind die Einkaufstüten eines Wiener Nobelfeinkosthauses. Meinl am Graben hat nach der Umgestaltung seines Kaufhauses die bisherigen grünen Papiertüten gegen orangefarbene ersetzt (auch als Zeichen der Erneuerung). Toller Werbeeffekt – allerorten sind die neuen auffälligen Tüten zu sehen.

→ **Schwarz**: Schwarz war immer schon die Farbe der Opposition, des Geheimnisvollen. Spione, Zorro, der Richter oder der Priester – alle sind sie feierlich, geheimnisvoll und faszinierend.

Praxisanwendung: Schwarz lässt bunte Farben neben sich leuchten. Im Verpackungsdesign wird Schwarz bei eleganten, teuren Verpackungen in Verbindung mit Gold, Rot und Gelb verwendet. Tests haben gezeigt, dass gleich große Schachteln subjektiv schwerer empfunden wurden, je dunkler Ihre Farbe war. Ein Produkt in einer dunklen Verpackung wirkt also nicht nur eleganter, sondern auch massiver, schwerer, wertvoller.

→ **Weiß**: Weiß wie die Unschuld, rein, ohne Makel, steril. Diese Wirkung wird durch ein helles, klares Blau noch verstärkt.

Praxisanwendung: Verpackungen wirken durch weißen Hintergrund luftig und leicht, aber auch weniger kompakt. Weiß ist die klassische Farbe aller

Ärzte und der Medizin. Weiße Schrift auf dunklem Grund ist schwerer lesbar als umgekehrt. Viel weißer Raum in Anzeigen lässt das Produkt teurer und eleganter wirken.

→ **Braun**: Diese „Erdfarbe" signalisiert Sicherheit. Weitere Assoziationen: Anständig, hausbacken, mütterlich, Arbeit, Nahrung, Braten, gutbürgerliche Küche, deftig, trocken, solide Herkunft. Braun ist der sinnliche Genuss des einfachen Lebens.

Praxisanwendung: Tischler, Handwerker und rustikale Gasthöfe verwenden gern Braun als Logofarbe. Alleine wirkt die Farbe allerdings recht bieder. Aufgepeppt und interessant wirkt sie in Verbindung mit Gelb, Grün oder Blau. Herrendüfte kommen oft in brauner Verpackung daher. Die Männlichkeit der Farbe wird noch durch Schwarz oder Grün verstärkt.

→ **Rosa**: Süßlich, anregend, verspielt, schüchtern, Mädchenfarbe, Babyfarbe, duftend, Unterwäsche, Ballett, Kosmetik, Homosexualität, Pflegeprodukte (allerdings nur für Frauen).

Praxisanwendung: Sanfte Pflege- und Waschmittel, milde Medikamente, Kosmetikgeschäfte, aber auch Boutiquen für Damenunterwäsche oder Babyartikel dürften mit dieser Farbe bestens bedient sein. Ein Billigkaufhaus in Paris („Tati") ist voll auf diese Farbe eingestiegen.

Tipp **Noch vier Tipps zur Auswahl Ihrer Firmenfarbe:**

1. Vermeiden Sie es, die gleichen Farben wie Ihre Mitbewerber zu verwenden – Sie wollen schließlich **anders als die anderen** und unverwechselbar sein.

2. Sie müssen mit Ihrer Farbe lange Zeit zufrieden sein. Die Entscheidung für eine „hippe" Modefarbe sollte also genau überlegt werden. Eine Farbe kann im nächsten Jahr schon wieder völlig veraltet wirken.

3. Testen Sie die Farben, die in die engere Wahl kommen, einige Zeit. Sammeln und vergleichen Sie anhand von bestehenden Beispielen. Testen Sie die Farbe auf Papier, Stoff oder anderen Materialien – wenn möglich auch auf größeren Flächen. So machen Sie sich das beste Bild über die Einsetzbarkeit Ihrer zukünftigen Farbe.

4. Vermeiden Sie die Verwendung einer ganz bestimmten, von einem Drucker speziell für Sie „gemixten" Farbe. Solch eine Farbe ist zwar sehr exklusiv, es wird Sie aber enormes Geld kosten, diese Farbe in jeder Zeitung und bei jedem Flugblatt- oder Prospektdruck auch genau so gedruckt zu bekommen. Der Werbewert entspricht in keiner Weise den dabei entstehenden Kosten. Überlassen Sie diese „Feinheiten" den großen Industriebetrieben, die haben das nötige Kleingeld dafür übrig.

Was können Sie einheitlich gestalten, um eine auffällige und effiziente C.I.-Linie zu erreichen?

Was kann und soll in meinem Betrieb „sinnvollerweise" in einheitlichem Stil gestaltet werden? (Bitte ankreuzen und bewerten)

C.I.-Linie für	sinnvoll	weniger	gar nicht
☐ Logo	☐	☐	☐
☐ Briefpapier/Kuvert	☐	☐	☐
☐ Notizpapier	☐	☐	☐
☐ Visitenkarte	☐	☐	☐
☐ Terminblätter, Wiederbestellkarten oder ähnliche Druckwerke	☐	☐	☐
☐ Geschäftspapiere allgemein	☐	☐	☐
☐ Firmen-, Lokal-, Kanzlei- oder Praxisschild	☐	☐	☐
☐ Büro, Geschäftseinrichtung konservativ	☐	☐	☐
☐ Büro, Geschäftseinrichtung modern	☐	☐	☐
☐ Einrichtungsstil			
☐ Farbe			
☐ Kleinbüro			
☐ Großraumbüro			
☐ Geschäfts-, Büroausstattung in best. Farbe oder best. Stil:	☐	☐	☐
☐ Büromaschinen			
☐ Telefone			
☐ Handys			
☐ Aktentaschen			
☐ Aktenmappen			
☐ Kugelschreiber			
☐ Terminplaner			
☐ Firmenwagen und Lieferwagen	☐	☐	☐
☐ Arbeitskleidung der Mitarbeiter (einheitliche Bekleidung bzw. farbliche Abstimmung der Mäntel, Arbeitsuniformen etc.)	☐	☐	☐
☐ Hilfsmittel für den Kunden (Tragetaschen, Kartons etc.)	☐	☐	☐

☐ Kunst in den Räumlichkeiten (sehr imagewirksam)	☐	☐	☐
☐ und natürlich nicht zuletzt Werbung – allgemein	☐	☐	☐

    ☐ Anzeigen
    ☐ Prospekte
    ☐ Flugblätter
    ☐ Plakate
    ☐ Werbegeschenke
    ☐ Messen
    ☐ Verpackung

Aber auch:

C.I.-Linie für	sinnvoll	weniger	gar nicht
☐ Freundlichkeit	☐	☐	☐
☐ Sauberkeit	☐	☐	☐
☐ Service	☐	☐	☐
☐ Schnelligkeit	☐	☐	☐
☐ spezielleres Know-how	☐	☐	☐

C.I.-Punkte speziell für mein Unternehmen:

1. ....

2. ....

3. ....

4. ....

5. ....

Als letzter Punkt der Soll-Analyse, nenne ich einen Punkt, der mir ganz besonders am Herzen liegt. Wollen Sie mit **Low-Budget-Werbung** Erfolg haben, dann versuchen Sie bitte eines mit Nachdruck:

Anders sein als andere!

Schauen Sie sich um. Wie wird noch immer geworben? Einfallslos, fade – teilweise leider auch noch fachlich falsch!

Es ist wie beim Hausbau. Die meisten Häuser, die in Einfamilienhaussiedlungen gebaut werden, sind fantasielos gebaut. Ein rechteckiger Grundriss und ein Dach darauf – fertig. Vielleicht haben Sie es schon selbst einmal beobachtet. Mir fällt es immer wieder auf, wenn ich mit dem Zug fahre. Man hat Zeit, die Landschaft zu beobachten. Man passiert immer die gleichen eintönigen Siedlungen an den Stadträndern, wo einem nur hin und wieder „besondere" Häuser auffallen. Sie sind mit kleinen Türmchen versehen oder haben ein ungewöhnlich flaches Dach oder sind einfach nur unkonventionell bemalt. Mit größter Wahrscheinlichkeit finden Sie in der gleichen Siedlung einige andere Häuser, die diesem „Pionierbau" verblüffend ähnlich nachempfunden sind. Natürlich mit nicht ganz so hohen Türmchen, mit nicht ganz so avantgardistischen Anbauten oder Anstrichen.

Wie kommt das?
Eigentlich ganz einfach – der Homo sapiens leistet sich leider kaum eigenständige Ideen. Man möchte nicht auffallen. Also kopiert man beim Nachbarn. Sogar bei einem so wichtigen Projekt wie einem Haus, das man über Jahrzehnte abbezahlt und in dem man wahrscheinlich sein ganzes Leben lang wohnen wird, nehmen sich die Bauherren nicht die Zeit darüber nachzudenken, was man beim eigenen Haus anders, besser, schöner, mit einem Wort: individueller bauen könnte.
Und so gleicht ein Haus dem anderen. Warum sollte man sich also bei der Gestaltung von Werbung anders verhalten?!

 **Begehen Sie nicht den schlimmsten aller Werbefehler:
Gleichen Sie sich nicht an – seien Sie anders als die anderen!**

Übernehmen Sie oder kopieren Sie gute und erfolgreiche Ideen – Okay! Das machen alle – auch die großen Werbeagenturen. Gute Ideen gibt es nicht wie Sand am Meer. Achten Sie aber darauf, dass Sie sich dennoch vor allem von Ihren Mitbewerbern massiv und möglichst augenscheinlich abgrenzen. Denn nichts ist schlimmer, als mit den Anzeigen oder Plakaten der eigenen Konkurrenz verwechselt zu werden. Dann werben Sie nämlich nicht nur für sich und Ihr Unternehmen, sondern investieren Ihr spärliches Werbegeld auch noch in die Kampagne der Mitbewerber. Lachen Sie nicht über derartige Vorkommnisse, die Beispiele sind unendlich.

Zumindest sollte Ihre Werbung ein auffälliges Element enthalten, das

1. zur Dienstleistung (zum Unternehmen) passt;
2. möglichst auffällig ist;
3. in jedem Werbemittel verwendet werden kann (auch in Schwarz-Weiß);
4. eine Aussage/einen Vorteil für Ihre Kunden hat;
5. sich durch die ganze Kampagne zieht;
6. noch von keinem anderen Mitbewerber verwendet wird.

> **Wie stellt man es nun aber an, sich mit seiner Werbung
> von den Konkurrenten abzugrenzen?**

Eigentlich recht einfach:

1. Beobachten Sie Ihre Konkurrenten, beobachten Sie, was sie tun und wie sie es tun.
   a) Welcher Ihrer Konkurrenten wirbt überhaupt?
   b) Sind die Werbegestaltungen dieser Konkurrenten „professionell"?
   c) Gibt es eine konkrete Aussage in deren Werbung – „einen Vorteil für den Kunden"?
   d) Gibt es ein „auffälliges Element", das sich durch die Kampagne zieht?
   e) Gibt es bestimmte Farben und Gestaltungen, die Ihre Konkurrenz wiederkehrend verwendet?
2. Sammeln Sie die Medien, die für Sie (und Ihre Zielgruppen) relevant sind und in denen Sie in Zukunft gern werben wollen (z.B. mindestens zwei Nummern der jeweiligen Zeitung oder Zeitschrift).
3. Analysieren Sie, wie Ihre Konkurrenz in diesen Medien wirbt.
   a) Format der Anzeigen
   b) Schwarzweiß oder Farbe
   c) Fotos bzw. Grafiken oder nur Text
   d) Negativtext (weiße Schrift auf schwarzem Grund)
   e) Logo oder nicht
   f) Gestaltung gleichbleibend oder immer unterschiedlich
   g) Hat die Anzeige eine konkrete Aussage, einen „Vorteil für den Kunden"?
   h) Ist die Anzeige professionell gestaltet oder eine Notlösung?
   i) Wie sehen die Flugblätter aus?

j)   In welchem Stil sind die Radiospots gestaltet? Welche Musik, Geräu-
     sche, Sprecher etc. werden verwendet?
4.   Wie viel Werbung von anderen Branchen oder Produkten gibt es in diesem
     Medium?
5.   Wie werben diese Unternehmen?
     a)   aggressiv (viele Farben, viele Preisangebote, schrille Gestaltungen)
     b)   informierend und auf Image bedacht (elegante Anzeigen mit wenig
          Text)
6.   Welche Zielgruppe spricht das Medium, in dem Sie werben wollen, haupt-
     sächlich an?

Nun heißt es sammeln, sammeln, sammeln. Das ist das Zauberwort. Und wenn
Sie schließlich einen kleinen oder größeren Stapel von Zeitungen, Werbebriefen,
Flugblättern und Prospekten Ihrer direkten Konkurrenten vor sich haben, dann
machen Sie es genau **anders als alle anderen**! Zumindest anders als Ihre
schärfsten Konkurrenten und Berufskollegen! Andere Farben, andere Formate,
andere Gestaltung!

Low-Budget In den vielen Gratiszeitungen wird üblicherweise massiv in
Farbe geworben. Außerdem sind die Anzeigen meist sehr
aggressiv und schrill gestaltet. Auch hier heißt es: **anders als die anderen** und noch
dazu **billiger als die anderen**. Hier wäre der richtige Platz für eine schöne Negativ-
anzeige in Schwarz-Weiß. Der „schwarze Fleck" fällt ungeheuer auf. Nachteil: Man
sollte nicht zu viel und nicht zu kleinen Text verwenden. Oder Sie zeigen ein schönes, ungewöhnliches Schwarz-Weiß-Foto von sich (bitte keine Passfotos oder Hob-
byfotos) oder Ihrem Team. Headline, Logo und ein kurzer Text machen daraus eine elegante Imageanzeige.

Bisher haben Sie Ihr eigenes Unternehmen näher unter die Lupe genommen.
Sie haben Ihre Vorteile gegenüber der Konkurrenz, Ihre Zielgruppen, die für
Sie relevanten Medien, in denen Sie werben wollen, und auch die Hauptaussage
Ihrer Werbung analysiert. Nach diesen ersten wichtigen Schritten kommen wir
nun also zu den wichtigsten und gängigsten Werbemitteln und Medien. In den
folgenden Kapiteln erhalten Sie das Rüstzeug, um entweder selbst bessere Wer-
begestaltungen zu erstellen, oder aber, um die Gestaltungen, die Ihnen von Gra-
fikern oder Werbeagenturen vorgelegt werden, besser beurteilen zu können.
Denken Sie dabei bitte immer an eines – **an den Vorteil für den Kunden**.
Egal welches Medium Sie auch immer gestalten wollen: Wenn der Kunde seinen
Vorteil nicht erkennt, haben Sie verloren und Ihr Werbegeld ist ein für alle Mal
beim Teufel. Und noch etwas: Alle in diesem Buch vorgeschlagenen Gestaltun-

gen und Ideen können auch wirklich **low budget** realisiert werden. Und weil wir gerade dabei sind:

Der Low-Budget-Werbeetat

Sehen Sie Ihre Werbeausgaben nicht als notwendiges Übel (wie die Steuer), sondern als Investition in eine bessere, umsatzstärkere, Gewinn bringende Zukunft. Denn wenn Sie Ihr Werbebudget **nicht** als Freund betrachten, sondern als Gegner, dann werden Sie versucht sein, diesem Gegner das Handwerk zu legen. Sie werden versuchen (wie bei der Steuer oder bei sonstigen Ausgaben) die Beträge zu kürzen, anstatt, bei Erfolg und mehr Umsatz, auch mehr Werbebudget locker zu machen. Sollten Sie im Werbebudget jemals ihren Gegner sehen, dann ist das der Anfang vom Ende. Glauben Sie mir, denn dies habe ich schon oft erlebt.

No-Budget

z.B. Ein Kunde, mit dem ich einige Jahre zusammengearbeitet und für den ich einige enorm erfolgreiche Radiospots produziert habe, wollte diese Serie von Spots nicht mehr fortsetzen. Und das, obwohl nach jedem Spot, der im Radio gespielt wurde, die Telefone heiß liefen. Was war geschehen? Ich traute meinen Ohren kaum, als der Kunde meinte, sein Steuerberater habe ihm zu einer kleinen „Werbepause" geraten, um die vorhandenen Adressen aufzuarbeiten und das frei werdende Budget in die Infrastruktur des Betriebs zu stecken. Es kam, wie es kommen musste. Ein Betriebsstandort musste wieder geschlossen werden, weil es an Aufträgen fehlte. Mein Kunde hatte einen Merksatz der **Low-Budget-Werbung** vergessen:

Läuft das Geschäft schlecht – dann wirb;
läuft das Geschäft gut – dann wirb noch mehr.

 4 Das Logo – das Firmenzeichen

Sie haben bereits ein Logo?

Ausgezeichnet! Denken Sie immer daran – Kontinuität geht vor Kreativität! Also nicht immer alles ändern. Der Kunde ist sonst verwirrt.

Sollten Sie mit Ihrem derzeitigen Logo nicht zufrieden sein (weil es zu wenig auffällt oder einfach nicht mehr zeitgemäß ist), dann gebe ich Ihnen einen guten Rat:

Lassen Sie sich Ihr Logo von einem professionellen Werbefachmann oder Grafiker anfertigen. Umgerechnet auf die vielen Jahre, die Sie es verwenden, ist es eine der günstigsten Werbeinvestitionen, die Sie jemals tätigen werden.

Eines sollten Sie Ihrem Grafiker mit auf den Weg geben: möglichst keine einfachen und trockenen Schriftlösungen. Je ungewöhnlicher Ihr Logo, desto schneller erkennen es Ihre Kunden wieder und nehmen es an. Umso schneller werden Sie auch bekannt. Und gerade bei Kleinbetrieben kann ein einprägsames Logo sehr viel Werbebudget sparen, indem es z.B. in Ihren Anzeigengestaltungen das zentrale Element bildet und sofort von Ihrer Zielgruppe wiedererkannt wird – eben weil es auffällig ist.

 Bedenken Sie immer: Werbung = Wiedererkennung

Ein gutes Logo ist so auffällig, dass es im Idealfall bereits nach der ersten Betrachtung im Gedächtnis haften bleibt. Ähnlich einer gespeicherten Computerdatei, die bei nächster Gelegenheit automatisch wieder aktiviert wird und unserer Zielgruppe das Gefühl der Vertrautheit mit unserem Unternehmen oder unserer Dienstleistung vermittelt: „Das kenn ich doch, das habe ich doch schon einmal gesehen." Ein auffälliges Logo wird von Kunden und Interessenten bereits nach kurzer Zeit „bemerkt" und „gelernt". Damit sind wir schon einen enormen Schritt weiter als die Masse der für unsere Zielgruppe gänzlich unbekannten Konkurrenten. Wie bei normalen zwischenmenschlichen Beziehungen auch, kommt vor dem näheren Kennenlernen das Vorstellen. Durch unser Logo, das bereits „bemerkt" wurde, haben wir uns schon vorgestellt, wir sind inzwischen bekannt.

Ein entscheidender Wettbewerbsvorteil.

Verwenden Sie daher Ihr auffälliges Logo so oft und so groß es geht.

Die wichtigsten Punkte für die Logo-Gestaltung

1. **Kombinieren Sie Schrift mit Bild(ern)**
   Eine reine Schriftlösung ist zu wenig auffällig, weil meist zu gewöhnlich; sie weckt kaum Assoziationen und vermittelt auch kaum Näheres über die speziellen Produkte und Dienstleistungen, die Sie anzubieten haben.
   Auch sollten Sie anders als die anderen agieren – und die meisten anderen (egal welcher Branche) haben eben nur einfache Schriftlösungen ohne großen Wiedererkennungswert zu bieten und keine echten Logos. Wenn dem so ist, dann nutzen Sie diese große Chance!

2. **Wenn Sie einen einprägsamen Namen haben, dann nutzen Sie ihn!**
   Heißen Sie z.B. Vogel, Gänser, Maurer, Wolf oder haben Sie einen anderen assoziationsreichen Namen? Versuchen Sie eine Zeichnung zu finden, die Ihren Namen verdeutlicht (Bei **Wolf** etwa die Zeichnung eines heulenden Wolfes). Sie werden sehen, wie schnell man sich ihren Firmennamen merken wird, wenn das Logo eine Verbindung zum Namen hat.

3. **Finden Sie Bilder, die zum Unternehmen oder zu ihrer Tätigkeit passen.**
   Lassen Sie sich durch andere gute Logos und Markenzeichen inspirieren! Ein gutes Beispiel ist die Weltmarke **Nestlé**, die mit einem Vogelnest als Logo wirbt. Ein Zeichen, das man nur ein einziges Mal sehen muss, um es sich für immer zu merken. So ungewöhnlich und „logisch" nistet es sich mit Bild und Name in unserem Gehirn ein.

4. **Setzen Sie Zeichnungen ein!**
   Gibt es keinen Familien oder Firmennamen und auch keine direkte Tätigkeit, zu der eine konkrete Zeichnung passt, dann suchen Sie sich dennoch eine Grafik, die symbolisch das Unternehmen repräsentiert. Wie gesagt: Besser Schrift und Bild als nur Schrift allein.

5. **Farbe ist teuer!**
   Verwenden Sie möglichst nur ein bis zwei Farben im Logo. Das Logo muss auch in Schwarz-Weiß „funktionieren" und darf dabei nichts von seiner Aussage bzw. Auffälligkeit verlieren. Denken Sie an das Kopieren von Schriftstücken oder auch das Faxen von Unterlagen mit Logoaufdruck. Oft sind schöne Farblogos kaum noch erkennbar.

6. **Verwenden Sie nur leicht lesbare Schriften und Farben!**
   Auch wenn es auf Kosten der Schönheit geht! Der Kunde muss sofort erkennen können, um welches Unternehmen/wessen Angebot es sich handelt! Extreme Schnörkelschriften sind daher tabu.

7. **Das Logo muss auch noch bei starken Verkleinerungen „erkannt" werden!**
   Auch hier dürfen Sie sich nicht vom ersten großen Computerausdruck blenden lassen. Ihr neues Logo muss schließlich auch in Ihrer nächsten

Kleinanzeige leicht lesbar sein und außerdem auch noch sehr klein gut werbewirksam sein.

8. **Sie müssen mit Ihrem Logo dauerhaft zufrieden sein!**
   Also besser kein neues Markenzeichen, wenn Sie es ohnehin nicht verwenden, weil Sie sich mit ihm unwohl fühlen (aus welchem Grund auch immer).

9. **Das Logo muss in allen Werbemitteln wirken und auch realisierbar sein!**
   Wichtig sind die Verwendung im Fax und in der Kopie (Lesbarkeit).
   Ist das Logo auch als Firmenschild oder als Wagenaufkleber geeignet?

10. **Das Logo muss zeitlos sein!**
    Also möglichst keine Elemente einbauen, die in zwei Jahren als unmodern und veraltet erkannt werden.

11. **Hohe Eigenständigkeit des Logos**
    Versuchen Sie nicht, Logos Ihrer direkten Berufskollegen zu kopieren. Sie wollen schließlich „unverwechselbar" werden. Scheuen Sie aber auch nicht davor zurück, sich durch branchenfremde Logos inspirieren zu lassen. Das machen schließlich auch die Profis in der Werbung. Achten Sie dabei aber immer auf die eventuelle Verletzung des Copyright (also übernehmen Sie nicht die Gestaltungen von bekannten Logos, ohne sie zu verändern). Das könnte sie sonst eine Menge Geld kosten.

Die Schrift im Logo

Auch der Schrift kommt in einem Logo sehr große Bedeutung zu.

Heute bietet jeder Personal-Computer eine große Auswahl an Schriften – modern, klassisch, altmodisch, dynamisch, schlicht. Und sogar zu verschiedenen Kunststilen, Modestilen oder Berufen gibt es passende Schriften. Hier den Überblick zu behalten ist mittlerweile sehr schwierig geworden. Dennoch ist gerade die Schrift wichtig, denn sie ist es, die die Identifikation (das Lesen und Erkennen des Firmennamens) Ihres Unternehmens erst möglich macht. Nehmen Sie sich Zeit und wählen Sie die zu Ihrem Tätigkeitsbereich passende Schrift mit Bedacht aus. An den folgenden Beispielen erkennen Sie, wie sehr Schrift auf die Aussage eines einfachen Wortes wie „Möbelhaus" Einfluss nimmt. Dasselbe passiert mit Ihrem Namen.

MÖBELHAUS   Möbelhaus

Möbelhaus   Möbelhaus   *Möbelhaus*

MOEBELHAUS   MÖBELHAUS

Obwohl wir sieben Mal das gleiche Wort vor uns haben, bekommen wir durch die verschiedenen Schriften einen vollkommen anderen Eindruck vermittelt. Das Spektrum reicht vom Computermöbelhaus über das Möbelhaus mit altdeutschen Stilmöbeln bis hin zum orientalisch inspirierten Einrichter.

Low-Budget Wenn Sie sich selbst ein Logo am Computer „basteln" wollen, dann gehen sie wie folgt vor:

1. Schreiben Sie sich Ihren Firmennamen mehrmals auf den Computerarbeitsplatz ihres Zeichenprogramms.
2. Nun suchen Sie sich die für Sie besten Schriften aus, die zu diesem Namen (und Ihrem angepeilten Werbestil) passen und legen Sie sie am Rand des Bildschirms ab.
3. Als Nächstes brauchen Sie eine Grafik. Jedes bessere Computerzeichenprogramm liefert heute auch eine Unzahl von mehr oder weniger professionellen „Cliparts" mit. Aus diesen zahlreichen Bildern suchen sie sich fünf bis zehn Grafiken, die zu Ihrem Unternehmen oder Ihrer Tätigkeit passen. Verändern Sie die Grafiken (wenn gewünscht), indem Sie sie in Ihre Einzelteile zerlegen und z.B. aus einem Gesicht nur die Augen verwenden.
4. Stellen Sie Schrift und Bildelemente zueinander und verschieben und verändern Sie sie so lange, bis ein für Sie befriedigendes und „stimmiges" Ergebnis entstanden ist.
5. Nachdem Sie nun mehrere Logo-Entwürfe auf Ihrem Bildschirm haben, können Sie versuchen, diese Grafiken in Ihren Firmenfarben herzustellen. Denken Sie aber daran: Nicht derjenige, der die meisten Farben hat, gewinnt auch. Für ein Firmenlogo reichen ein bis drei Farben vollkommen aus.
6. Für den ersten Probeausdruck platzieren Sie nun das farbige Logo an oberster Stelle Ihres Papiers, darunter eine Schwarz-Weiß-Variante und wieder darunter beide Gestaltungen (Farbe und Schwarz-Weiß) allerdings stark verkleinert. So stellen Sie nach dem Ausdruck sofort Schwachstellen (schwer lesbar, nur in Farbe wirkungsvoll etc.) fest, die Sie am Computer sofort beheben können. Ein Ausdruck ist so wichtig, weil grafische Gestaltungen auf dem Bildschirm meist anders wirken als auf einem Blatt Papier.
7. Wenn Sie nun „Ihr" Logo gefunden haben, dann kommt der letzte Schritt: das Hinzufügung der wichtigen Firmenbezeichnungen (GmbH, KG, OHG etc.) und der Adresse.
8. Wählen Sie für die Zusätze und die Adresse entweder die gleiche Schrift wie im Logo oder, falls die Logo-Schrift schwer lesbar bzw. nur eine Blockbuchstabenschrift ist, eine möglichst einfache und leicht lesbare Schrift, die zum Gesamtbild passt.

9. Machen Sie wieder einen Testausdruck in Farbe und in Schwarz-Weiß. Bevor Sie das Logo übernehmen und für Werbung verwenden, testen Sie noch die Kopier- und Faxfähigkeit.
10. Warten Sie ein paar Tage, ohne das Logo jeden Tag zu betrachten. Nach einigen Tagen holen Sie es wieder hervor. Gefällt es Ihnen auch dann noch (Seien Sie bitte ehrlich!), dann darf man gratulieren: Ihr neues Markenzeichen ist fertig!

Einige gute und auffällige Logos und Markenzeichen

5 Brief- und Geschäftspapiere

Ihr Logo ist nun fertig. Jetzt kommt die erste Bewährungsprobe für die Gestaltung, wie wirkt es auf einem Briefpapier, wie auf einem Kuvert? An welcher Stelle des Briefpapieres soll es überhaupt stehen? Auch bei der Gestaltung des Briefpapiers gibt es einige wichtige Regeln zu beachten, will man mit möglichst wenig Aufwand (und damit **Low-Budget**) viel erreichen. Denn auch mit einem einfachen Briefpapier können Sie bereits für sich und Ihre Produkte um Kunden werben. Darüber hinaus sind Brief- und Geschäftspapiere wichtige Imagefaktoren – gerade bei reinen Bürobetrieben, die kein Geschäft oder kein Lokal als Aushängeschild präsentieren können. Hier kommt dem Briefpapier diese Funktion zu. Schließlich sind es meist gedruckte Werbemittel, mit denen Ihre Kunden zuerst in Kontakt kommen. Sie sind daher sehr wichtige Vermittler Ihrer Corporate Identity.

Zu den Geschäftspapieren zählen:
Briefpapier, Kuvert, Rechnung, Angebotsformular, Kurzbrief, Faxbrief, Konzeptpapier, Visitenkarte etc.

Möglichkeit der Gestaltung bieten darüber hinaus:
Aktenmappen, Präsentationsmappen, Schnellhefter, Ordner, Memoblätter, Terminplaner, Notizpapier, Kalender.

Die wichtigsten Punkte der Low-Budget-Briefpapiergestaltung

1. **Platzieren Sie das Logo möglichst immer auf der rechten Blattseite oder in der Blattmitte!**
   Denken Sie daran, dass Rechnungen, Angebote und Briefe auch in Ordner eingeheftet werden und daher die linke Seite durch das Lochen beschädigt oder zumindest beim Blättern leicht übersehen wird. Normalerweise befindet sich auch die Anschrift des Empfängers auf der linken Seite.
2. **Verwenden Sie für Ihr Briefpapier kein „problematisches" Papier!**
   Damit meine ich Papier, das beim Fotokopieren bzw. Faxen Probleme bereiten könnte, also Hochglanzpapier, zu dunkles Papier, zu steifes Papier. Dieser Hinweis sollte Sie aber nicht davon abhalten, mit verschiedenen Papierqualitäten zu experimentieren. Lassen Sie sich von Ihrem Drucker oder Grafiker beraten, welches Papier für die Wiedergabe Ihres Logos geeignet

ist und am besten zu Ihrer Firma passt. (Es wäre kaum angemessen, würde z.B. ein Schnellrestaurant seine Geschäftsbriefe auf handgeschöpftem Büttenpapier schreiben. Für ein privates Bankhaus macht das aber wiederum durchaus Sinn).

3. **Drucken Sie Logo und Adresse in kräftigen Farben!**
Denken Sie daran, dass helle Farben beim Kopieren oder Faxen schwerer zu lesen und zu erkennen sind. Das ist übrigens besonders in den letzten Jahren ein Fehler, der auch von großen Firmen oft begangen wird.
Eine zu geringe Größe mancher Anschrift auf einem Briefpapier macht bei einem Faxversand diese Adresse nahezu unleserlich.

4. **Nutzen Sie die gesamte Seite für Ihre Gestaltung!**
Lassen Sie Ihrer Kreativität freien Lauf. Sie haben eine ganze Seite zur Verfügung.
Wie wäre es z.B. mit dem Foto Ihrer Fabrikationshalle oder Ihres Geschäfts über die gesamte Briefseite – natürlich nicht im Normaldruck, sondern nur in ganz dezentem Hintergrundgrau und fast unsichtbar – dennoch sehr wirkungsvoll.
Achten Sie in jedem Fall darauf, dass Grafiken und Wasserzeichen, die über die ganze Briefseite gehen, beim Kopieren oder Faxen nicht zu stark hervortreten. Ihr Brief soll schließlich nicht unleserlich werden.

5. **Briefpapier immer in Normgröße DIN A4!**
Hier ist der Merksatz „Anders als die anderen" nicht maßgeblich. Alle Mappen und Ablagesysteme sind in Europa auf die Normgröße DIN A4 abgestimmt.

6. **Setzen Sie wichtige Teile Ihres Angebots bzw. auch Ihren Slogan aufs Briefpapier!**
Wer sagt, dass Ihr Briefpapier nur Logo und Adresse enthalten darf? Man könnte z.B. das Angebot des Monats klein und dezent in einer Ecke abdrucken.
Haben Sie Filialbetriebe? Dann ist auch die Nennung der Standorte dieser Betriebe eine Werbung.
Bei Hotelbetrieben ist die Ausstattung des Hotels ein wichtiger Zusatz.
Machen Sie aus der rechten unteren Briefecke einen Rabatt-Kupon. Beispiel: „Mit diesem Abschnitt erhalten Sie beim nächsten Einkauf fünf Prozent Preisnachlass."

7. **Briefkopf und Farben sollten auf allen Teilen der Geschäftspapiere gleich sein!**
Rot ist nicht gleich Rot – verschiedene Papiersorten verfälschen auch Ihre Farben. Achten Sie auf die richtigen Farbnuancen, sonst wirken Brief und Kuvert rasch uneinheitlich.

8. **Haben Sie bereits Auszeichnungen oder zusätzliche Titel erworben?**
Diese Dinge zeugen von Ihrem Know-how und unterscheiden Sie von Ihren Konkurrenten. Also gehören sie ebenfalls auf das Briefpapier und eventuell auch auf das Kuvert.

Sind Sie z.B. Weinbauer und Ihr Rheinriesling wurde kürzlich prämiert, dann ist der Abdruck der Medaille die beste Low-Budget-Werbung, die Sie bekommen können.

9. **Kooperieren Sie mit in- und ausländischen Partnern oder Berufskollegen?**
Ihre Zugehörigkeit zu Kooperationen oder Interessengemeinschaften sollte ebenfalls auf dem Briefpapier Erwähnung finden, falls diese Zugehörigkeit für den Konsumenten von Vorteil ist.
Auch bestimmte Innungs- oder Meisterzeichen sind für viele Kunden ein Garant für Qualität und Sicherheit.

10. **Übrigens: Ihr Briefpapier hat zwei Seiten – nutzen Sie sie doch aus!**
Machen Sie aus Ihrem Briefpapier doch gleich ein Flugblatt. Die Rückseite steht zur freien Verfügung. Achten Sie aber darauf, dass die Rückseite die Vorderseite nicht übertrumpft. Empfehlenswert ist daher ein dezenter Rasterdruck.

Die wichtigsten Punkte der Low-Budget-Visitenkartengestaltung

Machen Sie mehr aus Ihrer Visitenkarte!
Low-Budget-Werber machen daraus ein eigenes und effektives Werbemittel!

Überlegen Sie:
Bei jedem Meeting, bei jedem Besuch, bei jedem neuen Kontakt wird die Visitenkarte als Erstes überreicht. Sie ist eines der billigsten und dennoch langlebigsten Werbemittel, die es gibt. Die durchschnittliche Lebensdauer dieser kleinen Kartonkarte (Wert: 5 bis 25 Cent) liegt bei zwei bis drei Jahren! Zeigen Sie mir ein Flugblatt, einen Werbebrief oder einen Prospekt, die dieses Alter auch nur annähernd erreichen.
Wie sieht dieses „Superwerbemittel" dennoch meist aus?
Einfallslos, bieder, nichtssagend und vor allem zu wenig werbewirksam. Dagegen sollten Sie mit aller Kraft vorgehen. Eine Visitenkarte kann mehr sein als nur ein Stück Karton, auf dem Ihr Name und Ihre Telefonnummer stehen.

Visitenkarten-Test:
Drehen Sie Ihre derzeitige Visitenkarte einmal um. Was sehen Sie? Nichts?!
Und genau dieses „Nichts" könnte in Zukuft Ihre beste und einträglichste Werbe- und Selbstdarstellungsfläche sein. Eine Fläche, die Monate und Jahre gratis und damit **low budget** bei Ihrem Kunden für Sie wirbt. Denken Sie darüber nach, was auf Ihrer „Minibroschüre" alles an Information stehen könnte.

1. **Eine Visitenkarte hat zwei Seiten. Nutzen Sie also beide, so gut es geht!**
   Wenn Sie Ihre Karte von vornherein als Aufklappkarte konzipieren, haben Sie sogar vier Seiten zur Verfügung. Eine Gratis-Werbefläche, die für lange Zeit bei Ihrem Kunden für Sie wirbt.

2. **Niemand sagt, dass eine Visitenkarten *nur* Logo und Adresse enthalten darf.**
   Angebote, Vorteile, aber auch nur Öffnungszeiten, Internet- oder Hotline-Nummern, all das findet Platz auf einer Visitenkarte und macht daraus einen kleinen Prospekt. Aber achten Sie darauf, dass Ihre Visitenkarte nicht überladen wirkt. Hier gilt wie überall: Übertrieben ist ungesund.

3. **Eine Visitenkarte ist wie eine kleine Anzeige!**
   Sie muss ins Gesamtbild Ihrer Geschäftspapiere passen. Trotzdem gilt: Hohe Auffälligkeit und hoher **Nutzen** für den Kunden stehen im Vordergrund. Seien Sie kreativ!
   Visitenkarten sind vergleichsweise billig – warum also nicht alle paar Monate eine neue Karte mit den neuesten Angeboten drucken lassen?

4. **Warum immer nur Papiervisitenkarten?**
   In Zeiten von Kreditkarten können auch Sie mit Plastikkarten oder anderen Materialien arbeiten. Der Kreativität sind dabei keine Grenzen gesetzt. Denken Sie aber immer daran, dass eine ungewönliche Karte auch zu Ihrem Gesamterscheinungsbild passen muss. Hier einige Beispiele:
   Durchsichtige Plastikkarte für eine **Glaserei**;
   Holzkarte für einen **Tischler**;
   Metallkarte für eine **Spenglerei**.

5. **Eine Visitenkarte kann auch gleichzeitig Kunden- oder Terminkarte sein.**
   Ein Arzt trägt auf der Rückseite den nächsten Kontrolltermin ein; oder die Uhrzeit und Anzahl der Medikamenteneinnahme.
   Ein Friseur vermerkt darauf den nächsten Termin im Salon;
   und Sie: ....

6. **Visitenkarten sind billig – warum also nicht einen Zusatznutzen integrieren?**
   Machen Sie aus Ihrer Visitenkarte einen **Vip-Kupon**, der Ihren Kunden eine besondere Vergütung ankündigt. „Mit dieser Karte gibt es den Chef-Rabatt von drei Prozent." „Mit dieser Karte **Gratis**-Lieferung" …
   Machen Sie aus Ihrer Visitenkarte einen Gewinnschein. Die Rückseite ist für die Adresse Ihres Kunden reserviert (so erfahren sie zusätzlich noch die Adresse Ihrer Kunden). Der Preis des Gewinnspiels sollte ebenfalls deutlich erkennbar sein – und vergessen Sie nicht, den letzten Abgabetermin anzuführen.

7. **Gestalten Sie die Visitenkarte nicht zu groß!**
   Die Visitenkarte sollte in Brieftaschen bzw. in normierte Visitenkartenmappen passen.

8. **Seien Sie nicht sparsam beim Verteilen Ihrer Visitenkarten!**
    Knausern Sie lieber woanders – nicht beim Verteilen der Visitenkarten. Besser einmal zu viel, als einmal zu wenig.

9. **Wer sind Sie, was tun Sie?**
    Der gedruckte Name des Visitenkarten-Überreichers sollte nie ohne Angabe der Funktion bzw. Stellung in der Firma sein, denken Sie an die direkte Telefondurchwahl.

10. **Ihr Foto auf der Visitenkarte macht die Karte noch persönlicher!**
    Ihr Gesprächspartner hat Sie nicht nur mit Namen und Adresse, sondern auch noch mit Foto „immer dabei".

11. **In Ihrem Geschäft spricht man mehrere Sprachen?**
    Allein dieser Hinweis könnte Ihnen neue Kunden bringen.

12. **Vergessen Sie nicht Ihre E-Mail-Adresse oder den Namen Ihrer Homepage, wenn Sie einen Internet-Zugang haben.**

13. **Der Kunde will seine Vorteile *Schwarz auf Weiß*!**
    Machen Sie aus Ihrer Visitenkarte eine **Kunden-Vorteils-Karte** (siehe auch Kapitel 15: Die Kundenkarte).
    Welche Vorteile haben Ihre Kunden bei Ihnen zu erwarten? Auch selbstverständliche Serviceleistungen, die Sie wenig Mühe und Zeit kosten, sind oft attraktiv für Ihre Kunden. Wo bekommt man heute schon etwas geschenkt? Außerdem: Was Ihnen völlig klar ist, ist für Ihre Kunden durchaus nicht selbstverständlich. Die Gratis-Lieferung bei Tischlern ist bei den großen Möbelhäusern z.B. kostenpflichtig. Ein klarer Vorteil. Wie heißt der bekannte Public-Relations-Slogan: „Tue Gutes und rede darüber".

> **!** Seien Sie nicht „geizig" beim Verteilen der Karten!

 6 Anzeigen

Anzeigenraum ist teuer. Ihre Anzeigen müssen daher in erster Linie Folgendes sein:

Klein und auffällig

Kein Zeitungsredakteur muss befürchten, dass die Aufmerksamkeit seiner Leser von der redaktionellen Berichterstattung weg- und zu den Anzeigen hingelenkt wird. Es ist fast immer der umgekehrte Fall. Warum eigentlich? Wo doch in die Gestaltung von Werbung sehr viel mehr Geld, Zeit und Aufwand investiert wird als in die oft recht „schmucklosen" redaktionellen Beiträge. Warum werden dennoch diese Beiträge öfter gelesen als die nebenstehenden Anzeigen? Glauben Sie bitte nicht an das Märchen von der „idealen Anzeigenplazierung".

> Dieses Märchen ist sehr kurz und geht folgendermaßen: „Es war einmal eine Anzeige, die wurde von jedem Zeitungsleser immer sofort erkannt, weil sie im vorderen Teil der Zeitung auf der rechten Seite im rechten oberen Bereich abgedruckt war."

Das ist Unsinn!

Es gibt zwar Untersuchungen, die diese Theorie erhärten, nur wird dabei die Macht der Gestaltung und die Sucht der Menschen nach Information vergessen. Denn bei diesen Untersuchungen wurden natürlich absolut ausgewogene und gleichwertige Anzeigengestaltungen auf einer Doppelseite verteilt. Daher kann es durchaus sein, dass der Blick beim Umblättern zuerst auf der rechten oberen Seite landet. Die „gleichwertige" Gestaltung aller Anzeigen auf einer Zeitungsseite ist jedoch ein Wunschdenken. Die Illustrierten haben sich übrigens – auf Wunsch ihrer Anzeigenkunden – ganz dieser Maxime gebeugt. Redaktionelle Berichte werden fast immer auf der linken Seite abgedruckt und die Anzeigen auf der „besseren" rechten Seite. Dennoch werden die zeitungseigenen Berichte – obwohl mit sehr viel Text ausgestattet – noch immer gelesen. Achten Sie in der Praxis mehr auf die Gestaltungen Ihrer Konkurrenz; vergessen Sie dabei nicht: **Anders sein als die anderen**. Sollten Sie die rechte Seite bekommen, ist das gut, wenn nicht, auch gut! Der zweite wichtige Tipp:

> **Tipp** Ihre Anzeige muss den berühmten Vorteil für den Kunden enthalten, also Information.

Denn genau durch diese Informationen gewinnen die Redakteure immer wieder gegen die schönen und bunten Anzeigen. Und genau wegen dieser Informationen wird eine Zeitung noch immer gekauft und gelesen.

Ich sammle alte Werbefachbücher und bin immer wieder erstaunt, wie wenig sich die Werbung geändert hat. Die vor vielen Jahren gemachten Aussagen besitzen auch heute noch absolute Gültigkeit. In einem dieser alten Fachbücher (aus dem Jahr 1930) steht als erste Überlegung, die sich der Unternehmer zur Anzeigengestaltung (aber natürlich gilt das auch für Produktwerbung allgemein) machen sollte, Folgendes:

> **z.B.** Wenn Sie Anzeigen schreiben, ist das erste Gebot, dass Sie wissen müssen, worüber Sie schreiben. Sie müssen Ihre Anzeige auf Kenntnissen und nicht auf Unwissenheit aufbauen. Bloßes Gerede, auch wenn es noch so klug ist, genügt nicht. Sie müssen die Vorteile Ihres Produkts kennen. Wer Werbung für ein Produkt macht, soll sich ein Buch über die einschlägigen Vorteile und Fakten anlegen. Man soll sich lieber nicht auf das Gedächtnis verlassen. Tragen Sie die Namen der zu verkaufenden Artikel in das Buch ein und notieren Sie die Gründe, warum sie gekauft werden oder gekauft werden sollen.
> (Herbert N. Casson – „Das Inserat" – 1930)

Der letzte Tipp, bevor wir *in medias res* gehen und damit zur konkreten Gestaltung und Textierung einer Anzeige kommen: **Anders als die anderen** ist ein Hauptcredo in der Werbung – das wissen Sie. Diese Aussage ist allerdings fehl am Platz, wenn es um die Frage geht, in welchem Medium Sie Ihre Anzeige schalten wollen.

Hier sollten Sie sehr genau beobachten, ob vor Ihnen nicht schon andere in einem bestimmten Medium (Zeitung, Fachzeitung, Magazin etc.) geworben haben. Denn wenn immer wieder Berufskollegen in einer bestimmten Zeitung werben, dann bedeutet das mit großer Wahrscheinlichkeit, dass diese Einschaltungen Erfolg bringen und dass in diesem Medium die Zielgruppe (zumindest die Ihrer Mitbewerber) zu finden ist. Ich selbst habe schon oft leidvoll erfahren, dass eine Anzeigengestaltung in einer Zeitung tolle Erfolge brachte und die absolut identische Anzeige in einer anderen Zeitung zum totalen Flop wurde. Für mich ist diese Erfahrung deshalb leidvoll, weil der Kunde sofort seinem „Werbemann" die Schuld am Flop gibt. Deshalb:

> **Tipp** Kontrollieren Sie Ihre Anzeigen immer auf ihren Erfolg!

Die wichtigsten Punkte der Low-Budget-Anzeigengestaltung (Teil 1)

Größe und Platzierung

Hier geht es um die verschiedenen Formate und Größen von Anzeigen. Ein ungewöhnliches Anzeigenformat kann bereits zu der von uns gewünschten hohen Auffälligkeit führen und uns damit **Anders als die anderen** machen. Wenn man nun dieses ungewöhnliche Format immer beibehält, kann es mit der Zeit auch enormen Einfluss auf unsere Werbelinie und unsere Corporate-Identity-Linie im Allgemeinen ausüben.
Sie sehen also, so einfach kann Auffälligkeit in der Praxis sein.

1. Anzeigen nicht nur in Standardgrößen

Überlegen Sie sich ausgefallene Formate für Ihre Anzeigen. Das allein bringt schon ungeheure Aufmerksamkeit. Sehen Sie sich die folgenden Formate genau an. Vielleicht ist für Ihr Unternehmen ein Idealformat dabei. Denken Sie aber immer daran: Kontinuität geht vor Kreativität. Wählen Sie sich einmal ein besonderes Anzeigenformat aus und bleiben Sie auch dabei.

Low-Budget Meiner Meinung nach sind zahlreiche kleine Anzeigen besser als eine große. Denn die Größe von Anzeigen ist nicht immer entscheidend.
Hunderte von Anzeigen sind unzweifelhaft zu groß. Sie sind ganzseitig, wenn sie halbseitig sein könnten, sie sind halbseitig, wenn sie viertelseitig oder sogar noch kleiner sein könnten.

Tipp Überprüfen Sie daher Ihre Anzeigengrößen!

Wenn Sie meinen Tipp beherzigen, haben sich die Ausgaben für dieses Buch schon bei der nächsten Anzeigenbuchung mehr als rentiert. So einfach lässt sich also die Hälfte des Werbebudgets einsparen. Damit haben Sie übrigens dem Auto-Tycoon Henry Ford etwas voraus, der in den 50er-Jahren folgenden Satz zum Besten gab, als er gefragt wurde, warum er so viel für Werbung ausgibt. Henry Ford sinngemäß: „Ich weiß, dass 50 Prozent meiner Ausgaben für Werbung beim Fenster hinausgeschmissen sind, ich weiß nur nicht, welche 50 Prozent.‘‘

2. Hohe Auffälligkeit durch ein Anzeigensystem

→ Grundsätzlich gilt: Mehrere kleine Anzeigen sind besser als eine große!

→ Auch mehrere Anzeigen auf einer Seite erhöhen die Aufmerksamkeit ungemein und können sich damit sogar gegen große Konkurrenzanzeigen behaupten.

→ Mehrere Anzeigen auf direkt nachfolgenden Seiten einer Ausgabe einer Zeitung erhöhen die Effizienz. Aber Achtung: Immer die gleiche Platzierung wählen!

→ Mehrere Anzeigen in verschiedenen Ausgaben einer Zeitung, aber immer an der gleichen Stelle (z.B. Titelseite - rechts unten) sorgen für eine kontinuierliche Anzeigenpräsenz.

Low-Budget Wenn Sie kleinere Anzeigen, die aber öfter schalten, erreichen Sie bei gleichem Budget mehr potenzielle Leser. Das ist eine meiner Erfahrungen aus der Praxis. Bedenken Sie Folgendes: Mit einer halbseitigen Anzeige können sie in einem Medium z.B. 100.000 Leser erreichen, teilen Sie diese Anzeige in zwei Viertelseiten (wohlgemerkt, immer gut gemacht und daher auffällig), dann erreichen Sie in zwei Ausgaben derselben Zeitung schon ganze 200.000 Werbekontakte. Und auch vier Achtelseiten sind immer noch groß genug, um gesehen zu werden. Darüber hinaus bieten sie noch den Vorteil, dass Sie in vier Ausgaben der Zeitung 400.000 Werbekontakte erzielen. Oder anders ausgedrückt, mit vier Achtelseiten erreichen Sie Ihre Zielgruppe vier Mal öfter und auch vier Mal länger als mit einer einzigen halbseitigen Anzeige, die (wie bei Wochenzeitungen üblich) bereits nach einer Woche im Papiercontainer landet.

→ Wenn Sie sich eine Anzeigengestaltung überlegen, bedenken Sie auch, dass sich diese möglichst problemlos **verkleinern** und **vergrößern** lassen muss. Trotzdem darf sich das Gesamtbild der Anzeige nicht oder nur kaum verändern. Der Kunde muss die Anzeige und Ihr Unternehmen **immer** wieder erkennen.

→ Eine Anzeige kann (um optisch größer zu wirken) auch geteilt werden. Das Auge und das Gehirn des Betrachters setzt die beiden Teile wieder zusammen. So können etwa aus zwei Achtelseiten für den Betrachter eine Viertel- oder gar eine halbe Seite Anzeigenraum werden.

3. Kontinuität vor Kreativität

Man kann es nicht oft genug erwähnen. Wenn Sie einmal ein Anzeigenformat gefunden haben, das Ihnen zusagt, dann bleiben Sie dabei, auch wenn Anzeigenvertreter versuchen sollten, Ihnen etwas anderes aufzuschwatzen. Meist geschieht dies nur, weil ein bestimmtes Format noch nicht verkauft wurde – oder einfach, weil es mühsamer ist, ein ungewöhnliches Format im Seitenlayout unterzubringen. Kontinuität wird Ihnen viel Werbegeld sparen!

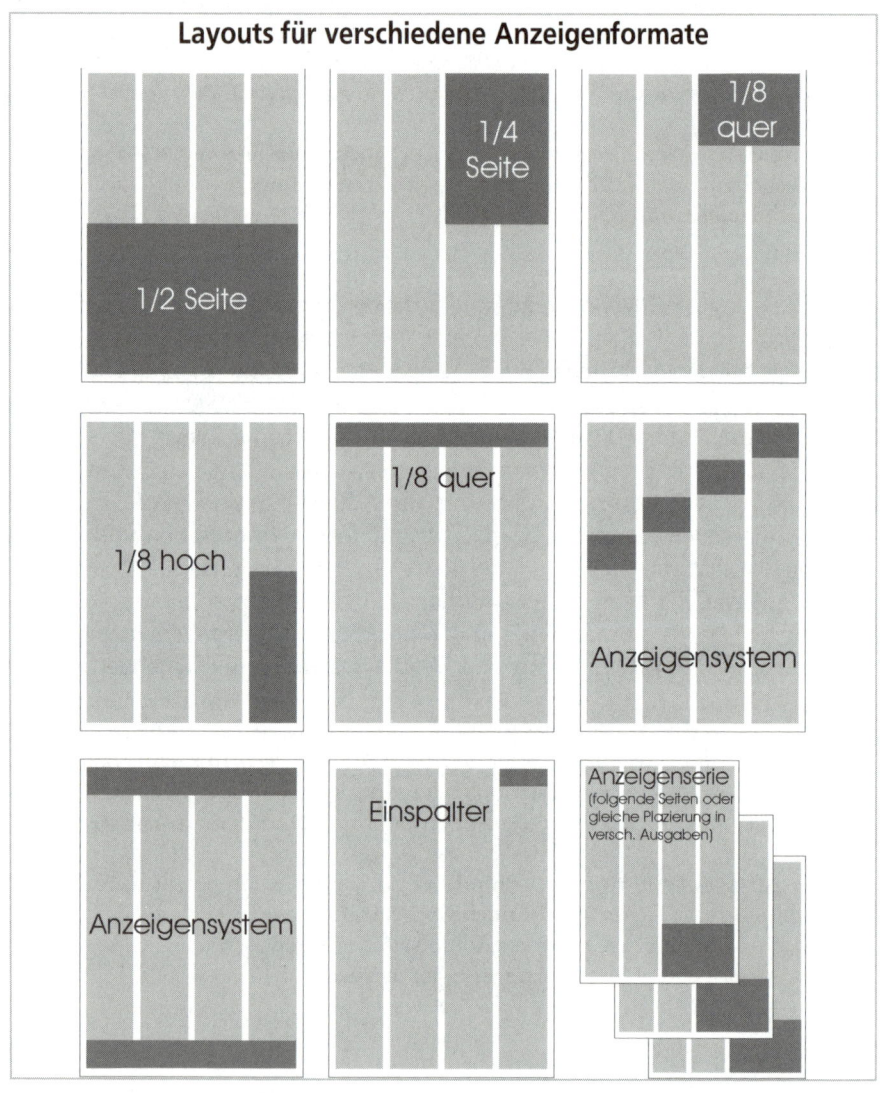

Layouts für verschiedene Anzeigenformate

Die wichtigsten Punkte der Low-Budget-Anzeigengestaltung (Teil 2)

Die Gestaltung

1. Die Elemente einer Anzeige

Eine Anzeige ist wie ein Lego-Baukasten. Es gibt viele unterschiedliche Bausteine. Sie variieren in Aussehen, Funktion und Größe. Genauso gibt es unzählige Elemente in einer Anzeige, die man verändern, auffälliger und unverwechselbarer machen kann. Nehmen Sie einen oder mehrere dieser Bausteine und spielen Sie mit den Möglichkeiten, die Ihnen geboten werden. Machen Sie bestimmte Elemente zu Ihren ganz persönlichen unternehmensspezifischen Elementen. Hier ist eine Auswahl dieser Bausteine:

→ **Anzeigengröße** und **Format**
→ **Anzeigensystem** oder **Einzelanzeige**
→ **Headline** oder **Überschrift**
→ **Zweite Überschrift** (die so genannte Subline)
→ **Slogan**
→ **Anzeigenrahmen** (mit oder ohne Umrandung und vor allem: welche Linie oder Form)
→ **Foto** oder **kein Foto**
→ **Zeichnung** oder **keine Zeichnung**
→ **Vierfarbig** oder **Schmuckfarbe** oder nur **schwarzweiß**
→ **Positiv** (schwarze Schrift auf weißem Grund) – **negativ** (weiße Schrift auf schwarzem Grund)
→ **Viel Text** oder **wenig Text**
→ **Blickfang** (z.B. ein schönes Logo, ein Foto oder auch die Headline)
→ **Hintergrund** (weiß, schwarz, ein Foto etc.)
→ **Imagewirkung** (daher eleganter und exklusiver Stil)
→ **Information** und **Aufklärung** (Was wollen Sie sagen?)
→ **Stimmung** (Was fühle ich beim Betrachten der Anzeige?)
→ **Logo-Größe** (das Logo kann klein, aber auch beherrschend sein)
→ **Ganze Adresse** oder nur Telefon- oder Handynummer?
→ **Kupon** (Sie fordern den Leser zu einer Handlung auf: „Informieren Sie sich!" etc.)
→ **Die magischen Worte (neu, unverbindlich, gratis)**
→ **Schriftarten** (Schriften vermitteln unterschiedliche Stimmungen)
→ **Copytext** (langer oder kurzer Fließtext in der Anzeige?)

2. Anders sein als die anderen

→ Sie haben bereits ein ideales und auffälliges Anzeigenformat ausgewählt.

→ Sie kennen jetzt auch die wichtigsten Elemente (Bausteine) einer Anzeige.

→ Schauen Sie sich die Zeitungen bzw. Medien an, die Sie buchen wollen. Wie wirbt man dort? Gibt es mehr Textanzeigen, dann sollten Sie eine Bildanzeige vorziehen oder umgekehrt! Wirbt man vielleicht hauptsächlich **positiv** (schwarzer Text auf weißem Grund), dann bringt eine **Negativ**-Anzeige (weiße Schrift auf schwarzem Grund) höhere Aufmerksamkeit. Das ist vor allem wichtig bei Einschaltungen im Branchenbuch der Post!

→ Gute Ideen sind selten – was kann man also tun?
Tun Sie etwas, das alle anderen auch machen – kupfern Sie ab. „Stehlen" Sie gute Ideen. Machen Sie daraus aber etwas Eigenes und damit wieder etwas anderes als die anderen. Sie sind schließlich einzigartig. Schauen Sie sich einfach die Anzeigenlösungen Ihrer Konkurrenten oder anderer Firmen an, die Dienstleistungen anbieten. Was machen die? Wie machen sie es? Kann man es verbessern? Was fehlt? Was ist zu viel? Gibt es einen **Vorteil** für mich als Leser? Wenn Sie sich alles angeschaut haben, holen Sie sich die besten Elemente heraus und kombinieren Sie diese zu einem neuen, individuellen Ganzen.

→ Denken Sie aber immer daran: **Werbung ist nicht Kunst** (auch wenn es viele Werbeagenturen gern so sehen möchten). Wir wollen eine Dienstleistung, eine Firma „verkaufen"! Also muss jede Kreativität zielgerichtet sein. Und unser Ziel heißt – **Interesse wecken**!

3. Der Blickfang der Anzeige

Sorgen Sie für einen möglichst auffälligen Anzeigenblickfang. Ob es nun das ungewöhnliche Format, die provokante Headline, die Farbgestaltung, eine Grafik, ein Foto oder Ihr ungewöhnliches Logo ist (siehe: clevere Tipps für Logo/ Markenzeichengestaltung), das im Mittelpunkt der Aufmerksamkeit steht – glauben Sie mir eines:

!	Sie müssen auffallen!

Sie müssen sich heutzutage nicht nur gegen Ihre direkten Konkurrenten mit Ihrer Anzeigengestaltung durchsetzen, sondern auch (und vor allem) gegen die vielen Fremdanzeigen in den Zeitungen. Denn erst wenn Sie auffallen, haben Sie auch die Möglichkeit, Ihrem Leser etwas zu verkaufen. Und genau darum werden sie in diesem Buch auch weiterhin immer wieder lesen: **Anders als die anderen**.

 **Gestalten Sie einen Comicstrip**

Comics sind sehr beliebt und die lustigen Zeichnungen fallen in einer Zeitung stark auf. Warum erfinden Sie (oder Ihr Grafiker) nicht eine Comicfigur, die Abenteuer mit und rund um Ihr Produkt erlebt. Eine amerikanische Zigarrenzeitung etablierte vor einigen Jahren für die letzten Seiten ihres Magazins einen skurrilen CIGAR-MAN. Ein Manager, der sich, wenn Not am Mann ist, in eine Superzigarre verwandelt und die Welt vor Bösewichten rettet.

Oder die bekannte Kampagne von RED BULL, die ebenfalls auf lustige Zeichentrickfiguren setzt und sehr erfolgreich ist. Und vor allem – diese Figur kann auf Werbekappen – Sporttaschen und T-Shirts gedruckt werden und an Ihre Kunden verschenkt oder (bei guter Machart) sogar verkauft werden. Mit einer Comicfigur sind sie wirklich **anders als die anderen.** Wie wäre es also mit:

→ MR PROZESSOR (für eine Computerfirma) oder
→ MRS HONEY (eine Biene für einen Imkerverband)

! Ein Blickfang soll nicht Selbstzweck sein, sondern eine Aussage haben.

Klassiker aus der Vergangenheit sind auch die folgenden Comicanzeigen:

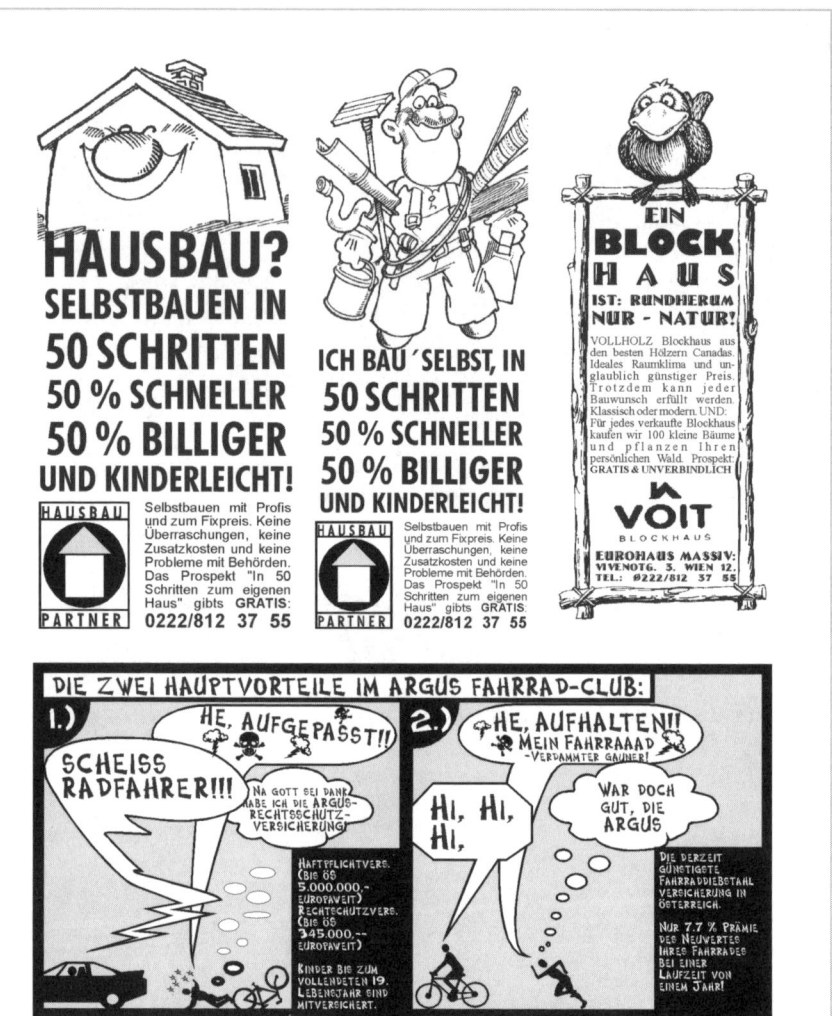

z.B. Wenn Sie (oder Ihre Mitarbeiter) sich entschlossen haben, für eine Anzeige zu posieren, dann sorgen Sie für ein „ungewöhnliches" Foto. Überlegen Sie sich zuerst, ob der Haupteindruck der Anzeige „lustig" – „sympathisch" – „exklusiv" oder „seriös" sein wird. Denn danach richtet sich die Aufgabenstellung für Ihren Fotografen. Es hätte keinen Sinn, wenn Sie in Ihrer Anzeige die Headline: „Ich stehe zu meinem Wort!" haben und Sie auf dem Foto so ängstlich aussehen, als würde Sie der erste schiefe Blick eines Kunden „aus den Socken hauen". Bei dieser Headline dürfte das Foto durchaus etwas arrogant oder, überheblich wirken, um die Aussage zu unterstreichen und zu überhöhen. Aber wie auch immer Sie sich fotografieren lassen, benutzen Sie keine Passfotos, auf denen Sie peinlich lächeln oder verträumt und sinnentleert ins Weite blicken. Ein Passfoto heißt Passfoto, weil damit Ihr Pass ausgestattet wird, niemals aber eine Anzeige.

→ Rücken Sie am besten das Produkt (also Ihre Dienstleistung und Ihr Know-how) ins Zentrum.
→ Jede Anzeige sollte nur ein Zentrum (einen Blickfang) haben.
→ Seien Sie zielgerichtet. Alles muss auf eines hinauslaufen: das Verkaufen.

Wenn etwas kinderleicht ist – dann sagen *und* zeigen Sie es auch
Ein Kunde von mir vertreibt ein Spezialmittel zur Mauerentfeuchtung. Wir wollten dem Interessenten klarmachen, dass er dieses Mittel auch sehr einfach selbst verarbeiten kann und daher keinen Handwerker extra bezahlen muss. Wir schrieben also als Überschrift unserer Anzeige:

Kinderleicht – nie wieder feuchte Mauern.

Und als Blickfang der Anzeige fotografierten wir den kleinen Sohn meines Kunden beim „kinderleichten" Verarbeiten des Produkts. Ich möchte mich ja nicht selbst loben, aber: Die Anzeige ist ein Riesenerfolg.

Aber warum? Nun die Erklärung ist relativ einfach.

! Wir haben uns nur auf eine einzige Aussage (die auch ein klarer Produktvorteil für den Konsumenten ist) konzentriert und haben dann versucht, diese einfache Aussage optisch wie auch textlich umzusetzen. Und: Text und Bild ergänzen einander – und widersprechen sich nicht.
Diese Maxime gilt für jedes Werbemittel. Konzentrieren Sie sich in Ihrer Hauptaussage auf einen Vorteil!

Sagen Sie es klar und deutlich, wenn Sie einen **Vorteil** haben

Klarer Aufbau
klare Aussage
klare Vorteile
und ein auffälliges
Zentrum der Anzeige.
Mehr braucht's eigentlich
gar nicht für eine
erfolgreiche Anzeige
wie diese!

Wenn möglich, „drängen" Sie auf eine Reaktion – z.B. mit Kupon!

4. Kennen Sie die Bilder, auf die der Mensch verstärkt reagiert?

Der Mensch nimmt verschiedene grafische Elemente
mit unterschiedlicher Priorität wahr:

1.　　*AUGEN*

2.　　*KOPF / GESICHT*

3.　　*MENSCH / KÖRPER*

4.　　*TIER*

5.　　*MUSTER*

6.　　*GERÄTE / MASCHINEN*

7.　　**TEXT und LINIEN**

5. Der klare Aufbau von Text und Bild

→ Ausgewogenheit und Beschränkung ist besser als zu viele Elemente. Weniger ist mehr.

→ Nicht zu viele verschiedene Schrifttypen verwenden.

→ Deutliche Präsenz des Namens. Man möchte es kaum glauben, aber auch dieser Fehler wird sehr oft begangen. Bei Anzeigen mit vielen verschiedenen Schrifttypen oder sehr verwirrendem Layout kommt es nicht selten vor, dass Logo oder Namen für den Außenstehenden auf den ersten Blick kaum mehr erkennbar sind und damit in diesem „Gestaltungsfriedhof" begraben werden.

→ Deutliche Präsenz der Adresse.

→ Eines führt zum anderen!
Das bedeutet: Das Bild fungiert als Aufreißer und Stimmungsmacher, ist aber trotzdem immer zielgerichtet. Die Headline unterstützt das Bild und soll zum Weiterlesen anregen (z.B. durch klare Nennung eines Vorteils oder die in Aussicht gestellte Lösung eines Problems). Der Copytext wiederum erklärt unser Anliegen detaillierter und präsentiert den klaren Vorteil für den Kunden. Alles ist darauf ausgelegt, dass der Interessent die Anzeige überhaupt wahrnimmt, das konkrete Angebot liest und schließlich handelt (etwa einen Kupon absendet oder anruft). Schrecken Sie nicht davor zurück, dem Leser eine Handlung abzuverlangen. Denn genau das wollen wir schließlich erreichen: eine Reaktion!

6. Image oder konkretes Anliegen

→ Soll die Anzeige eine konkrete und aktuelle Information vermitteln (also neue Telefonnummern, neue Bürozeiten, neue Produkte etc.)? Dann verstecken Sie diese Information nicht, sondern setzen Sie sie an die Spitze Ihrer Anzeige (z.B. „**Neue längere Bürozeiten**"; „**Neue Ware eingetroffen**"; „**Ausverkauft**" etc.)!

→ Neuheiten sind das Salz der Werbung.

→ Soll die Anzeige sehr elegant sein und ein Image aufbauen? Ein Image zu schaffen ist langfristig durchaus sinnvoll. Das Erscheinungsbild Ihrer Anzeige kann daher auch ruhig subtiler sein (aber deshalb um Gottes willen nicht langweilig).

7. Wenn Sie einen Antwortkupon in die Anzeige einbauen, sehen Sie den Erfolg sofort oder spätestens in 14 Tagen!

→ Warten Sie nicht auf eventuelle Reaktionen Ihrer Zielgruppe – fordern Sie Reaktionen heraus. Integrieren sie einen Antwortkupon, einen Gutschein oder auch eine Rabattmarke in Ihre Anzeige. Ein klarer Vorteil oder ein tolles Angebot sollte auch den unentschlossensten Käufer hinter dem Ofen hervorlocken.

→ Spätestens 14 Tage nach Erscheinen der Zeitung oder Zeitschrift kann die Aktion als beendet angesehen und die eingetroffenen Rückmeldungen analysiert werden. War die Aktion erfolgreich oder muss beim nächsten Mal etwas geändert werden?

→ Anzeigenberater hassen Kupons. Kein Wunder, denn wenn keine Reaktionen kommen, glauben natürlich die Anzeigenkunden, die Zeitung sei schuld, und der Anzeigenberater hat Erklärungsbedarf. Lassen Sie sich aber dennoch nicht beirren. Tatsächlich beschäftigen sich die Leser mit Kuponanzeigen deutlich länger als mit „Normalanzeigen". Brechen Sie aber nicht sofort den Stab über Ihre Stammzeitung, nur weil einmal kein Erfolg eingetreten ist. Testen Sie die Kuponanzeige (wenn möglich) in mehreren Zeitungen. Sie werden sehen, welche Zeitung am meisten Feedback bringt.

→ Schalten Sie mehrere Kuponanzeigen gleichzeitig. Kennzeichnen Sie zurückgesandte Kupon entweder mit dem Namen der Zeitung oder mit einem anderen Kürzel, damit Sie wissen, von welcher Zeitung und von welcher Ausgabe er stammt. Das erleichtert die zukünftige Auswahl der „erfolgreichen" Medien.

Die wichtigsten Punkte der Low-Budget-Anzeigengestaltung (Teil 3)

Das *Texten* von Anzeigen

1. Immer das Werbeziel im Auge behalten

Eine Anzeige muss eines bewirken – **Reaktionen**!
Normalerweise müsste hier stehen: Eine Anzeige muss **verkaufen**! Aber bei Ihren speziellen Branchenanforderungen könnte dieses Statement vielleicht falsch aufgefasst werden. Obwohl es im Grunde genommen richtig ist. Denn Werbung wird nicht um ihrer selbst willen betrieben, sondern um etwas zu bewir-

ken. Genau das sollten Sie bedenken, bevor Sie eine Anzeige schalten. Die Frage sollte also lauten:

> **Welche Reaktion will ich bei meiner Zielgruppe hervorrufen?**

Nicht immer ist Verkaufen das primäre Ziel! Oft will man nur die eigene Adressenkartei vergrößern, die Bekanntheit steigern, das Image verbessern oder den Kunden Prospekte zusenden.

Low-Budget Werden Sie sich also darüber klar, ob wirklich „sofortiger Verkauf" das oberste Werbeziel ihrer Anzeige ist. Jemanden in einer kurzen Anzeige sofort zu einem Kauf zu bewegen ist ein großes Kunststück, das selten gelingt. Einfacher ist es da schon, in einem ersten Schritt nur das Interesse oder auch den Wunsch nach dem Besitz zu wecken. Das Nahziel besteht darin, den Interessenten unverbindlich ins Geschäft zu bitten, um die Waren anzusehen, oder ihn nur dazu zu bringen, einen Kupon zurückzusenden, mit dem gratis und unverbindlich weiteres Infomaterial angefordert werden kann.
Alles zu wollen bringt meist gar nichts. Machen Sie sich das Leben nicht schwerer, als es ohnehin ist. Fürs „Verkaufen" haben Sie im Geschäft ohnehin noch genügend Zeit.

Welche Anzeigenziele sind für Sie daher wichtig?

1. ....

2. ....

3. ....

4. ....

→ Infoanzeige oder Imageanzeige? (Idealerweise bringt uns eine gut gestaltete Infoanzeige auch gleich das gewünschte Image.)
→ Welche Sprache spricht meine Zielgruppe?

Sprechen Sie die Sprache Ihrer Zielgruppe

Normalerweise sollte der Anzeigentext immer um eine Stufe einfacher formuliert werden, als es der Bildungsstand der angesprochenen Zielgruppe zulässt. Die einfache Formel lautet:

→ Einen Akademiker sprechen Sie in der Sprache eines Abiturienten an.

→ Einen Abiturienten/Maturanten sprechen Sie auf dem Bildungsniveau eines Gymnasiasten an.

→ Und für Landwirte, Arbeiter oder einfache Angestellte ist der Sprachschatz eines einfachen Schülers ausreichend.

Wohlgemerkt, ich behaupte hier nicht, dass eine Zielgruppe „dümmer" ist als die andere. Denken Sie an den Ausspruch „Bauernschlau", der viel Wahres in sich birgt. Es geht ausschließlich um eine bestimmte Ausdrucksweise oder spezielles Wissen, das nicht vorausgesetzt werden sollte. Ich persönlich kenne einige einfache Arbeiter, die einen höheren Wortschatz und eine höhere Allgemeinbildung haben als manche meiner akademisch gebildeten Bekannten (von mir liebevoll Fachidioten genannt).

Was wir beim Anzeigentexten aber unbedingt vermeiden sollten, ist, dass sich der Kunde durch eine zu gespreizte Sprache oder durch Wissen, das vom unbedachten Texter vorausgesetzt wird, „unterlegen" fühlt und daher einfach aus dem Text aussteigt. Apropos: Wenn Sie Computerhändler oder Verkäufer einer Softwareschmiede sind, dann sollten Sie diesen Tipp besonders beherzigen. Denn gerade in dieser Branche glauben die Verkäufer, besonders „cool" zu sein, wenn Sie dem kaufwilligen Laien mit arroganter Lässigkeit eine Menge Fachausdrücke „um die Ohren hauen".

Welche Bedürfnisse hat meine Zielgruppe?
Auch hier sind die Bedürfnisse etwa eines Kassenpatienten andere als die eines Privatpatienten. Auf diese Bedürfnisse sollte auch in der Werbung ganz spezifisch eingegangen werden (z.B. „Keine Wartezeit für Privatpatienten").

2. Immer die Hauptaussage im Auge behalten

Welche Hauptaussage soll meine Werbung vermitteln?
Bin ich der Moderne, bin ich der Freundliche oder der Erfahrene, bin ich der mit den neuesten Methoden Vertraute …?

3. Die Anzeige muss *immer* einen Vorteil für den Leser enthalten!

→ Ihr Unternehmen bietet Problemlösungen für den Kunden, also sagen Sie dem Kunden auch, auf welche Probleme Sie spezialisiert sind. Die Informationen über Problemlösungen werden vom Leser als Vorteile erkannt.

→ I.I.A.-Methode = interessieren – informieren – aktivieren.

4. Die Hauptaussage der Anzeige wird in der Headline (HL) kurz und griffig formuliert

Einige Beispiele für kurze, effektvolle Headlineformulierungen, die auch einen Vorteil für den Konsumenten enthalten, finden Sie nach diesem Absatz. Überprüfen Sie die folgenden Aussagen mit Ihren eigenen Produktvorteilen, und wenn sie zutreffen, verwenden Sie sie. Es genügt dann eigentlich, wenn Sie ein eigenes Produktfoto unter der Headline positionieren und kurz die Vorteile Ihres Produktes aufzählen, den Preis nennen, oder einen Kupon anfügen und gratis und unverbindlich weitere Infos oder eine Kostprobe in Ihrem Geschäft anbieten. Oder nutzen Sie die folgenden Vorschläge einfach als Ideenbringer für eigene „Kreationen". Kurz gesagt: Wenn Ihnen eine der folgenden Headlines gefällt: Stehlen Sie sie von mir!

→ SELBSTGEMACHT – KINDERLEICHT!
→ EINFACHE BEDIENUNG!
→ WIR VERKAUFEN SCHATTEN!
→ EINFACHER ZUSAMMENBAU!
→ BIO? LOGISCH!
→ GRATIS KOSTPROBEN!
→ GRATIS TESTVORFÜHRUNG!
→ UNSER GRÖSSTER ERFOLG: UNSER KLEINER PREIS
→ SOFORTIGE LIEFERUNG? – KEIN PROBLEM!
→ GRATIS BIER – GIBTS AB VIER
→ AUS ALT MACH NEU!
→ ALLES FRISCH – UND SO VIEL SIE WOLLEN!
→ ESSEN – SO VIEL SIE WOLLEN!
→ BIS ZUR ERSTEN PAUSE – LIEFERN WIR DIE JAUSE!
→ PERFEKT NACH MASS – OHNE ZUSCHLAG!
→ HAUSBESUCHE GRATIS UND UNVERBINDLICH!
→ EILIG IST UNS HEILIG!
→ VOLLER VOR-ORT-SERVICE!
→ FIXE ANFAHRTPAUSCHALE!
→ NICHT WEGWERFEN – REPARIEREN!
→ GRATIS COMPUTERPLANUNG!
→ DIE DRITTE PERSON ISST AUF UNSERE KOSTEN!
→ JEDES VIERTE STÜCK GEHT AUF UNSERE KOSTEN!
→ KLASSE STATT KASSE!
→ BESSER NACH MASS ALS MASSE!
→ BILLIG IST GUT – GRATIS IST BESSER!
→ WIR GARANTIEREN VERBINDLICH: JEDER HAUSBESUCH IST UNVERBINDLICH!
→ REINE NATUR!

→ HANDARBEIT!
→ HAUSZUSTELLUNG!
→ EINZELSTÜCKE!
→ DESIGNERSTÜCKE!
→ INDIVIDUELLE FERTIGUNG!
→ SIE SIND UNSER CHEF-DESIGNER!
→ SIE BESTIMMEN FORM UND PREIS!
→ GEÖFFNET RUND UM DIE UHR!
→ SONNTAG KEIN RUHETAG!
→ WIR SCHLAGEN UNS FÜR SIE DIE NACHT UM DIE OHREN!

Die einfache Produktbezeichnung als Headline ist oft am besten!

Bevor Sie viel Zeit mit der „Erfindung" einer kreativen Headline vertun, sollten Sie sich einfach überlegen, welches Produkt Sie anbieten und genau diese Produktbezeichnung oder die Bezeichnung der Produktgruppe als Headline verwenden. Der Grund dafür ist, dass der Mensch immer auf der Suche nach einer Problemlösung für seine ureigensten und persönlichsten Probleme ist. Deshalb sucht er natürlich auch nach den Themengebieten, die ihm gerade „unter den Nägeln brennen". Ein kaputtes Auto muss repariert oder durch ein neues ersetzt werden. Der Kunde ist auf Problemlösung eingestellt – seine Sensoren sind empfindlich und auf „Empfang" geschalten. Jede Headline – jedes Wort, das „Auto", „Reparatur", „Auto-Leasing" etc. enthält, wird registriert. Nutzen Sie also dieses Wissen, indem Sie einfach nur „Ihr Wort" als Headline verwenden.
Also nicht unbedingt: „Ihre neue Dauerwelle – schnell und dauerhaft", sondern einfach **„Dauerwelle"** (vergessen Sie aber dennoch nicht, auf einen klaren Vorteil für die angepeilte Zielgruppe hinzuweisen. Daher als Zusatz: „Donnerstag = Seniorentag: halber Preis"). Fertig ist Ihre Anzeige!
Einige Vorschläge:

ZIERFISCHE
WILDPASTETEN
GEBRAUCHTWAGEN
MITTAGSBUFFET
STEAKWOCHEN
JALOUSIEN
EINBRUCHSCHUTZ
BIO-BROT

Aber auch in Verbindung mit einem Markennamen, z.B.:

SAAB-WERKSTÄTTE
IBM-VERTRAGSHÄNDLER
ACER-KUNDENDIENST

5. Das wichtige Wort neu

→ Wenn Sie etwas **neu** im Programm haben – sagen Sie es auch!

→ Sagen Sie lange genug, dass Sie **neu** sind.
Begehen Sie nicht den kostspieligen Fehler, Ihre Neuigkeit zu kurz anzu-
preisen. Sie können bei einer Geschäftsneueröffnung durchaus ein halbes
Jahr damit werben.

→ Auch wenn sich Kleinigkeiten ändern, sagen Sie den Kunden diese **Neuheit**! Was Waschmittelfirmen seit Jahren mit großem Erfolg praktizieren,
sollten Sie auch tun!

→ Es ist nachgewiesen: Das Wort „neu" erhöht die Aufmerksamkeit Ihrer
Werbung um ein Vielfaches.

→ Denken Sie daran: **Werbung = Neuheit.**

6. Das wichtige Wort „gratis"

Nachgewiesen: Das Wort „gratis" erhöht die Aufmerksamkeit. Nutzen Sie dieses Faktum!
Wenn Sie genau überlegen, dann hat jedes Unternehmen etwas „gratis" anzubieten.

→ Denken Sie nur an einen kleinen Tischler, der schon immer seine Möbel
gratis geliefert hat.

→ Oder den Installateur der die Bäder seiner Kunden – gratis – plant.

→ Oder der Wirt, der in der Happy Hour, jedes 3 Getränk – gratis – anbietet.

→ Oder der Lebensmittelhändler, der ab einer bestimmten Menge – gratis – bis
in die Küche liefert.

→ Oder der Computerhändler, der für seine Hard- und Software gratis Ein-
schulungen bietet.

→ Oder der Maßschuster, der der Schwellenangst seiner Kunden durch Gratis-
Leistenanfertigung oder Gratis-Maßnehmen begegnet.

Ich bin mir sicher, auch bei Ihnen gibt es vieles gratis, das bisher einfach als
selbstverständlicher Service gesehen wurde.

→ Verschenken Sie etwas – gratis können auch Erstberatung, Prospekte, Hauszeitungen etc. sein.

→ Nehmen Sie dem Interressenten die Scheu vor einer Reaktion! Das Wort
„unverbindlich" baut Hemmungen ab! („Informieren Sie sich **gratis und
unverbindlich!**")

7. Bedenken Sie: Anzeigen sind an mündige Leser gerichtet

→ Selbst auf dem entlegensten Bauernhof ist man heute über alle Geschehnisse der Welt auf dem Laufenden.

→ Der Kunde ist nicht dumm.

→ Wenn der Kunde zu viele „Tricks" und „Fallen" entdeckt, ist er für lange Zeit verloren!

→ Der Kunde interessiert sich nicht für „Werbe-Blabla". Er will Information!

8. Meiden Sie Superlative! (Es glaubt Ihnen ja doch keiner!)

9. Einfachheit und Klarheit in den Copytexten

→ Nichts darf dem Interessenten das Lesen eines Copytextes (= Fließtext oder längere Textpassage) erschweren. Also, möglichst keine Fachwörter, kein Fachchinesisch, kurze Sätze, logischer Aufbau – und immer an das Werbeziel denken: Was will ich vom Leser? Wenn der Leser den Copytext liest, will er Information. Also geben Sie ihm diese Information!

→ Folgerichtigkeit im Text.

→ Kürze und Prägnanz.

→ Scheuen Sie keine langen Texte, wenn Sie etwas zu sagen haben. Der Leser wird Ihnen diese Information mit Interesse und schließlich seiner Reaktion danken.

→ Stimulieren Sie längere Texte!

→ Permanentes „Beleben" von längeren Texten hält die Leser bei Laune. Das bedeutet aber nicht Klamauk, sondern Spannung durch das Erzählen einer Geschichte („Letzte Woche in meiner Apotheke" ...). Auch praktische Beispiele sind von Vorteil, um das Interesse wach zu halten.

10. Auch Personalanzeigen können für Sie werben

Sehen Sie Personalanzeigen nicht einfach nur als Möglichkeit, an neue Mitarbeiter zu kommen, sondern sehen Sie sie als Chance zur massiven Öffentlichkeitsarbeit. (Natürlich auch hier in Einklang mit Ihren Kammerrichtlinien.) Eine gut gestaltete Anzeige wirbt nicht nur Mitarbeiter, sondern auch für Ihr Unternehmen. Image hat noch nie geschadet!

11. Die richtige Auswahl der Schriften

→ Wie Sie bereits gelesen haben, können Schriften eine Aussage unterstützen. Wenn Sie also als Übersetzer die chinesische Sprache beherrschen, würde die einfache Überschrift

CHINESISCH IN WORT UND SCHRIFT

mit einer chinesisch inspirierten Schrift gleich drei Vorteile aufweisen:
1. Die ungewöhnliche Schrift wäre damit bereits ein toller Blickfang für die Anzeige;
2. die Schrift verdeutlicht gleichzeitig auch das Angebot;
3. Sie heben damit einen Vorteil (die chinesische Sprache) hervor, den sicher nicht jedes Übersetzungsbüro anbietet.

→ Einheitliche Schriftarten in allen Anzeigen.

→ Verwenden Sie nicht zu viele verschiedene Schrifttypen. Zwei Schriftarten müssten ausreichen (z.B.: für Headline und Fließtext). Mehr Schriften machen die Gestaltung unübersichtlich und schwerer lesbar.

→ Wählen Sie eine leicht lesbare Schrift
Versuchen Sie es selbst einmal – lange Texte in Schreibschrift oder in Fantasieschrift mit vielen Schnörkeln sind bedeutend schwerer zu lesen und haben nur in einer kurzen Headline Sinn, niemals aber im Copytext.

→ Keine langen Passagen in Großbuchstaben (schwer lesbar!)

→ Wählen Sie keinen zu engen Zeilenabstand (schwer lesbar!)

→ Verwenden Sie Blocksatz oder, wie im normalen Brief, linksbündig, aber nie rechtsbündig!

→ Wenn Sie ein Foto verwenden, dann mit Bildunterschriften. Sie werden meist als Erstes gelesen.

→ Möglichst keine langen Textpassagen in Negativ (weiße Schrift auf schwarzem Grund). Können Sie sich aber durch eine Negativ-Anzeige deutlich von den anderen Anzeigen absetzen, ist dieses Manko zu riskieren.

→ Die Schrift sollte natürlich zur Dienstleistung oder Aussage passen: Schon durch die richtige Auswahl einer Headlineschrift kann man den Leser auf ein bestimmtes Thema einstimmen. Gerade bei kleinen Anzeigen kann man oft keine Fotos verwenden. Trotzdem soll z.B. eine bestimmte Atmosphäre oder Assoziation aufgebaut werden – mit den richtigen Schrifttypen ist dies kein Problem.

12. Der Slogan

→ Ein Slogan ist nicht Bedingung für gute Werbung und schon gar nicht für eine gute Anzeige. Ohne viel Platz zu verschwenden (mehr Raum ist in der

Werbung immer gleichbedeutend mit „mehr Geld"), in einem einzigen kurzen Satz den Hauptvorteil, die Hauptaussage formulieren.

→ Der Name einer Firma oder eines Produkts ist nichts als ein Kürzel, bei vielen Kleinbetrieben ist der Firmenname meist überhaupt nur der eigene Familienname. Ein Slogan definiert darüber hinaus das Angebot, die Dienstleistung und, wenn möglich, auch den Hauptvorteil, der mich als Kunde erwartet.

Einige fiktive Beispiele:

Copyshop:

→ „Jeden Mo – So Tag der offenen Tür"

→ „Anruf genügt - wir liefern sofort"

Feinkost:

→ „Sie wünschen – wir liefern"

→ „Ihr Buffet ist unser Fall"

→ „Gestern in Frankreich – heute bei Ihnen"

Friseur:

→ „Ob blond ob braun – wir frisieren Männer und Frau'n"

→ „Der Familienfriseur"

→ „Fix der Preis – fix der Schnitt"

Metzger:

→ „Die Biobauernfleischerei"

→ „Kaum teurer – aber viiiel besser"

Boutique:

→ „Ihr Kinderlein kommet"

→ „Große Größen – kleiner Preis"

→ „Mollig ist schön"

→ „Brave Mädchen kommen in den Himmel – große Mädchen kommen zu uns"

Handwerker:

→ „Service rund um die Uhr"

→ „Der Fixpreis-Installateur"

→ „100% Handarbeit – Ehrenwort!"

→ Einfachheit und Klarheit heißt die Devise beim Texten eines Slogans. Versuchen Sie eine griffige Formulierung des von Ihnen ausgewählten Hauptvorteils. Ein Slogan sollte kurz sein. Andererseits gibt es ein klassisches österreichisches Beispiel für einen alles andere als kurzen Slogan, der aber bereits Einzug in die Umgangssprache gefunden hat. Eine Bausparkasse wirbt:

„Geld macht glücklich, wenn man rechtzeitig drauf schaut,
dass mans hat, wenn mans braucht!

Auffälligkeit durch einen Blickfang in der Anzeige:

*1/3 Raum für den
Eyecatcher und
2/3 Raum für
die Information
und den Vorteil
für den Kunden!*

*Diese Anzeige
war Teil einer
sehr „günstigen"
und dennoch sehr
erfolgreichen Aktion.
Kein Wunder, ist
doch alles vorhanden,
was aus einer kleinen
Anzeige wie dieser
eine Erfolgsanzeige
macht!*

Cliparts gibt es GRATIS – verwenden Sie sie zielführend:

Die oben abgedruckte Anzeige verschaffte einer Geschäftsfrau einen um einen Monat schnelleren Gang in die wohlverdiente Pension. Augenscheinlich funktionierte diese sehr „aggressive" Anzeige. Image war nicht mehr notwendig!

Detailaufnahmen und ungewöhnliche Optik:

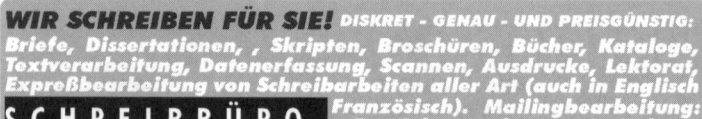

Vier FIX-UND-FERTIG-Anzeigen

Fügen Sie nur mehr Ihr Logo, Ihre Adresse und Ihre Produktvorteile ein und schon sind diese 4 Gestaltungsvorschläge mit den WERBEZAUBERWORTEN einsetzbar.

NEU

Ihr Vorteil
bzw. was ist NEU
bei Ihnen
(einfach die Fakten aufzählen)
und hier einfügen!

Ihr Logo
und Ihre Adresse u. Tel.Nr.

PREIS
SCHMELZE
−15%
AUF ALLES!

Ihr Logo
und Ihre Adresse u. Tel.Nr.

LOS GEHTS!
NEUERÖFFNUNG!
SPOT AN!

Ihr Vorteil
bzw. wann eröffnen Sie und
was passiert bei dieser Eröffnung
(Daten und Fakten aufzählen)
und hier einfügen!

Ihr Logo
und Ihre Adresse u. Tel.Nr.

GRATIS!

Ihr Vorteil
bzw. was ist
bei Ihnen GRATIS
(einfach die Fakten aufzählen)
und hier einfügen!

Ihr Logo
und Ihre Adresse u. Tel.Nr.

☐ **JA,** senden Sie mir bitte GRATIS u. UNVERBINDLICH
weitere Information über ....

Name:
Adresse:

Tel.Nr.:

Telefonbuchanzeigen

Anzeige ist nicht gleich Anzeige. Egal in welchem Medium und für welche Zielgruppe Ihre Anzeige konzipiert wird, sie muss auf das jeweilige Medium und auf die jeweilige Zielgruppe adaptiert und angepasst werden. Und für kein Medium gilt diese Notwendigkeit der Anpassung mehr als für die Gelben Seiten – das Branchentelefonbuch.

Haben Sie schon einmal bewusst darüber nachgedacht?

Das Branchentelefonbuch ist das einzige Medium, das aus nichts anderem als aus Anzeigen besteht (und das dennoch mit Interesse gelesen wird). Kein anderes Printmedium könnte sich erlauben, ausschließlich Werbung abzudrucken. In Anzeigenblättern sind immer kurze Artikel – PR-Texte oder Serviceseiten für den Leser – integriert. Nicht so bei den Gelben Seiten. Sie werden ausschließlich wegen der Werbung gelesen und oftmals akribisch durchforstet. Und genau diese spezifische Verwendung der Gelben Seiten muss auch der Anzeigengestalter und -texter beachten, will er eine erfolgreiche Telefonbuchanzeige kreieren.

Mehr als in jedem anderen Medium gilt im Branchenfernsprechbuch der **Information** unser oberstes Augenmerk. Der Leser, der eine Telefonbuchanzeige nutzt, will Information und nichts als Information.

 Bitte geben Sie dem Leser so viel Information wie irgend möglich.

Die wichtigsten Punkte bei der Werbung in den Gelben Seiten

1. Werben Sie nur in den wichtigen Branchen- oder Telefonbüchern

→ Ich spreche hier nicht von den klassischen „Gelben Seiten", die in jedem Haushalt aufliegen, sondern von den vielen, meist unbedeutenden Nachahmern dieser Idee. Diese Telefonbücher sind meist sehr dünn und werden nur in relativ kleinen Stückzahlen aufgelegt (z.B. nur in einem bestimmten

Stadtbezirk). Sie wandern meist nach kurzer Zeit in den Papierkorb. Lassen Sie Ihre Hände davon – sie sind ihr Geld nicht wert.

→ Beobachten Sie in diesem Falle sehr genau das Leseverhalten von sich selbst und Ihren Bekannten und Verwandten. Welche Branchentelefonbücher werden wirklich genutzt. Sparen Sie sich das Geld für die kleineren Telefonbücher und stecken Sie das so frei gewordene Budget besser in größere Anzeigen in den echten „Gelben Seiten" Ihrer Region – es zahlt sich aus.

2. Achten Sie auf die Rubriken, in denen Sie auf alle Fälle vertreten sein sollten

Ein Tischler könnte auch unter Möbeltischer, Kunsttischler oder unter Holzverarbeitung zu finden sein. Einer meiner Kunden hatte ein Fenster- und Türenstudio. Seine Rubriken: Fenster/Türen/Sicherheitstüren/Aufsperrdienst/Jalousien/Rolladen/Markisen/Einbruchschutz/Sicherheitstechnik.

Er war überall mit einer kleinen Anzeige vertreten – der Erfolg hat den Aufwand mehr als gerechtfertigt.

Befragen Sie einige Kunden nach den Rubrik-Stichworten, unter denen sie Ihren Betrieb in den Gelben Seiten suchen würden. Nicht immer deckt sich dieses Stichwort mit den eigenen Vorstellungen. Ein Kunde, der nach einem Einbruchschutz für sein Haus fahndet, sucht nicht automatisch unter „Fenster-Rolladen" (die jedoch ebenfalls den gewünschten Einbruchschutz gewährleisten würden).

Eine „Siebdruckerei" hätte demnach auch mehr Erfolg, wenn eine zusätzliche Eintragung unter den Stichwörtern: T-Shirt-Druck/Etikettendruck/Aufkleber/Folien erfolgen würde.

> **!** Die Rubrik, in der die meisten Ihrer Konkurrenten werben, ist auch für Sie die richtige, denn es ist meist die logischste und naheliegendste. Dies ist eine der wenigen Ausnahmen bei der **„Anders-als-die-anderen-Regel"**.

3. Schauen Sie sich die Konkurrenzanzeigen genau an und machen Sie es anders

→ Im Telefonbuch sieht man es so deutlich wie nirgends. Die meisten Anzeigen auf einer Seite gleichen einander dramatisch. Keine sticht aus der Masse hervor. Gerade aber im Telefonbuch sind zwei Dinge **überlebenswichtig**: Auffälligkeit und Information.

→ Wenn alle klein und bescheiden werben, schalten Sie die größte Anzeige. Sofort hält Sie der Leser für ein großes Unternehmen und Sie erscheinen damit vertrauenswürdiger (wirken dadurch aber auch exklusiver und „teurer") als Ihre Konkurrenten.

→ Speziell im Telefonbuch ist Information das Nonplusultra. Hier sucht der Leser nach seiner ganz konkreten Problemlösung. Wenn er diese Problemlösung in Ihrer Anzeige findet, haben Sie gewonnen.

→ Nicht in Schönheit sterben.
Viel leerer Raum und nur das Logo und die Adresse in einer Anzeige – das bringt selten Erfolg. Im Telefonbuch ist dies der absolut falsche Weg. Interessanterweise machen auch Werbeagenturen diesen gravierenden Fehler. Betrachten Sie einmal deren eigene Anzeigen in den „Gelben Seiten". Fast alle bestehen aus reinen Schriftlösungen, keine unterscheidet sich in ihrem Aufbau von der Nachbaranzeige. Sehr oft wird mit großen Leerflächen gearbeitet und damit wertvoller Werberaum verschwendet. Und noch weniger Agenturen versuchen den Leser zu informieren. Man erfährt so gut wie nichts über die Spezialgebiete, über konkrete Angebote, über deren Methodik etc. Man kann nur hoffen, dass diese Agenturen mit dem Geld ihrer Kunden sorgsamer und effizienter umgehen als mit dem eigenen.

Low-Budget Bei Anzeigen in den „Gelben Seiten" zählt nur eines: **Fakten – Fakten – Fakten.**
Mehr als anderswo sucht der Konsument der Gelben Seiten nach Informationen. Beobachten Sie sich selbst das nächste Mal, wenn Sie die Gelben Seiten zur Hand nehmen. Meist haben Sie dann ein konkretes Problem und sind auf der Suche nach einer raschen Lösung dieses Problems. Daher gewinnen im Telefonbuch immer noch viele Mini-Anzeigen gegen die großen. Und zwar oft nur, weil in der Anzeige steht: „Sofortige Terminvereinbarung" „rasche Reparatur", „Gratis Hauszustellung".

z.B. Mich persönlich hat einmal eine kleine Anzeige einer Druckerei deshalb zum ersten Kontaktanruf animiert, weil in der Anzeige stand: „Kleinauflagen innerhalb von 48 Stunden!" Die Druckerei hat den kleinen Auftrag bekommen und sie hat für mich auch schon einige Großaufträge durchgeführt. Und all das nur auf Grund einer kleinen Zeile in einer kleinen Anzeige in den Gelben Seiten. Tja, es kommt eben auf das „Gewußt-wie" an!

→ Wenn andere nur mit Text werben – schalten Sie ein Bild mit Ihrem Foto unter dem Motto: „Mein Team ist für Sie da." Dass Ihre Anzeige zuerst gelesen wird, ist damit fast garantiert.

→ Wenn andere mit Bildern werben, dann halten Sie alle für den Kunden wichtigen Informationen in der Anzeige schriftlich fest.

→ Wenn andere in **positiv** werben, werben Sie **negativ** (mit weißer Schrift auf schwarzem Grund). Obwohl schwerer lesbar, ist in diesem Fall die Auffälligkeit wichtiger. Denn wenn Sie nicht bemerkt werden, werden Sie auch nicht gelesen.

4. Geben Sie dem Kunden alle Informationen, die er brauchen könnte – und einige zusätzlich

→ Nicht „Weniger ist mehr" sollte hier als Leitsatz gelten, sondern im Gegenteil: Je mehr, desto besser.

→ Gehen Sie nicht davon aus, dass der Kunde über alle Produkte in Ihrem Geschäft oder in Ihrer Branche Bescheid weiß oder dass er alle Tätigkeitsbereiche und Fertigkeiten Ihres Handwerks kennt.

→ Informieren Sie daher den Kunden über alle Spezialitäten und Dienstleistungen, die Sie anbieten.

→ Geben Sie auch Ihre Büro- oder Geschäftszeiten an. Nichts verstimmt einen Kunden so sehr wie verschlossene Türen.

→ Auf bestimmte Anzeigen von Druckern habe ich selbst nur reagiert, weil in der Anzeige etwa zu lesen war: „Auch kleine Auflagen und Sonderwünsche!"

→ Verwenden Sie auch in der Telefonbuchanzeige die magischen Worte: „Informieren Sie sich gratis und unverbindlich! Wir senden Ihnen gern unsere Unterlagen zu!"

→ Vergessen Sie den Namen Ihrer Homepage oder Ihre E-Mail-Adresse nicht.

→ Wie kommt der Kunde am einfachsten zu Ihnen?
Geben Sie auch auch einen Lageplan oder die Verkehrsmittelanbindung an, wenn genügend Anzeigenraum vorhanden ist.

5. Zur weiteren Gestaltung siehe „Die wichtigsten Punkte der Low-Budget-Anzeigengestaltung (Teile 1 bis 3)

Telefonbuchseite:

Optisch aufzufallen ist in den Gelben Seiten überlebenswichtig. Eigentlich können sich auf dieser Seite nur zwei Anzeigen optisch durchsetzen Die schwarze und die mit der Spiralgrafik. Sie sind eben beide **anders als die anderen.**

Telefonbuchseite:

Auf dieser Seite gibt es nur einen echten „Gewinner". Die Anzeige mit dem Männchen. Warum? Sie ist auffällig, klar gegliedert und hat einen **tollen Vorteil für den Kunden**. Oder sind „keine Wegzeitverrechnung" etwa kein triftiger Grund, bei dieser Firma anzurufen?

8 Direct-Mailing

Wenn Sie dieses Buch gekauft haben, um möglichst rasch neue oder mehr Kunden zu bekommen, dann ist der Werbebrief oder das Direct-Mailing die schnellste, Erfolg versprechendste und kostengünstigste Werbemöglichkeit überhaupt. Ich behaupte ohne Übertreibung, dass Sie innerhalb von zwei Wochen die ersten Anfragen oder sogar Aufträge von Kunden erhalten werden, wenn Sie das folgende Kapitel genau durcharbeiten und Ihre Werbebriefe danach gestalten.

! Direct-Mailing-Werbung bedeutet direkte Ansprache des Umworbenen mithilfe des Briefes. Wir sprechen hier also nicht von Flugblättern oder Rundschreiben. Diese Werbemittel werden im Gegensatz zum adressierten Werbebrief nur lose ohne Anschrift in den Postkasten geworfen bzw. an der Haustür verteilt. In jedem Fall ist Direct-Mailing die günstigste Art, um Werbung bei einem ausgesuchten Personenkreis zu betreiben, und daher auch die weitaus beste Möglichkeit, die eigene Adresskartei aufzuarbeiten und sie auf den neuesten Stand zu bringen.

Ein oft gehörter Einwand: „Ich glaube nicht, das Mailings etwas bringen, ich werfe Werbebriefe immer sofort weg."
Dazu ein kurzes Beispiel, das auf jede Werbung ganz generell zutrifft.

z.B. Seit einigen Monaten bin ich stolzer Vater einer kleinen Tochter. Die Schwangerschaft meiner Frau war „gelinde gesagt" eine – Überraschung. Meine Frau ist Juristin und plante gerade den Einstieg in die Selbständigkeit – eine eigene Anwaltskanzlei sollte im Herbst '99 eröffnet werden. Und dann kam dieses „Ereignis". Wir hatten uns noch nie zuvor mit Schwangerschaft oder Kindern (und deren Bedürfnissen) auseinander gesetzt. Anzeigen für Windeln, Babynahrung oder Schwangerschaftsbekleidung wurden ohne mit der Wimper zu zucken überblättert, TV-Spots für Babycremes einfach nicht bewusst wahrgenommen (da konnte das Baby noch so hinreißend aus der Glotze lächeln). Und natürlich landeten auch sämtliche Werbebriefe, die sich als Werbung für irgendwelche Babyartikel zu erkennen gaben, spätestens nach dem Lesen der ersten Zeilen im Papierkorb. Wir hatten einfach **keinen Bedarf**! Und dann, nach der vom Frauenarzt gestellten Diagnose „Gratulation, Sie sind schwanger" änderte sich die Situation schlagartig. Von einem Tag auf den anderen wurde plötzlich jeder Satz, der das Wort „Schwangerschaft oder Baby enthielt „verschlungen". Als Erstes wurden Kupons von Anzeigen für Schwangerschaftsbücher und Babybücher ausgeschnitten und abgesandt. Danach Versandhauskataloge für „werdende Eltern" geordert und nach Zusendung und genauem Studium auch „gehortet". In einer eigenen Mappe wurden alle relevanten Prospekte, Preise und Angebote eingeordnet (und ich weiß auch von vielen Unternehmern, dass sehr viele ihrer Kunden noch nach Jahren mit einer ausgeschnittenen Anzeige oder einem Werbebrief ins Geschäft kommen und nach dem damals beworbenen Angebot fragen). Seit das Baby auf der Welt ist, bekommen wir gezielt immer wieder Werbebriefe von den verschiedensten Anbietern für Babyutensilien. Und ich übertreibe nicht, wenn ich sage, dass ich auch jetzt noch jede Woche mindestens zwei bis drei Antwortkarten aus diesen Werbebriefen zur Post bringe, in denen wir **„gratis und unverbindlich** um die Zusendung weiterer Informationen oder eines Prospektes" bitten. Und natürlich sind wir bei einigen dieser Firmen auch bereits Kunde geworden.

Sie sehen also: Werbung – zur richtigen Zeit am richtigen Ort – funktioniert! Und gerade das Direct-Mailing trifft Ihre Kunden genau zu jener Zeit, in der gerade Ihr Produkt am dringendsten benötigt wird. Was bedeutet das nun für die Konzeption und die Wirkung Ihres Direct-Mailing-Werbebriefs?

Man weiß, dass zwar ca. 50 bis 70 Prozent aller Mailings innerhalb von 20 Sekunden in den Papierkorb wandern, es wurde aber nachgewiesen, dass über 90 Prozent aller Werbebriefe geöffnet werden. Das heißt nun wiederum nichts anderes, als dass der Leser auf alle Fälle gern wissen möchte, was man ihm da per Post ins Haus schickt. Wie Sie bereits wissen, ist der Mensch immer auf der Suche nach seinem Vorteil – nach einem Schnäppchen, nach leichter Beute. Und jeder Mensch ist von Natur aus neugierig. Ein geschlossener Brief übt daher einen enormen Reiz auf uns aus. Unterbewusst hat der potenzielle Leser nämlich panische Angst, etwas zu verpassen. Vielleicht einen Vorteil, der das Leben einfacher, leichter, schöner, behaglicher macht? Wie auch immer, wenn nun unser Leser beim kurzen Überfliegen des Briefes einen Vorteil für sich, seine Familie oder seine Firma entdeckt, dann wird dieser Brief vom Reißwolf oder dem Papierkorb vorerst verschont bleiben. Der Brief wird zur Seite gelegt, um Ihn noch einmal einer genaueren Prüfung zu unterziehen. Und wenn auch beim zweiten und dritten Blick ein Vorteil zu erkennen ist, dann wird der Brief genau und eingehend studiert. Stimmen Angebot, Preis und Service, dann könnte ich zum Kunden werden und meine Bestell- oder Antwortkarte absenden. Denn Werbung führt nur dann zu einem Kauf oder zu einer Reaktion, wenn ein Bedarf beim Kunden vorhanden ist – oder die Werbung es versteht, einen Bedarf zu wecken.

Speziell bei teuren Produkten oder Dienstleistungen wird vonseiten der Interessenten oft sehr lange im Voraus geplant und auch Werbung gesammelt. Denken Sie nur an das Lebenswerk Hausbau. Bereits Jahre vor dem eigentlichen Bau wird über die Finanzierung, Planung und Einrichtung nachgedacht und Informationen werden eingeholt. Also erwarten Sie nicht zu viel von Ihrer Mailing-

Aussendung. Die Erfahrung zeigt, dass der Response (also die Reaktion auf ihre Aussendung) nur bei durchschnittlich ein bis zehn Prozent liegt. Wenn Sie 1.000 Briefe versenden, bekommen Sie also durchschnittlich nur zehn bis hundert Reaktionen. Eine Kaufentscheidung kann daher eine Zeit auf sich warten lassen. Erwarten Sie keine Wunder – die gibt es nicht. Aber denken Sie auch nicht, dass, nur weil Sie keine Werbebriefe lesen, es auch kein anderer macht.

Kurz gesagt: Haben Sie keine Scheu vor Werbebriefen. Direct-Mailings sind sehr erfolgreich und werden noch weiter an Bedeutung gewinnen, weil die gewünschte Zielgruppe effizienter erreicht wird als mit jeder anderen Form von Werbung. Der Direct-Mailing-Brief kann Ihr bester (und billigster) Verkäufer werden, weil er für Kleinbetriebe eine Low-Budget-Waffe ersten Ranges ist.

Low-Budget Die Bewerbung von bereits bestehenden Kunden ist um ein Vielfaches erfolgreicher als das Anschreiben neuer „unbekannter" Kunden. Der Kunde kennt Sie und Ihre Geschäftspolitik. Er hat keine Schwellenangst – ein neuerlicher Kauf ist daher kein großes Risiko. Ihre erste Aussendung sollte daher an die eigenen Kunden gesandt werden. Aktivieren und motivieren Sie Ihre Kunden. Machen Sie in ihrem Brief ein attraktives Angebot und die Kunden werden reagieren. Auf der folgenden Seite habe ich einen sehr einfachen Werbebrief eines Optikers abgedruckt. Einer meiner Seminarteilnehmer hat sich gleich am Tag nach dem Seminar an die Arbeit gemacht hat und einen Werbebrief für eine Kontaktlinsenflüssigkeit zusammengestellt. Der Erfolg dieses Briefes (dem ein kleines Probefläschchen der Flüssigkeit beigelegt war) war beeindruckend: Sensationelle 15 Prozent der Angeschriebenen haben gekauft!

Erfolgreicher „Do-it-yourself-Brief":

Manchmal habe ich Musterschüler als Seminarteilnehmer. Bereits zwei Wochen nach dem Seminar konnte dieser Optiker 15 Prozent Rücklauf auf sein Mailing verzeichnen. Toller Erfolg mit einem „einfachen" Brief.

·················· KONTAKTLINSEN

**N
E
W
S**

«Vorname» «Nachname»
«Adresse»
«Postleitzahl» «Ort»

OPTIK
HÖRGERÄTE
KONTAKTLINSEN

APPL.Einfach besser!

Bad Hall, Hauptplatz 20, Tel. 07258/2508-0
Kremsmünster, Marktplatz 29, Tel. 07583/7001

KEINE

ROTEN AUGEN

MEHR!

Zu dieser Jahreszeit –leider- wieder häufiger zu sehen – gerötete Augen bei Kontaktlinsenträgern. Woher kommt das, und was kann man (frau) dagegen unternehmen?

Gerötete Augen sind meist eine Folge von zu wenig Tränenflüssigkeit, wodurch die Kontaktlinse zu kratzen beginnt und die Augen gereizt werden.

Gerötete Augen sind ein Alarmzeichen und dürfen nicht ignoriert werden. Die einfachste und schnellste Hilfe bieten Nachbenetzungs-Tropfen.
Sobald Sie merken, daß Ihre Kontaktlinsen zu kratzen anfangen, sollten Sie diese Tropfen anwenden.

> Hier Ihr Probefläschchen
> **Nachbenetzungs-Tropfen**
>
> Anwendung: je 1Tropfen während des Tragens auf die
> Kontaktlinsen geben.

**N
E
U**

Oder Sie verwenden die **NEUE KONTAKTLINSE** aus der Schweiz.

Mit dieser weichen Kontaktlinse erleben Sie ein völlig neues Tragegefühl.
Durch ein neues Kontaktlinsen-Material, welches viel mehr Tränenflüssigkeit bindet, werden „gerötete Augen" zur Seltenheit.
Auch das Sehen wir verbessert, durch das neue asphärische Linsendesign.
Erhältlich ist dieses „Wunder" als herkömmliche Jahres-Kontaktlinse, sowie als **MONATS-Tauschlinse.**
Interessiert? – dann kommen Sie in unser Geschäft und erleben Sie diese neue Kontaktlinse.

Mit freundlichen Grüßen

Appl Hubert
Optikermeister, Konaktlinsenoptiker

PS: Testen Sie die neuen Kontaktlinsen in unserem Geschäft vom 21. Feb. bis 04. März.
Probelinsen liegen für Sie bereit, selbstverständlich **GRATIS** und **UNVERBINDLICH.**

Ich selbst konnte den Response meiner Direct-Mailings von ca. fünf auf bis zu 20 Prozent steigern – nur weil ich das Mailing von Aussendung zu Aussendung immer wieder verbessert habe.

Totalflops, vor allem bei einer geringen Zahl von Aussendungen, dürfen Sie aber nicht abschrecken. Die kommen auch bei mir immer wieder mal vor.

Gerade beim Direct-Mailing gilt es jedoch (mehr als bei allen anderen Werbemitteln) einige grundlegende Regeln zu beachten, wenn man unter den erfolgreichen Werbern sein möchte:

Die wichtigsten Punkte der Low-Budget-Direct-Mailing-Werbung (Teil 1)

Die Konzeption eines Werbebriefs

Worauf Sie beim Erstellen eines Mailingbriefs achten sollten.

1. Die persönliche Ansprache des Empfängers

→ Je persönlicher und genauer ich meinen Brief auf die Zielgruppe abstimme und auf den Punkt komme, desto besser und erfolgreicher wird meine Aktion sein.

→ Sie schreiben an keine Firma, an keine anonyme Adresse, sondern an einen Menschen mit Bedürfnissen. Fragen Sie sich: Was könnte z.B. eine Familie für Probleme haben, die ich als Tischler oder Schuster zu lösen imstande bin?

→ Die homogene Auswahl der Adressen ist sehr wichtig, z.B. nur Gastwirte, nur Computerfachleute, nur Männer usw. Dadurch können Sie die Bedürfnisse dieser Personengruppe im Brief viel genauer berücksichtigen.

→ Vermeiden Sie allgemeinen Floskeln. Werben Sie schon im ersten Brief effizient und berichten Sie über Ihre Angebote – möglichst persönlich und möglichst konkret und möglichst mit einem Vorteil für den Kunden. Also nicht einfach nur „Ich freue mich, die Eröffnung meines Frisiersalons bekanntgeben zu dürfen", sondern bieten Sie Ihrem Kunden einen echten Grund an, zu Ihrer Eröffnung zu kommen: Attraktionen/Gewinnspiele/ Eröffnungsangebote.

→ Stammkunden (aus Ihrer Kartei) lesen und beantworten Ihren Brief bis zu zehn Mal häufiger als unbekannte Empfänger.

2. Die drei Teile, die unbedingt in einer Werbeaussendung enthalten sein müssen

→ Als Erstes natürlich – der Brief!
Wichtig: Ein Brief muss wie ein Brief aussehen, also keine Experimente mit ungewöhnlichen Schriften etc. Auch kein Blocksatz, Flattersatz oder sonstige „kreativen" Einfälle. Aber durchaus mit Fotos oder Grafiken.

→ Eine Antwortkarte.
Ein Mailing ohne Antwortkarte ist nur die Hälfte wert. Der Leser muss zu einer Reaktion veranlasst werden. Nicht jeder ruft gleich bei Ihnen an. Die Hemmschwelle, eine Karte abzusenden, ist bedeutend geringer als ein Telefonat zu führen. Als Alternative zur Antwortkarte bietet sich ein Faxantwortblatt an, allerdings nur in Mailings an Unternehmer, Geschäftsleute oder Personenkreise, bei denen das Fax bereits zur Standardausstattung gehört. Wenn Sie bereits Internet-Anschluß haben, dann ist natürlich auch die Antwort per E-Mail ideal.

→ Ein Kuvert mit persönlicher Anschrift: Achten Sie darauf, den Name immer richtig zu schreiben!

  → Wenn Sie an Firmen schreiben, geben Sie immer die Abteilung an („z. H. Geschäftsleitung", „z. H. Rechtsabteilung").

  → Wenn Sie Ihren Brief als Massensendung versenden, dann **muss** der Zusatz „Postgebühr bar bezahlt" oder „P.b.b." auf dem Kuvert erscheinen.

  → Eine Massensendung beginnt meist bei einer Stückzahl von ca. 300 Briefen. Genaueres erfahren Sie auf Ihrem Postamt.

  → Bei kleineren Briefstückzahlen macht sich eine Briefmarke anstelle von „Postgebühr bar bezahlt" besser. Die Arbeit des Frankierens zahlt sich fast immer aus, da das Aufkleben einer Briefmarke untypisch für ein Mailing ist und daher nicht mit einem Werbebrief, sondern mit einem „wichtigen" Brief gleichgesetzt wird. Die Kosten für Porto sind jedoch mindestens doppelt so hoch wie bei einer Massensendung.

Low-Budget Wenn schon Briefmarken, dann besser eine oder auch gleich mehrere schöne, bunte Sonderpostmarken anstatt einer normalen Briefmarke. Die Auffälligkeit steigt noch einmal im Vergleich zu einer herkömmlichen „einfachen" Briefmarke. Die Kosten bleiben aber gleich.
Beginnen Sie bereits auf dem Kuvert mit Ihren Werbeaussagen. Slogan, Logo oder auch Ihre Hauptaussage oder der Hauptvorteil Ihres Schreibens wecken die Aufmerksamkeit.

3. Die Teile, die in einer Werbeaussendung enthalten sein können

→ Ein Prospekt oder eine zusätzliche Information.
   Hier gilt es zu überlegen: Der Kunde soll sich bei Ihnen melden und Infos
   anfordern. Wenn Sie ihm aber den Prospekt gleich schicken – was soll er
   dann noch bei Ihnen anfordern? Also: Wenn Sie nur einen Prospekt haben,
   in dem Ihr Unternehmen vorgestellt wird, dann senden Sie ihn nicht gleich
   mit! Haben Sie mehrere Prospekte, die Ihre Zielgruppe über verschiedene
   Spezialgebiete informieren, dann kann auch beim ersten Mailing ein Probe-
   prospekt mitgesandt werden. Denn dann ist sichergestellt, dass unser Interessent auch weitere Infos abrufen kann und damit zu einem „nächsten
   Schritt" animiert werden kann. Er soll schließlich reagieren!
→ Ein 3-D-Eyecatcher!
   Das Probefläschchen Kontaktlinsenflüssigkeit unseres Optikers ist das beste
   Beispiel für solch einen Eyecatcher. Das muss nicht, kann aber sein. Eine
   dem Brief beigelegte und zur Dienstleistung passende Kleinigkeit (**auf keinen Fall** wertvolle Beigaben!) soll Aufmerksamkeit erregen und zum Weiterlesen animieren (z.B. die Beilage eines Teebeutels mit Beruhigungstee,
   wenn Ihre Dienstleistung dem Kunden Arbeit und Stress abnimmt). Die
   Beilage soll nicht Selbstzweck sein, sondern in Bezug zu Ihrem Produkt, Ihrer Dienstleistung oder auch der Jahreszeit stehen. Wie wäre es zur Karne-
   valszeit mit etwas buntem Konfetti in jedem Brief – damit zaubern Sie ein
   Lächeln auf das Gesicht Ihres Kunden.

4. Ein klarer Vorteil muss auf den ersten Blick ersichtlich sein!

→ Bieten Sie nie mehr als einen Hauptvorteil/ein Produkt/eine Lösung pro
   Brief an. Der Leser ist sonst überfordert. Stellen Sie aber auf alle Fälle diesen
   einen Vorteil konsequent und groß heraus.
→ Kein Mensch wartet auf Ihren Werbebrief. Machen Sie sich nichts vor –
   Werbebriefe sind der unwichtigste Lesestoff für Ihre Zielgruppe. Darum
   muss alles unternommen werden, um den potenziellen Kunden überhaupt
   zum Lesen unseres Briefes zu bewegen und ihn dann möglichst lange bei
   der Stange zu halten. Das gelingt nur, indem er innerhalb der wenigen Se-
   kunden, in denen er den Brief zum ersten Mal überfliegt, bereits einen – seinen – Vorteil entdeckt.
→ Normalerweise ist die Antwortquote bei Mailings ca. ein bis drei Prozent.
   Bei Briefen an bestehende Kunden liegt sie aber um ein Vielfaches höher.
   Also nutzen Sie Ihre Adresskartei! Sie wissen doch am besten, was Ihre
   Kunden gern haben und welcher Vorteil am besten zieht?!

5. Keine zu großen Schritte vom Leser erwarten

Nicht sofort einen Kauf oder Vertragsabschluss anpeilen. Das funktioniert nur bei günstigen Produkten. Gerade bei Investitionsgütern oder Luxusgütern ist eine Rückantwort mit der Bitte um Zusendung von Prospektmaterial oder dem Besuch eines Beraters bereits als Erfolg zu werten. Kein Mensch würde z.B. nur auf Grund eines Briefes eine Luxuslimousinen kaufen. Lassen Sie dem Leser aber die Wahlmöglichkeit. Schreiben Sie daher im Werbebrief nicht nur: „Rufen Sie an und vereinbaren Sie ein „unverbindliches Beratungsgespräch", sondern schreiben Sie auch: „Senden Sie mir gratis und unverbindlich weiteres Prospektmaterial."

Sagen Sie Ihrem Leser, was Sie als nächsten Schritt von Ihm erwarten – **klar und deutlich**!

→ Schicken Sie uns die beiliegende Antwortkarte!
→ Rufen Sie an!
→ Senden Sie uns gleich heute den ausgefüllten Bestellschein und Sie gewinnen …
→ etc.

Keine falsche Schüchternheit – der Leser muss wissen, was von ihm erwartet wird.

6. Ein guter Werbebrief ist wie ein gutes Verkaufsgespräch

→ Beginnen Sie Ihren Brief immer mit dem Wesentlichen. Stellen Sie ein überzeugendes Argument oder eine Problemlösung an den Anfang.
→ Vergeuden Sie keine Zeit – kommen Sie auf den Punkt. Und versuchen Sie nicht, Ihren Werbebrief als Privatbrief zu tarnen. Das wird Ihnen kein Leser durchgehen lassen.
→ Wiederholen Sie Ihre besten Argumente mehrmals und heben Sie die wichtigsten Passagen hervor.
→ Sie wissen, dass Ihr Kunde ein Problem hat – beschreiben Sie es in der Headline und in den ersten Briefzeilen und bieten Sie die Lösung im restlichen Brief an.
z.B.: **Sie haben Übergewicht?** – Mit unserem Diätplan verlieren Sie 10 kg in einer Woche.
z.B.: **Sie haben rote Augen?** – Nie wieder rote Augen mit unserer Kontaktlinsenflüssigkeit!
→ Innerhalb von 20 Sekunden entscheidet sich, ob ein Brief gelesen wird oder in den Papierkorb wandert. Innerhalb dieser kurzen Zeit muss der Leser einen Vorteil entdecken. Dann erst wird weitergelesen. „Wollen Sie einen

Monat **gratis** Zeitung lesen?" ist so ein klarer Vorteil – „Wollen Sie weniger Steuern zahlen?" ein anderer.

7. Das große JA! auf der Antwortkarte ist unser Ziel

→ Am Ende eines jeden Verkaufsgesprächs soll der Kunde „Ja" zu uns und unserem Produkt sagen: „Ja, Sie haben mich überzeugt – ich kaufe!" Viele kleine Zustimmungen während des Verkaufsgesprächs ergeben am Ende ein großes „Ja". Genau das Gleiche passiert bei einem Werbebrief. Alle Argumente, die der Kunde während des Lesens bejaht, führen uns näher zu unserem Ziel – das große „Ja" am Ende des Briefes – „Ja, Sie haben mich überzeugt!" Darum ist es wichtig, schon in der Überschrift Interesse zu wecken bzw. hier schon das erste „Ja" unseres Lesers zu holen. Die Summe aller „Jas" ergibt eine zurückgesandte Antwortkarte, eine **Reaktion**. Kompliziert? Nun gut, nehmen wir das Beispiel eines Softwareherstellers, der eine Software zur Arbeitserleichterung speziell für Rechtsanwälte entwickelt hat. Da er seine Zielgruppe kennt, weiß er, dass sie meist unter enormem Zeitdruck stehen. Er könnte also schreiben: „Stress, Herr Rechtsanwalt?" Da kann der gestresste Anwalt gar nicht anders, als innerlich JA zu sagen. Und so muss nun unser Leser jeden Satz mit „Ja" beantworten, damit am Ende des Briefes die Reaktion – das große „Ja" – folgen kann. Und dieses große „Ja" wäre im Falle unseres Anwalts die Terminvereinbarung mit dem Softwareentwickler oder zumindest: „Ja, informieren Sie mich gratis und unverbindlich über Ihr Produkt!"

→ Der Text eines Werbebriefs muss daher alle stummen Fragen des Lesers mit „Ja" beantworten (z.B. „Sie waren schon lange nicht mehr in meinem Frisiersalon" – „Ja"; „Haben Sie sich schon mit dem Einstieg ins Internet beschäftigt?" – „Ja"; „Wollen Sie in diesem Jahr noch Steuern sparen?" – „Ja!").

→ Jedes gefundene „Ja" wirkt als Verstärker der Reaktionsbereitschaft, jedes gefundene „Nein" wirkt als Dämpfer. Wenn am Ende eines Briefes die „Jas" überwiegen, erfolgt die **Reaktion**. Die Antwortkarte wird abgeschickt, der Bestellschein ausgefüllt oder ein Beratungstermin vereinbart.

8. Der Werbebrief muss dem angeborenen Blickverlauf folgen

→ Zuerst wird der eigene Name auf dem Kuvert oder dem Brief gesucht (Bin ich mit diesem Brief gemeint?).

→ Danach werden Bilder und Zeichnungen betrachtet. Bilder erhöhen die Aufmerksamkeit. Verwenden Sie jedoch nur Bilder, die gleichzeitig einen

Vorteil transportieren und auch sofort verstanden werden. Wichtig: Bildunterschriften nicht vergessen!

→ Anschließend sucht unser Auge nach bildähnlichen Elementen (Unterschrift, Logo, Headlines etc.).

→ Die wichtigsten unterstrichenen Passagen werden zuerst gelesen!

→ Unterschreiben Sie Ihren Werbebrief (wenn von der Auflage her möglich) persönlich und mit blauer Tinte oder blauem Kugelschreiber. Wenn die Auflage zu hoch ist, sollte der Eindruck der Unterschrift in Blau erfolgen.

→ Der Name unter der Unterschrift sollte auch gleich mit der nötigen Durchwahlnummer versehen sein. Der angegebene Mitarbeiter sollte auch kompetent sein, Anfragen zu beantworten. Nichts ist frustrierender für einen Interessenten, der auf einen Werbebrief reagiert, als sich durch eine Firma durchfragen zu müssen und von niemandem Auskunft zu bekommen, nur weil niemand über die Mailing-Aktion informiert wurde.

9. Immer ein Postskriptum (PS.)

In jedem Werbebrief sollte ein PS. vorhanden sein. Hier müssen noch einmal die wichtigsten Vorteile, die im Brief genannt wurden, aufscheinen. Das PS. ist nachweislich eine der ersten Textpassagen, die gelesen wird.

10. Die Antwortkarte immer beilegen

→ Der Kunde muss reagieren!

→ Anstelle von Antwortkarte kann auch ein Faxantwortblatt beigelegt werden.

→ Unternehmen Sie alles, um das Antworten so einfach wie möglich zu gestalten. Daher: „Wenn keine Marke zur Hand: Postgebühr zahlt Empfänger."

→ Schreiben Sie auf Ihre Antwortkarte groß und deutlich: **Antwortkarte** oder **Bestellkarte**.

→ Eine Idee: Gestalten Sie Ihren Brief überhaupt als Fragebogen. Was wollen meine Gäste/Kunden von mir – was kann ich für meine Gäste/Kunden besser machen? Der Rücklauf solcher Fragebögen ist erstaunlich hoch und übertrifft sogar manchen normalen Werbebrief. Der Vorteil liegt auf der Hand: Einerseits betreiben Sie damit Marktforschung in eigener Sache, andererseits zeugen die Antworten von Interesse. Ein Versuch lohnt sich. Vor allem mit Ihrem vorhandenen Adressenmaterial.

11. Ihr größtes Kapital – Ihre Adressenkartei

→ Die besten Adressen sind eigene Kundenadressen. Sollten Sie Adressen, etwa von einem Adressenverlag zukaufen, dann versuchen Sie alles, um aus
dieser großen und anonymen Masse die wenigen wirklichen Interessenten
bzw. Kunden herauszufiltern. Am besten gelingt dies durch wirklich tolle
Angebote oder auch kleine Gewinnspiele. Diese Adressen (auch wenn es
noch nicht alles Kunden sind) sind dann Ihr Kapital.

→ Stammkunden und Interessenten rechnen mit Post von Ihnen! Also keine
Scheu vor neuen Zusendungen. Ein „Zu-oft" gibt es da kaum. Denken Sie
nur an die vielen Zusendungen, die Sie von den Versandhäusern erhalten.
Versehen Sie die Werbebriefe immer mit aktuellen Angeboten oder Aktionen (nie die Antwortkarte vergessen!).

→ In Ihrer Kartei sollten möglichst alle potenziellen Kunden enthalten sein.
Ein einfaches Beispiel: Sie haben ein Spezialgeschäft für Vegetarier. Dann
sollten in Ihrer Adresskartei idealerweise möglichst alle Vegetarier und Ve-
ganer Ihrer Umgebung vertreten sein.

→ Sie haben kein Geld für einen eigenen Vertreter? Kein Problem: Untersuchungen haben ergeben, das bereits zehn Mailing-Briefe einem persönlichen
Gespräch durch einen Vertreter gleichzusetzen sind. Der Unterschied? Ein
Vertreterbesuch kostet Sie ca. 100 bis 250 Euro – ein Werbebrief aber nur
ca. ein bis drei Euro.

Direct-Mailing und Antwortkarte:

Der ideale Blickverlauf in Werbebriefen

a) Es muss versucht werden, durch richtige Gestaltung des Briefes den Blickverlauf positiv zu beeinflussen. Der Leser soll den Brief idealerweise mehrmals mit den Augen „überfliegen". Damit wird die Chance größer, dass er einen Vorteil sieht.

b) Unleserliche Unterschrift, das Fehlen von Absätzen, Unterstreichungen und dem PS. sowie die Textgestaltung in Blocksatz führen zum Ausstieg aus dem Brief

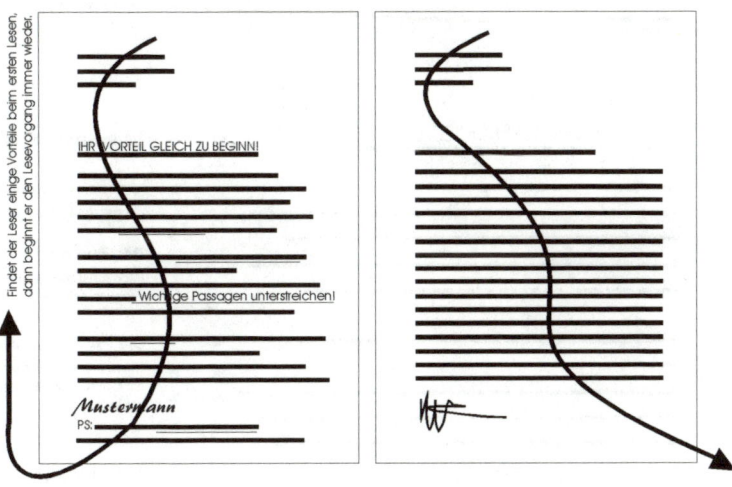

Das „Package" – der Inhalt des Kuverts

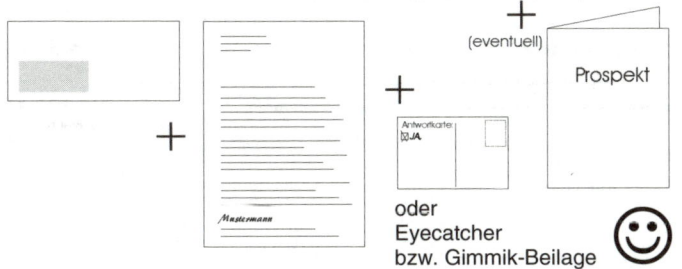

Der Aufbau eines Werbebriefs:

Ein Brief muss die folgenden Teile beinhalten (zusätzliche sind möglich). Wird ein Teil weggelassen, ist der Brief möglicherweise weniger effizienz.

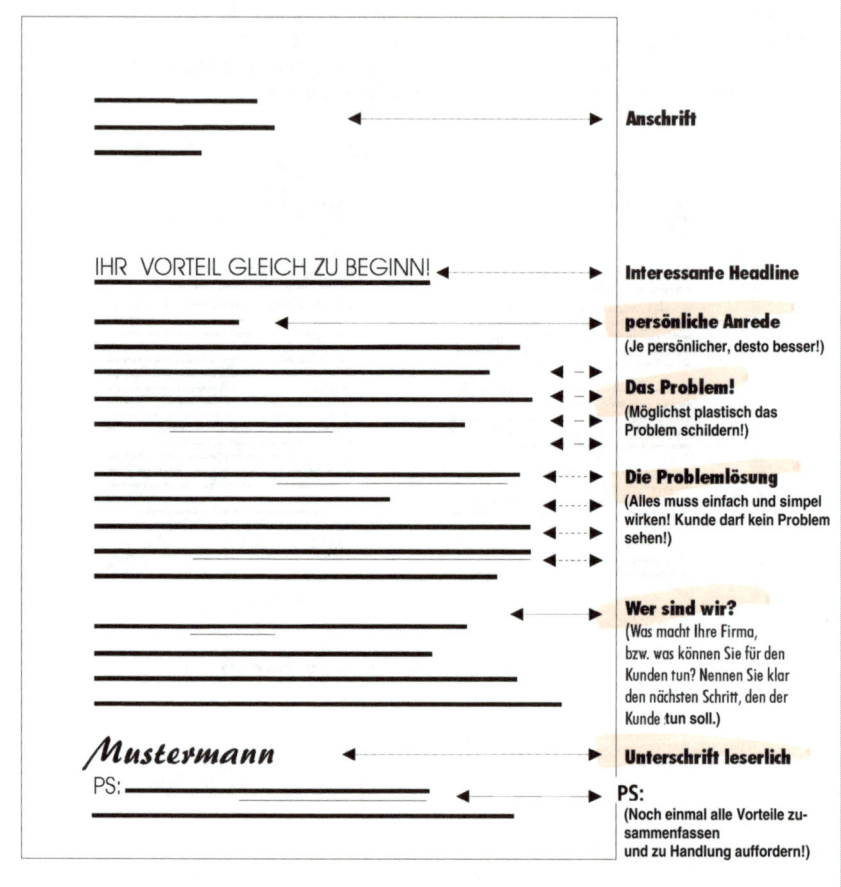

Auch auf dem Kuvert kann schon Interesse geweckt werden:

Wenn Sie schon „Postgebühr bar bezahlt" aufdrucken müssen, warum dann nicht gleich einige zusätzliche Worte, die schon beim geschlossenen Kuvert Interesse erwecken und zum Öffnen animieren.

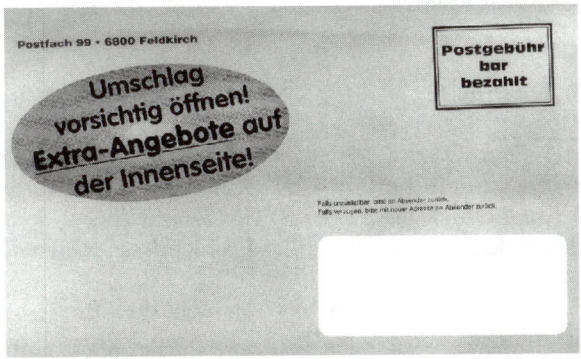

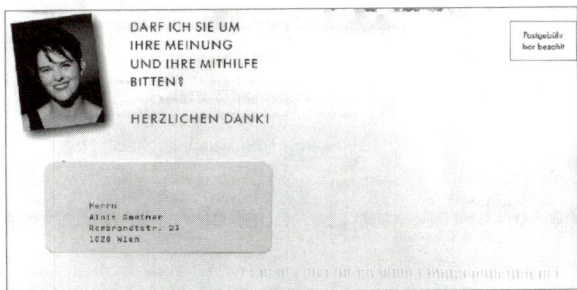

Die wichtigsten Punkte der Low-Budget-Direct-Mailing-Werbung (Teil 2)

Das Texten eines Werbebriefs

1. Persönliche Ansprache

→ „Sehr geehrter Herr Doktor Maier" – „Lieber Metzger Brunnberger", so sollten Ihre Werbebriefe beginnen. Je persönlicher die Ansprache, desto größer der Erfolg. Durch die moderne Textverarbeitungssoftware sind personalisierte Briefe kaum mehr ein großes Problem – speziell bei kleinen Auflagen.

→ Wollen Sie aber höhere Auflagen bzw. werden Ihre Briefe gedruckt oder kopiert, dann sollte die Ansprache Ihrer Zielgruppe dennoch möglichst persönlich sein.

> → Zum Beispiel: Sehr geehrter Unternehmer
> → Liebe junge Mutter
> → Lieber in letzter Zeit arg gestresster Tischlermeister
> → etc.

2. Die Headline soll bereits das „Ja" oder einen knallharten Vorteil bringen

Formulierungen in Überschriften sollen griffig, eingängig und prägnant sein und dürfen durchaus auch einen Schuss Ironie enthalten. Geben Sie aber in der Headline nicht alles preis – der Leser soll ja möglichst den ganzen Brief lesen und nicht bereits am Beginn aller Spannung beraubt werden. Also besser: „Ich bringe Ihnen Image – Umsatz – bares Geld!" als bereits zu Beginn: „Gratis Werbekonzept vom Werbefachmann". Einige Beispiele:

→ „Wäre ein Urlaub ohne Probleme nicht toll?" (Reisebüro)
→ „Abschreiben war nur in der Schule verboten!" (Steuerberater)
→ „Keine roten Augen mehr." (Optiker)
→ „Das erste Beratungsgespräch ist **gratis**, aber nicht umsonst." (Handwerker, Know-how-Branchen)
→ „Wofür anderswo viel bezahlt wird, ist bei uns noch **gratis**!" (Gratis-Anfahrtszeit bei Handwerkern)

3. Kurz oder lang?

→ Egal ob Headline oder Brieftext – soll der Text lang oder kurz sein? Die Meinungen gehen hier auseinander. Die Auftraggeber von Werbebriefen wollen immer nur eines: „Auf keinen Fall länger als eine halbe Seite Text – das liest doch sonst kein Mensch." Die Fachleute sagen zu diesem Thema Folgendes: „Egal ob kurz oder lang – wenn der Brief gut geschrieben ist und alle Vorteile klar erkennbar sind, ist es ein guter Brief." Wenn Sie also etwas Interessantes über Ihre Dienstleistung oder Ihr Produkt zu sagen haben, dann schreiben Sie ruhig drei Seiten. Wollen Sie bestehende Kunden aber nur auf eine Ausverkaufswoche hinweisen, genügen sicherlich wenige Zeilen. Erfolgreiche Beispiele (Briefe von einer bis zu 20 Seiten) gibt es für beide Varianten jeweils zur Genüge.

→ Zu kurze Briefe erregen eher den Eindruck einer Stichwortsammlung.

→ Zu lange Briefe laufen Gefahr, langatmig und öde zu wirken und darüber hinaus zu viele Themen anzusprechen – die Verwirrung des Lesers ist damit vorprogrammiert.

4. Sätze so kurz wie möglich

→ Was bei der Länge des Gesamtbriefs meistens noch eine Frage des Geschmacks ist, das ist bei der Länge von einzelnen Sätzen bereits ein unumstößliches Werbegesetz:

 Kurze Sätze – einfacher Satzbau – klare Aussage!

→ In einem Werbebrief ist kein Platz für philosophische Abhandlungen.

→ Absätze sollten nicht länger als sieben Zeilen sein.

5. Die KISS-Methode

→ „Keep it simple and stupid." Schreiben Sie nur nicht zu kompliziert. Sie schreiben schließlich kein medizinisches Fachbuch. Jedes Fremdwort wirkt wie ein Dämpfer und hindert am eigentlich Wichtigen – am Entdecken der Vorteile.

→ Verkaufen Sie aber dennoch Ihre Zielgruppe nicht für dumm. Lassen Sie Ihre Überlegenheit nicht heraushängen. Der Brieftext ist ein Dialog mit einem gleichberechtigten Partner.

6. Die I.I.A.-Methode

→ **Interessieren** =   Durch interessante Headline, provokante Frage-
                         stellung zu Beginn oder auch ein aussagekräftiges
                         Vorher-Nachher-Foto.

→ **Informieren** =   Legen Sie Ihre besten Argumente dar und erklären
                         Sie Ihre Vorteile.

→ **Aktivieren** =   Sagen Sie dem Leser, was von ihm erwartet wird.
                         Tun Sie dies in eindeutiger Sprache: „Rufen Sie uns
                         an"; „Senden Sie uns die beiliegende Antwortkarte."

7. Logischer Aufbau des Briefes

→ Einleitung – Problembewusstsein wecken.
  Sie müssen Ihre Leser auf Ihr Thema einstimmen, sie sensibilisieren. Erzäh-
  len Sie eine kurze Geschichte aus Ihrem täglichen Geschäftsalltag. „Letzte
  Woche kam eine Kundin in mein Geschäft. Sie hatte ein großes Prob-
  lem …" Sofort ist man mitten in der Geschichte, mit Ihrem Produkt als
  Hauptdarsteller. Oder beginnen Sie mit einer Frage: „Wussten Sie, dass …";
  „Was wäre, wenn …"; „Würden Sie gerne ..."; „Haben Sie schon ein-
  mal …";

→ Nach dem Aufzeigen des Problems die Problemlösung anbieten!
  Hier bieten Sie sich und Ihre Dienstleistung als ideale Problemlöser an.
  Vermeiden Sie Superlative, vermeiden Sie Übertreibungen, vermeiden Sie
  Eigenlob. Das wird nicht goutiert. Im Gegenteil – Sie werden unglaubwür-
  dig!
  Nach der Headline könnte der Brief auch folgendermaßen beginnen:
  „Es ist doch so …"; „Kaum jemand weiß es …"; „Das sollten Sie lesen …";

→ Lassen Sie bei mehr als einer Seite Brieftext jede Seite mitten im Satz enden.
  Das erhöht die Wahrscheinlichkeit, dass der Leser auch die zweite Seite zu
  lesen beginnt. Ein Punkt am Ende einer Seite stoppt den Lesefluss.

→ Geben Sie einen deutlicher Hinweis auf die erwartete Reaktion:
  Der Leser muss reagieren – er muss wissen, was er als nächsten Schritt zu
  tun hat. Sagen Sie also, was Sie von ihm erwarten, und scheuen Sie nicht vor
  drastischen Formulierungen zurück: „Rufen Sie an – Jetzt!"; „Schicken Sie
  noch heute die Antwortkarte zurück!" Zeitbeschränkungen sind oft ein Anreiz für eine sofortige Reaktion. Der Leser hat Angst, etwas zu verpassen.
  „Nur bis zum 31. 12."; „Info-Aktion bis 31. 12."

8. Die Direct-Mailing-Zauberworte

→ Die wichtigsten Worte sind **„gratis"** und **„unverbindlich"**! Jeder Leser hat Angst davor, sofort einen endgültigen Schritt zu tätigen bzw. sofort etwas Verbindliches zu tun. Daher: „Informieren Sie sich **gratis und unverbindlich!"**

→ Weitere Zauberworte, die noch nie ihre Wirkung verfehlt haben:
NEU – SIE SPAREN – GELD – ENTDECKEN SIE – NEUEINFÜHRUNG – LEICHT – GARANTIERT – VORTEIL – GESUND – RECHT – SICHERHEIT – GEWINN – ZUVERLÄSSIG (Übrigens: Diese Worte funktionieren auch in der klassischen Werbung!)

→ Natürlich gibt es auch **Horrorworte** in der Werbung. Vermeiden Sie also: KAUFEN – KOMPLIZIERT – SCHWIERIG – KOSTEN – SCHLECHT – FEHLER – HAFTUNG – NACHZAHLEN – KRANK und ähnliche Ausdrücke, mit denen man Probleme assoziiert.

9. Die Antwortkarte

In der Antwortkarte werden die Hauptvorteile noch einmal kurz formuliert.

→ „Ja, Ihre praktische Reinigungsidee mit der Zehn-Jahres-Garantie gefällt mir, bitte informieren Sie mich **gratis und unverbindlich**."

→ Vermeiden Sie alles, um den Leser das Absenden der Antwortkarte zu erschweren. Also keine versteckten letzten Haken einbauen. Sätze wie: „… mit Ihrer Unterschrift verpflichten Sie sich …" sind Killerphrasen, die einen bereits fixen Interessenten wieder abspringen lassen.

→ Auch missverständliche Formulierungen wirken als dramatischer Dämpfer. Der Leser ist verwirrt und lässt auf Grund der Zweideutigkeiten im Text lieber gleich die Finger davon.

→ Dem Kunden muss gesagt werden, was er als nächsten Schritt zu tun hat. Keine Angst vor drastischen Formulierungen: „Rufen Sie an – Gleich jetzt!"; „Kommen Sie vorbei – Gleich morgen."; „Informieren Sie sich – Jetzt ist noch Zeit."

→ Wahlmöglichkeit für verschiedene Reaktionsstufen bieten:
Ja, … bitte um Terminvereinbarung.
Ja, … senden Sie mir mehr Infomaterial.
Nein, … aber melden Sie sich in … Monaten wieder.
Kaum zu glauben, aber auch ein Nein wird auf der Antwortkarte angekreuzt und zurückgesandt.

→ Sie sollten die Antwortkarte immer bereits mit dem fixen freien Feld für die Adresse Ihres Kunden, Ihrer eigenen kompletten Adresse und dem vorgegebenen Feld für das Aufkleben der Briefmarke vordrucken.

→ Die Antwortkarte sollte bestimmte von der Post vorgegebene Formate nicht überschreiten, sonst erhöht sich das Porto. Wenn möglich, die Postkarte auf stärkerem Papier oder auf Karton drucken (der Postkartencharakter erhöht sich dadurch).

Briefeinstiege:

Der Beginn eines Briefes ist am schwierigsten. Sie müssen den Leser interessieren, Sie müssen möglichst sofort auf das Thema oder Problem kommen und sich nicht sofort eine Abfuhr einfangen. Hier einige Beispiele:

WOLLEN SIE IHRE EINKÄUFE WIRKLICH NOCH ALLEINE SCHLEPPEN?!

Lieber Flaschen-Kisten-Kartoffel-Schlepper!

Die "Samstagvormittageinkäufe" sind ja nun wirklich nicht das Erholsamste was man sich an einem Wochenendbeginn vorstellen kann. Parkplatzsuche, Schlange stehen, Bier- oder Mineralwasserkisten schleppen und und und.....

Und dennoch - Einkauf muß sein.
Stimmt schon, aber es geht auch ohne Streß - ANRUF GENÜGT!

TANTE EMMA´s - BRINGSERVICE

GRATIS!

Sie denken doch jetzt sicherlich - GRATIS das gibts doch heute gar nicht mehr!

BEI UNS SCHON!

Denn als Stammkunde unserer Firma gibt´s nicht nur ein mal, sonder exakt 5 x etwas GRATIS! Und zwar unsere

5-PUNKTE JAHRESWAGENÜBERPRÜFUNG
(von 09. bis 31. Jänner 2001)

Wir überprüfen Ihren Wagen   1.) ....
                                          2.) ....

HOLEN SIE SICH IHR <u>GOLD</u> "GRATIS"!

Sie lesen richtig!

Bei uns gibts GOLD!

Warum?
Ganz einfach. Genau vor einem Jahr, haben Sie bei unseine COMPUTER gekauft. Und da dieser Computer in der nächsten Zeit einmal überprüft werden sollte, damit er auch die nächsten Jahre klaglos funktioniert, senden wir ihnen heute diese kleine Erinnerung.

Und wo bleibt das GOLD???
Das kommt jetzt! Denn als Stammkunde haben Sie Anrecht auf unsere

KUNDENVORTEILSKARTE
in GOLD
mit den vielen Vorteilen!

Werbebrief-Beispiel:

Überraschen Sie den Leser mit ungewöhnlichen Neuigkeiten - z.B. dieser Zahl!

An
Franz Unscharf

Brillengasse 6
1010 Wien

EINE GIGANTISCHE ZAHL:

213.462.549.041.400

Kein Lebewesen ist wie das andere. Kein Mensch gleicht einem zweiten. Nicht einmal ein Ei ist bei genauer Betrachtung auch nur annähernd mit einem zweiten zu verwechseln.

Als Optikermeister frage ich mich nun eines bereits seit längerem:
Warum sollte also ausgerechnet das menschliche Auge in nur wenige Kategorien eingeteilt werden können?? Denn genau das versucht uns doch die Werbung der riiiiiesigen Optik-Supermärkte einzureden. Alle Augen sind gleich. Der einzige Unterschied - WEITSICHTIGKEIT oder KURZSICHTIGKEIT.

ABER GENAU DAS IST FALSCH!
Richtig ist vielmehr, daß das menschliche Auge ein hochsensibles und empfindliches Gebilde ist. Und wieviele verschiedene Brillengläser glauben Sie gibt es nun?

Die Wirklichkeit sieht theoretisch folgendermaßen aus:
Es gibt an möglichen Wirkungskombinationen eines Brillenglases (z.B.: Dioptrienstärke, Sphären, Zylinder, Prismen, Additionen etc.) = 29.270.104.960 multipliziert mit den möglichen Ausführungsvarianten (z.B.: Glastypen, Glasmaterialien, Farben, Vergütungen, etc.) = 21.300

DAHER: SUMME DER VERSCHIEDENEN BRILLENGLÄSER: ***213.462.549.041.400***

Eine unglaubliche Zahl - aber sie stimmt. Und jetzt mein Angebot an Sie Hr. Unscharf: kommen Sie mit Ihrer "individuellen" Markenbrille zu mir uns sie erhalten ein
FIRST CLASS BRILLENSERVICE in meinem Fachgeschäft.
(selbstverständlich auch für Brillen die nicht bei uns gekauft wurden!!!!) Das **alles GRATIS** (Mit Ausnahme von Ersatzteile, die wir eventuell für Ihre Brille besorgen müßten!).Und als Danke für Ihre Mühe, haben wir für Sie die exclusive NEMETZ-VORTEILS-KARTE reserviert.
Kommen Sie mit Ihrer Brille bei uns vorbei - gleich morgen!

Mit freundlichen Grüßen:

Optikermeister Nemetz

PS.: Wir reparieren, justieren, kontrollieren Ihre Brille (auch wenn sie nicht bei uns gekauft wurde!!) GRATIS u. UNVERBINDLICH! Ebenfalls GRATIS Augensehtest mit modernsten Geräten. Kommen Sie vorbei oder rufen Sie an: Tel.: ssssssssss

Werbebrief-Beispiel:

Diesen Brief (mit einem beigelegten Paar Socken) wirft niemand in den Papierkorb. Überlegen Sie sich effektvolle Beilagen oder Eyecatcher für Ihren Werbebrief.

An
Max Mustermann
Musterstr. 4
8010 Graz

Zeiringer

HEIZUNG · BAD · SPENGLEREI

FUNKTIONIERT IHRE HEIZUNG KLAGLOS?

**Wenn nicht, dann soll Ihnen unser kleines Geschenk
gute Dienste im nächsten Winter leisten!**

ungefähr hier
waren ein Paar
warme Socken
für Sie befestigt!

Wenn alte Heizkessel nicht richtig funktionieren, können Fehlfunktionen
auftreten, die in einer kalten Winternacht, Wohnungswärme und damit Ihre
Behaglichkeit ganz schnell auf "unter 0" sinken lassen.
Ganz abgesehen von den enormen Heizkosten und der Umweltver-
schmutzung, die die schlechten Brennwerte Ihnen bescheren können.

Jetzt ist die richtigeZeit für eine Heizkesselüberprüfung!

Die günstige Lösung:

Bis 31. März 2000 gibts bei ZEIRINGER eine

komplette Heizkesselüberprüfung
GRATIS u. KOSTENLOS

Und wenn Sie in der Aktionszeit Ihren alten Kessel gegen einen neuen eintauschen,
dann gibt es zusätzlich SUPER-AKTIONS-PREISE für Ihren neuen Kessel.

Rufen Sie an und vereinbaren Sie einen Termin mit einem Techniker.

Mit besonders freundlichen Grüßen:

Heide Zeiringer

PS.: **GRATIS HEIZKESSELÜBERPRÜFUNG** bis 31. März 2000
     + Super-Aktions-Preise für Ihren neuen Heizkessel.
     Rufen Sie an! Tel.: 03532/2562

9 Plakate

Werbung mit Plakaten hat bereits eine lange Tradition. Noch bevor es Anzeigen gab, wurden Ankündigungen und Neuigkeiten über Plakatanschlag „kundgemacht". Und wie damals funktioniert das Plakat auch heute noch und es wird auch in Zeiten des Internet weiterhin prächtig für alle möglichen Produkte, Dienstleistungen und Anliegen werben. Groß, bunt und effizient.

Wie bei allen Werbemitteln gilt es allerdings auch beim Plakat einige Grundregeln zu beherzigen, so man wirkliche Erfolge aus seinem Plakateinsatz erzielen möchte. Denn das Plakat wirkt nicht wie die Anzeige direkt vor dem Auge des Betrachters, sondern erst, wenn man einige Schritte Abstand von diesem Druckwerk nimmt. Und genau hier beginnt die Überlegung bei der Gestaltung eines wirkungsvollen Werbeplakats.

Wie viel Information muss **wie groß** und **wo** am Plakat **platziert** werden, damit sich Erfolg einstellt?

Ganz klar: Durch die Entfernung vom Betrachter müssen die verwendeten Schriften relativ groß und präsent sein, sonst besteht die Gefahr, dass man ab einer gewissen Entfernung das Plakat nicht mehr lesen kann. Auch ist das Plakat ein Medium, das „im Vorübergehen" konsumiert wird. Das Gesehene muss schnell rezipiert, also aufgenommen und verarbeitet werden, um schließlich auch „verstanden" zu werden. Dem Passanten stehen dafür nur wenige Sekunden zur Verfügung. Zu viel Text wäre hier kontraproduktiv. Unter diesem Gesichtspunkt sind auch heute noch viele Plakate falsch gestaltet, enthalten entweder zu viele unterschiedliche Informationen oder aber zu kleine Schriften und Abbildungen. Überhaupt muss das Motto beim Plakat lauten: Weniger ist mehr! Ein Plakat wirkt durch seine Bild- oder Grafikidee und sollte daher nicht zu viele Elemente enthalten, damit sich der volle optische Reiz des Plakates entfalten kann. Denn:

> **!** Zu vieles zu klein präsentiert ist der Tod jedes Plakats!

Klein- und Mittelbetriebe setzen nur vereinzelt und viel zu selten auf die Durchschlagskraft der Plakatwerbung. Dabei ist das Plakat gerade kurz- und mittelfristig ein sehr günstiges Medium. Auch bei diesem Werbemittel sind es wieder die kleineren Städte oder auch Bezirke, die sich ganz besonders für diese Werbeart eignen. Oftmals sind bereits einige Dutzend Plakate völlig ausrei-

chend und enorm werbewirksam, dabei aber weniger teuer als die üblichen Anzeigen in den Stadt- und Bezirksblättern.

Für den Low-Budget-Werber sind natürlich nicht die bekannten Großplakate
interessant und erschwinglich, sondern eher die mittel- bis kleinformatigen Plakatflächen. Am meisten haben es mir persönlich Plakate in der Größe der Kon-
zertankündigungen angetan, die in jeder Stadt zu sehen sind. Diese Größe ist
völlig ausreichend, wenn man in einem kleineren Gebiet Wirkung erzielen
möchte.

Im Folgenden die gängigsten Größen für Plakate:

Die wichtigsten Punkte der Low-Budget-Plakatgestaltung

1. Seien Sie plakativ

→ Dies ist eigentlich der wichtigste Punkt. Denn ein Plakat muss in wenigen
  Augenblicken „funktionieren". Daher sollte das Plakat nur sehr schnell er-
  fassbare Elemente enthalten. Eine Faustregel: Die Headline sollte aus nicht
  mehr als sieben Wörtern bestehen, und auch die Bildidee sollte leicht und
  schnell erfassbar sein.

→ Es muss einen Blickfang geben.
  Egal ob dies ein auffälliges Foto, eine ungewöhnliche Grafik oder ein attraktives Logo ist. Ihr Plakat sollte ein optisches Zentrum bekommen, das
  jeden sofort zum Hinschauen reizt.

2. Je größer das Plakat, desto weniger Text

Großplakate sind für Unmengen Text nicht geeignet.
Der Betrachter ist einfach zu weit entfernt, um einen kleinzeiligen Text zu er-
kennen. Beschränken Sie sich daher auf eine möglichst groß geschriebene
Headline. Verwenden Sie keine dünnen zarten Schriften, sondern bevorzugen
Sie wuchtige Lettern für die Headline.

3. Je kleiner das Plakat, desto mehr Text

Das gilt ganz generell für alle Werbemittel. Je kleiner das Werbemittel, desto
mehr Text wird untergebracht. Die kleinsten Werbemittel sind Wortanzeigen
und die enthalten nur Text. Auch bei Ein-Bogen-Plakaten (z.B. Konzertplakate)

wird mehr Text verwendet. Trotzdem gilt auch hier: Weniger ist mehr. Die Hauptaussage, der Hauptvorteil muss deutlich hervortreten. Wenn Sie eine Veranstaltung ankündigen wollen, dann versuchen Sie ein Schlagwort zu finden, das jeder mit dieser Veranstaltung oder diesem Event verbindet. Lange Sätze und Erklärungen bringen auf einem Plakat rein gar nichts. Headlines aus einem Wort sind dagegen ideal:

→ **Fingerhakeln**
→ **Karaoke-Abend**
→ **Ausverkauft**
→ **Kirchtag**
→ **Dichterlesung**
→ **Pelzrecycling**

4. Ein Plakat ist keine Anzeige

Es sollte daher auch nicht zu viel Text enthalten. Ein Plakat wirkt durch seine Bild- oder Grafikidee. Weniger ist mehr – setzen Sie wenige und vor allem leicht erkennbare Gestaltungselemente ein (Bild, Grafik, Headline, Logo, Adresse, Text oder bestimmte wichtige Daten). Beschränken Sie sich vor allem auf eine einzige **Hauptaussage**.

5. Sie müssen auffallen

→ Auf dem Plakat muss etwas passieren. Daher: keine Alltagsgesichter, möglichst ungewöhnliche Fotos. Wenn ein bildender Künstler präsentiert wird, bilden Sie sein provokantestes oder interessantestes Kunstwerk ab.
→ Einige Unternehmer lassen in der Nähe Ihrer Geschäfte auf lange Zeit angemietete Großplakate kleben, die quasi als Wegweiser dienen. Hier sollte ein deutliches grafisches Element (Pfeil) den Weg bzw. die Richtung zum Geschäft oder Betrieb anzeigen.

6. Denken Sie daran, dass auch wenige Plakate, wenn sie richtig platziert werden, Erfolge bringen

→ Auch nur fünf bis zehn Plakate an besonderen, stark befahrenen Straßen, Ortseinfahrten, Plätzen oder Fußgängerzonen bringen den gewünschten Effekt. Sie dienen vor allem als Wegweiser oder als Ankündigung für bestimmte Aktionen oder Veranstaltungen.

→ Sie können diese „guten" Plätze buchen!
Diese Plakatstellen können Sie bei den Plakatierungsunternehmen buchen, indem Sie einfach die genaue Adresse und Lage Ihres „Wunschplakats" bekannt geben. Mit offenen Augen durch die Stadt zu gehen lohnt sich also. Allerdings sind diese Sonderplätze nur für Großplakate möglich, und die besonders ausgewählten Plakatstellen kosten natürlich mehr. Aber gerade bei wenigen Plakaten zahlt sich dieser Mehraufwand sicher aus.

Low-Budget Großplakatstellen sind meist an sehr guten Frequenzstellen gelegen. Die Flächen sind aber oft mindestens acht bis 24 Bogen groß. Mein Tipp: Um nicht wegen drei oder vier Großplakatstellen, die Sie anmieten, auch ein (teures) Großplakat drucken zu müssen, empfiehlt es sich, auf dieser großen Fläche eben mehrere Ihrer Kleinplakate anzubringen. Noch besser: Sie lassen sich diese zwei oder drei Plakatstellen von einem Grafiker „bemalen" bzw. gestalten. Sozusagen als Unikate.
Bitte beachten Sie, dass 16-Bogen-Plakate in Farbe und in einer Auflage von ca. 100 Stück rund 1.500 bis 2.500 Euro kosten. Ist Ihr Grafiker deutlich unter diesem Richtpreis, dann zahlt sich der Aufwand sicherlich aus. Sie sollten dann allerdings Ihre Plakate auch mindestens zwei bis sechs Monate hängen lassen.

→ Bedenken Sie, dass gute Plakatflächen sehr begehrt sind. Lange Wartezeiten sind daher fast vorprogrammiert. Lassen Sie sich trotzdem auf eine Warteliste setzen. Es lohnt sich.

→ Wichtig: Großplakate werden von Klein- und Mittelunternehmen kaum in Betracht gezogen, weil viele Unternehmer die Druckkosten für unbezahlbar halten. Weit gefehlt! Für ein Acht-Bogen-Plakat Hochformat in Schwarz-Weiß zahlen Sie weniger als 1.000 Euro, für die doppelte Größe, also die normalen 16-Bogen-Großplakate quer, sind kaum mehr als 1.500 Euro zu investieren. Für viele Firmen stellen diese Beträge allerdings das Werbebudget für mehrere Monate dar.

→ Auch die Kosten für die Plakatierung selbst sind weit geringer, als man gemeinhin annimmt. Das Anschlagen eines Konzertplakats kostet ungefähr zwei bis zehn Euro pro Woche. Die Kosten eines Großplakats liegen je nach Größe und Platzierung bei ca. 25 bis 75 Euro für zwei Wochen.
Eine Plakatkampagne ist daher immer zeitbegrenzt auf ca. zwei bis sechs Wochen.

7. Wo können Sie Plakate ankleben lassen?

→ Plakatwände (meist Acht- und 16-Bogen-Größe)
→ Kulturanschlag – speziell für die Ankündigung von Kulturevents. Die Plakate haben meist Halb-, Ein-, oder Zwei-Bogen-Format. Daher ideal für unsere Zwecke.
→ Litfasssäulen
→ Straßenbahn-, Bus-, U-Bahn-Stationen
→ Postämter
→ Telefonhäuschen
→ Bahnhöfe
→ City-Light (die leuchtenden Plakate an besonders ausgesuchten Stellen – allerdings sehr teuer und in bestimmten größeren Städten nur in Netzen ab 50 Stück möglich, in kleineren Städten auch einzeln buchbar).

In jeder größeren Stadt gibt es Büros von Plakatierungsunternehmen. Ein Anruf genügt und es werden Ihnen ausführliche Preislisten und auf Wunsch auch Platzierungslisten mit den Adressen der Plakatstellen zugesandt. Lassen Sie sich über die Möglichkeiten für Ihren Betrieb und Ihr Budget beraten.

8. Lassen Sie sich Ihr Plakat bezahlen

Sollten Sie in Ihrem Betrieb Markenartikel führen, dann fragen Sie Ihren Lieferanten nach einer Kostenbeteiligung für Ihre Plakatkampagne. Sie bilden eines der Produkte des Herstellers ab (oder übernehmen die aktuellen Sujets der laufenden Werbekampagne des Produzenten – eventuell auch mit Logo und Slogan) und im Gegenzug übernimmt der Hersteller einen Teil der Druck- und Plakatierungskosten.

Low-Budget Noch einfacher wäre es, wenn Ihr Großhändler selbst einige Großplakate auf Lager hätte, die er Ihnen zur Verfügung stellen könnte. Gerade die großen Markenartikler bieten Ihren Detailhändlern sehr oft Werbematerial und hin und wieder auch Großplakate an. Sie sparen sich den Druck und müssen nur noch Ihren Firmennamen oder Ihr Firmenlogo eindrucken lassen, bzw. überkleben. Wenn Sie Verhandlungsgeschick haben, dann könnte vielleicht zusätzlich noch eine Kostenbeteiligung herausspringen.

9. Verwenden Sie Ihre Plakate auch im Schaufenster und auf Messen

Je mehr Ihr Plakat „zu sehen ist", desto mehr Werbeefekt können Sie erwarten. Am Beginn der Kampagne könnten Sie z.B. Ihr Schaufenster mit dem Plakat dekorieren, damit die Wiedererkennung der Straßenplakate voll ausgenutzt wird. Das Gleiche gilt für die Gestaltung des Messestands – Wiedererkennung ist ein wesentlicher Wirkungsfaktor.

10. Machen Sie aus Ihrem Plakat ein Poster

Denken Sie an die Werbung von bekannten Textilfilialisten: Die gleichen Sujets, die in den Großplakaten Verwendung finden, werden auch im Postkartenformat nochmals gedruckt. In einigen Filialen werden die Poster sogar verkauft, weil die Nachfrage so groß ist. Eine tolle Werbeidee, die Sie auch für Ihr Geschäft oder Ihre Firma in Erwägung ziehen sollten.

Low-Budget Sie müssen nicht Topmodels in der Südsee fotografieren. Es genügen oft auch ganz einfache (oder auch lustige) grafische Ideen, um ein Plakat attraktiv zu gestalten. So attraktiv, dass es auch als Werbegeschenk fungieren kann.

→ Ein tolles Babyfoto als Plakat (Kindermodengeschäft).
→ Ein lustiges Tierfoto als Poster u. Werbeplakat (Zoohandlung).
→ Eine skurrile Clip-Art-Grafik eines fröhlichen Zechers (Bar oder Gaststätte).

Eine relativ einfache Posteridee ist auch die Abbildung und genaue Erklärung von Produkten. Denken Sie an die bekannten Schautafeln mit den verschiedensten Fischen und Meerestieren oder an die Abbildung und die Namen der einzelnen Nudelsorten. Das funktioniert auch mit: Olivenölen, Essig, Autos, klassischen Schuhformen, Männermode (Headline: „Was der Mann trägt"), Gemüsesorten, Biersorten etc.
Diese „Poster" können sogar sehr günstig und in wenigen Stücken farbkopiert werden!

Poster-Beispiele:

Kleinplakate, die gedruckt oder nur farbkopiert sind. Damit sie von den Kunden auch tatsächlich zu Hause an die Wand gehängt werden, müssen die Poster **schön**, **nützlich**, **witzig** oder sehr **persönlich** gestaltet sein. Im ersten Poster, das für eine Kinderboutique wirbt, wird daher der Name des Babys immer extra mit der Hand eingefügt. Ein tolles Werbegeschenk für die stolzen Jungeltern.

Plakat-Beispiele:

Kleinplakat (DIN A1) für einen Pelzhändler in Wien. Das Plakat war in Größe 2c (rot und schwarzweiß) gehalten. Es war sehr auffällig und erfolgreich. Der Kunde verwendete dieses Plakat auch als Dekoration bei Messen und für sein Schaufenster. Ganz im Sinne von Low-Budget!

11. Nutzen Sie die Werbewirkung des Mini-Plakats

→ Als Mini-Plakate bezeichne ich nichts anderes als Aufkleber oder selbstklebende Sticker. Sie sind klein, bunt und sehr auffällig und stellen damit eine perfekte Alternative zu den großen Plakaten dar. Man kann diese Kleinstplakate überallhin kleben, Kosten entstehen dabei überhaupt keine, sofern man keine Sachbeschädigung begeht.

→ Ideales Einsatzgebiet ist die Umgebung ihres Geschäfts/Lokals. Einige Unternehmen, Lokale und vor allem die Clubbingveranstalter und Discotheken haben diese Art der Werbung bereits für sich entdeckt und fahren sehr gut damit. Denn eine billigere Plakatwerbung gibt es nicht. Natürlich können die Aufkleber auch an Jugendliche als Werbegeschenk verteilt werden. Sie kommen damit für lange Zeit auf Flächen, die mit normaler Werbung unerreichbar wären (Schultaschen, Fahrräder, Autos etc.).

Low-Budget Viele kleine politische Parteien verwenden für Ihre Aufklärungskampagnen den Aufkleber. Ich ertappe mich immer wieder dabei, wie ich diese kleinen **Mini-Plakate** aufmerksam lese, wenn ich an einer Straßenbahnhaltestelle warte. Noch haben die „normalen Unternehmer" diese Werbemöglichkeit nicht für sich entdeckt. Die Kosten für 1.000 Aufkleber sind (je nach Qualität und Anzahl der Druckfarben) sehr gering.

Plakat-Beispiele:

Kleinplakat (DIN A4) für die „Schwarzen Bretter" in den Eingangsbereichen von Miets- und Wohnhäusern. Da dieses Plakat in Ruhe gelesen werden kann, darf man mehr Text verwenden. Ganz im Sinne von Low-Budget!

Mini-Plakate:

Keine Kosten für das Plakatieren. Sie können sie aufkleben, wo immer Sie wollen (z.B. auf das Schwarze Brett in Mietshäusern. Minikosten für den Druck. Ein perfektes Werbemittel für den Low-Budget-Werber.

10 Beilagen/Postwurf/Flugblatt

Das sind Werbemittel, die wie das Plakat ebenfalls leicht und punktgenau zum Einsatz gebracht werden können. Bei bestimmten Werbeaktionen, die eine klar abgegrenzte Thematik oder eine bestimmte Zielgruppe anvisieren, sind diese Werbemittel günstige Methoden, um viele Informationen bzw. viele Angebote zu präsentieren. Denn egal ob Beilagen/Postwurfsendungen oder Flugblätter, sie sind meist im Format DIN A4 und zumindest doppelseitig. Das bedeutet viel Raum für viel Text und viele Informationen.

Die Entscheidung für eine Beilage sollte fallen, wenn:

→ eine normale Anzeige zu wenig Raum bietet;
→ Ihr Produkt auf einem höherwertigen Papier gedruckt werden soll und daher eine Anzeige ausschließt;
→ Farbdruck in der von Ihnen ausgewählten Zeitung zu teuer oder unmöglich wäre;
→ Sie von Ihrem Lieferanten günstige Prospekte oder Beilagen fix und fertig geliefert bekommen.

Bedenken Sie, dass die Beilage kostenintensiver als eine Anzeige ist. Denn zu den Druckkosten kommen noch die Kosten für die Beilage im jeweiligen Printmedium. Ein genaues Abwägen des Für und Wider ist also notwendig.
Beilagen werden von Medien und Fachmedien bereits ab etwa 1.000 Stück angenommen und beigelegt. Das bedeutet, dass Sie auch in sehr auflagenstarken Zeitungen mit Beilagen werben können, ohne gleich die gesamte Auflage belegen zu müssen. Teilbelegungen (z.B. nur in den Abonnentenexemplaren) bzw. Gebietsbelegungen (z.B. nur in Berlin oder nur in den großen Städten oder auch nur in einzelnen Bezirken) sind ebenfalls möglich.
Die ideale Beilage wäre meiner Ansicht nach die erste Ausgabe Ihrer Hauszeitung. Denn sie enthält alle Informationen über Ihr Unternehmen plus einige Angebote und die Hauszeitung ist bedeutend billiger als Ihr Imageprospekt.

Die Entscheidung für eine Postwurfsendung sollte fallen, wenn:

→ Sie einen bestimmten Postbezirk (z.B. in der Nähe Ihres Geschäfts/Lokals) mit Ihrer Werbung beschicken wollen;
→ Sie sich an keine bestimmte, klar definierte Zielgruppe wenden;
→ Sie zwar im Postkasten „landen" wollen, aber ohne den organisatorischen Aufwand eines Direct-Mailings;

→ es keine Adressen gibt;
→ der Versand günstiger als bei einem Direct-Mailing kommen soll;
→ Sie sich hauptsächlich an Endkunden wenden möchten;
→ Sie keine Adressen zukaufen wollen.

Bedenken Sie, dass Sie verpflichtet sind, auf den Postwurfsendung: „An einen Haushalt" und „Postgebühr bar bezahlt" zu drucken haben.

Die Entscheidung für ein Flugblatt sollte fallen, wenn:

→ Sie noch günstiger als bei den Gebühren einer Postwurfsendung wegkommen wollen;
→ Sie bestimmte Bezirke oder sogar nur einzelne Straßen beschicken wollen;
→ es Ihnen nichts ausmacht, im berühmten Säckchen an der Türsklinke zu hängen;
→ Sie den Endkunden erreichen wollen;
→ Sie aktuell und „brandheiß" sein wollen (z.B. bei einem Ausverkauf);
→ Sie Ihre Flugblätter persönlich verteilen lassen wollen;
→ Ihre Flugblätter bei Großveranstaltungen oder vor bestimmten Lokalitäten verteilt werden sollen;
→ Sie gezielt zu bestimmten Tageszeiten verteilen lassen wollen;
→ Sie gezielt an bestimmten Straßenecken oder anderen stark frequentierten Orten verteilen wollen;
→ Sie Ihre Werbeblätter „an Autoscheiben" verteilen lassen wollen.

Die grafischen Umsetzungen von Beilagen, Postwurfsendungen und Flugblättern sind sehr ähnlich – im Folgenden einige Tipps.

Die wichtigsten Punkte der Low-Budget-Flugblattgestaltung

1. Denken Sie auch bei Beilagen immer daran – der Kunde muss reagieren

Daher sollte bei Beilage, Postwurf oder Flugblatt auch eine eingedruckte Antwortkarte eingeplant sein. Sie wollen schließlich nicht nur Kunden, sondern auch Interessenten. Die bekommen Sie mit dem Zusatz: „Informieren Sie sich unverbindlich."

2. Die magischen Worte

→ Auch in diesen Werbemitteln gilt es äußerst wichtige Worte: **neu, Neuer-öffnung, gratis, garantiert, Vorteil, unverbindlich.**

→ Achten Sie aber bei Gratis-Zugaben auf die jeweiligen Wettbewerbsrichtlinien.

3. Werberaum nicht ungenutzt lassen

→ Keine Angst vor viel Text!

→ Je kleiner das Werbemittel, desto mehr Text kann untergebracht werden, ohne an Werbewirkung zu verlieren. Kostbarer Werberaum wird so optimal genutzt und nicht verschwendet.

→ Erklären Sie Ihr Angebot und informieren Sie Ihre Kunden über alle Vorteile. Wenn jemand etwas kaufen soll und will, dann möchte er es ganz genau wissen.

4. Auch bei Beilage/Postwurf/Flugblatt ist die auffällige Headline wichtig

→ Planen Sie eine gute halbe Seite für den Eyecatcher bzw. die Erregung der Aufmerksamkeit ein, entweder grafisch oder auch durch eine auffällige Headline.

→ Ihre Beilage/Postwurf/Flugblatt muss ein grafisches Zentrum haben.

→ Informieren Sie sich auch hier vorher, wie in Ihrem Wunschmedium (in diesem Fall mit Beilagen) geworben wird. Werben Sie natürlich **anders als die anderen!**

→ Als Beilage/Postwurf/Flugblatt bieten sich idealerweise an:
   → eine Hauszeitung
   → ein Werbebrief
   → eine Werbeantwortkarte
   → ein Imageprospekt
   → ein Produkt- bzw. Angebotsprospekt

Tipp Ein Tipp zu Beilagen! Besonders auffällig wirkt in einem Medium, das „bunt" ist und in dem auch „bunt" geworben wird (wie ein Magazin oder eine Illustrierte) ein beigelegter „Schwarz-Weißer" Brief. Der „einfache" Brief sticht durch seine Schlichtheit so sehr ins Auge, dass er zuerst gelesen wird und den anderen bunten, schrillen und aufwändigen Prospekten keine Chance lässt. Außerdem sind bei dieser Art der Beilagengestaltung auch die Kosten für den Druck durchaus low-budget!

5. Bei Beilagen/Postwurf/Flugblatt ist das Gewicht wichtig

→ Beilagen/Postwurf/Flugblatt werden nach Gewicht verrechnet. Also achten Sie darauf, dass die jeweiligen Gewichtsgrenzen nicht überschritten werden. Ihr Drucker kann Ihnen in diesem Fall sicher beratend zur Seite stehen. Je nach Größe, Seitenzahl und Papierart berechnet er das Gesamtgewicht Ihres Druckwerks.

→ Warenproben sind sehr beliebt – hier ist das Gewicht der Probe meist bedeutend höher als jedes Flugblatt, aber der erzielte Aufmerksamkeits- und Test-Effekt bei Konsumenten entschädigt meist für die höheren Kosten.

6. Der richtige Zeitpunkt für eine Beilage

Achten Sie darauf, dass Sie nicht zu der Zeit eine Beilage planen, in der viele andere Firmen mit Beilagen werben (meist am Beginn jeder Saison oder vor großen Feiertagen). Informieren Sie sich bei der jeweiligen Anzeigenabteilung und gehen Sie lieber eine Woche später in die nächste Ausgabe der Zeitung. Bei zu vielen Beilagen besteht die Gefahr, dass keiner der Prospekte gelesen wird und alle in Sekundenschnelle im Papierkorb landen. Der Leser ist schlicht überfordert. Das Gleiche gilt natürlich sinngemäß auch für Postwurf und Flugblatt.

7. Werben Sie ruhig professionell

→ An eine Beilage/Postwurf/Flugblatt werden die gleichen Anforderungen gestellt wie an eine Anzeige. Sie muss auffallen und sich von der Konkurrenz abheben.

→ Beilage/Postwurf/Flugblatt sind vom Aufbau wie ein Direct-Mailing. Der einzige Unterschied: Sie kennen den Empfänger der Werbebotschaft nicht. Im Mailing wissen Sie vorher, wenn Sie anschreiben wollen, und können darauf im Text eingehen. Bei Beilage/Postwurf/Flugblatt ist das nicht der Fall. Dennoch müssen Sie wie im Mailing auf eine Reaktion hinarbeiten: das „Ja" auf der Antwortkarte oder aber deren Rücksendung, die Terminvereinbarung per Telefon oder das Betreten Ihres Geschäfts oder Lokals. Sagen Sie dem Leser, was Sie von ihm erwarten, und locken Sie ihn, werben Sie um Ihren zukünftigen Kunden (siehe Direct-Mailing).

→ Viel Raum für Text und Grafik hat einen großen Nachteil: Oft glaubt man, dass man jedes Thema, jeden Vorteil und jede noch so unwichtige Information unterbringen muss. Genau das bedeutet aber den sicheren „Werbetod". Konzentrieren Sie sich auf wenige Vorteile und präsentieren Sie diese in den leuchtendsten Farben. Vergessen Sie nicht die Hauptaussage und verzetteln Sie sich nicht.

8. Noch mehr Auffälligkeit? Dann „zerschneiden" Sie Ihr Flugblatt – oder hängen Sie es auf!

Ein kleiner Trick hilft dabei, das Flugblatt allein an der Haustüre anzubringen, um damit für alle Hausparteien sichtbar zu sein.

Low-Budget Um allein an der Türklinke zu hängen, genügt es, einen Kreuzschnitt in den oberen Teil eines Flugblatts zu schneiden. Durch diese Öffnung passt jede Türklinke und jeder Türknauf. Oder hängen Sie Ihr Prospekt oder Ihre Warenprobe an ein Band und schon ist eine extrem auffällige Aktion gelungen. Ihre Flugblattaussendung wird von den Hausbewohnern mit Sicherheit nicht übersehen werden.

9. Weitere Tipps zur Gestaltung siehe Direct-Mailing, Hauszeitung und Prospekt

10. Nutzen Sie die gute alte Antwortkarte als Beilage in Printmedien oder als Flugblatt

Antwortkarten sind „Dialogwerbemittel". Dialogwerbung will, wie der Name schon sagt, einen Dialog mit dem „Noch-nicht-Kunden" aufbauen, um ihn zum Interessenten und vielleicht zum Kunden zu machen.

Antwortkarten als Beilagen in Medien werden in letzter Zeit zu einem hohen Prozentsatz von den einzelnen Zeitungen selbst genutzt, um an neue Abonnenten zu kommen. Warum nützen diese Chance eigentlich nur relativ wenige Unternehmen, aber fast jede Aboabteilung einer Zeitung – obwohl doch eigentlich gerade diese Zeitungen in ihren eigenen Medien riesige Anzeigen schalten könnten, ohne dafür Geld auszugeben.

Anscheinend spricht der Erfolg dieser beigelegten Antwortkarte für sich. Man hat in den Redaktionen sehr rasch begriffen, dass der heutige Mensch sehr bequem ist und daher in der Direkt-Werbung alles versucht werden muss, Antworten so einfach und problemlos wie nur irgend möglich zu gestalten.

Gibt es etwas Einfacheres, als eine Antwortkarte ohne Schere aus einem Heft zu nehmen und abzusenden? Die Antwortkarte tritt quasi an die Stelle der Anzeige, bietet aber darüber hinaus eine Menge Vorteile. Aber auch hier gilt: Auf die Gestaltung kommt es an.

Flugblatt-Beispiele:

Flugblätter/Beilagen/Postwurfsendungen müssen nicht immer DIN A4 oder A5 sein. Gerade bei der Straßenverteilung von Hand bewähren sich kleine bis kleinste Formate!

Flugblatt als Gutschein: zwei Vorderseiten und eine Standard-Rückseite.

 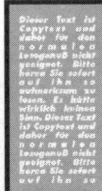   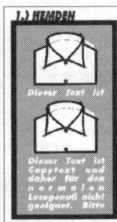 

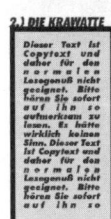 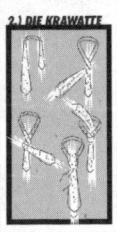    

Vorder- und Rückseite eines Mini-Faltprospekts. Zur direkten Verteilung wie auch als Zeitungsbeilage oder Postwurfsendung gleichermaßen geeignet.

Flugblatt-Beispiele:

Hier ein außerordentlich imageträchtiges Flugblatt mit einem sehr stimmungsvollen Text. Der große Leerraum bewirkt eine elegante und damit auch „teure" Erscheinung des Blattes.

Einmal gekostet — immer getrunken

Wenn die Tage kühler und die Nächte länger werden, kommt die Zeit für gemütliche Runden im Freundeskreis. Urlaubs-, Jagd- oder Wandererlebnisse werden

zum Besten gegeben. »Erinnerst du dich noch...?« Serviert wird ein Getränk mit Tradition. JAGER-TEE vom Raunikar. Eine Komposition aus besten Zutaten. Herrlicher Tee aus dem Himalaya Gebiet — der Provinz Darjeeling. Das sind die »first flush« Darjeeling Sorten, die Raunikar als Grundlage für seinen JAGER-TEE verwendet.
Die herbe Frische des Tees wird abgerundet durch Auszüge natürlicher Früchte und deren Destillaten. Die Destillate werden noch immer über offenem Feuer in kupfernen Brennblasen gewonnen. In dieser Mischung

aus Früchten, Destillaten, Tee und Rum, werden alle Geschmackstellen gelöst, die für das vollkommene Genußerlebnis der Raunikar Produkte so wichtig sind. Nun noch Zucker in den JAGER-TEE, und er ist bereit, sein volles Bukett zu entfalten. Ein Fest für Gaumen und Nase. Alle Produkte von Raunikar werden mit größter Sorgfalt und viel Zeitaufwand hergestellt. Das gehört zur Tradition des Hauses. Wie kommen Sie jetzt zum vollen JAGER-TEE-GENUSS, ganz einfach. Ein Doppelstamperl Raunikar Jager-Tee in ein Teeglas gießen, schon entfaltet sich das herrliche JAGER-TEE-AROMA und der Duft nach Früchten und Rum. Jetzt noch heißes Wasser aufgießen, fertig. Körper und Seele werden belebt vom feinherben Geschmack dieser einzigartigen Komposition aus Darjeeling Tee, Früchten und Rum. Für kurze Zeit werden Sie eins mit sich und der Welt. Übrigens: Raunikar JAGER-TEE gibt's nicht überall. Raunikar produziert eben Qualität und nicht Quantität.

KENNENLERNANGEBOT

Johann Raunikar KG - Edelbranntweinbrennerei - Likörfabrik
Obst- und Beerenweine - Fruchtsaftpresserei
A-9560 Feldkirchen - Kärnten - Austria - Tel. 04276/2013

☐ Ja, senden Sie mir weitere Informationen bzw. eine Preisliste der Raunikar Spezialitäten nach alter Brenntradition.

☐ Ja, ich bestelle zum Kennenlernen einen Karton mit 6 Flaschen à 1 l Raunikar JAGER-TEE

Datum: Unterschrift:

Adresse:

Flugblatt-Beispiele:

Hier die Gegenüberstellung ein und desselben Flugblatts. Einmal mit typischen „Amateurfehlern" wie zu dünner Schrift, verwirrende Aufteilung und fehlender Blickfang. Daneben die Profi-Version. Gleicher Text, annähernd gleicher Aufbau, aber dennoch ein großer und sichtbarar Unterschied.

11 Der Prospekt

Die Überschrift dieses Kapitels müsste eigentlich lauten: Benötigen Sie überhaupt einen Prospekt?

Oftmals werden Prospekte nur deshalb gedruckt, weil es sonst keine Ideen gibt, wie der Kunde umworben werden kann. Vielleicht wäre für Ihr Unternehmen eine einfache Hauszeitung viel besser geeignet (und auch bedeutend billiger). Vielleicht genügt auch nur ein Flugblatt, das immer wieder Ihre aktuellsten Angebote und Preise präsentiert. Das kann effektiver als ein aufwändig gestalteter Prospekt sein, für den gleich ein riesiger Budgetposten freigemacht werden müsste. Sehr oft stelle ich bei Kunden, für die ich einen Prospekt konzipiere, fest, dass anschließend das teure Druckwerk in einer Ecke verstaubt, ohne genutzt zu werden. Der Grund dafür ist, dass man sich vorher ganz einfach nicht überlegt hat, was mit dem fertigen Prospekt passieren soll.

Stellen Sie sich also selbst folgende zehn Fragen, um herauszufinden, ob ein Prospekt wirklich notwendig ist oder ob Ihr knapp bemessenes Werbebudget nicht doch besser anderswo investiert werden könnte.

1. Fragen Ihre Kunden öfter nach einem Prospekt oder Katalog?
    Ja ☐   Nein ☐

2. Ertappen Sie sich öfter dabei, dass Sie in gewissen Situationen gern einen eigenen Prospekt zur Hand hätten, um Kunden Ihre Firma besser präsentieren zu können?
    Ja ☐   Nein ☐

3. Sind Ihre Produkte, Ihre Dienstleistungen oder Ihr Angebot größtenteils gleichbleibend?
    Ja ☐   Nein ☐

4. Sind Ihre Produkte, Ihre Dienstleistung oder Ihr Angebot überhaupt erklärungsbedürftig?
    Ja ☐   Nein ☐

5. Verwenden Ihre direkten Konkurrenten Prospekte oder Kataloge?
    Ja ☐   Nein ☐

6. Auch wenn die Antwort bei Frage 5. „Nein" ist – würde Ihnen der Einsatz von Prospekten gegenüber Ihrer Konkurrenz tatsächlich einen Wettbewerbsvorteil verschaffen?
    Ja ☐   Nein ☐

7. Ist Ihre allgemeine Werbung auf Direct-Mailing-Aktionen, auf Kupon-Anzeigen oder ähnliche Response-Werbemittel aufgebaut, in denen der Interessent unverbindlich Prospekte anfordern kann?
   Ja ☐   Nein ☐

8. Sind Ihre Produkte, Dienstleistungen oder Ihr Angebot im Investitionsgüterbereich, im Finanzdienstleistungsbereich oder im Versicherungsbereich angesiedelt?
   Ja ☐   Nein ☐

9. Sind Sie öfter auf Messen oder bei Verkaufspräsentationen?
   Ja ☐   Nein ☐

10. Reicht ein Gesamtprospekt aus oder müssten Sie – auf Grund von unterschiedlichen Zielgruppen oder Produktgruppen – mehrere Prospekte drucken lassen?
    Ja ☐   Nein ☐

Zusatzfragen für einen Katalog

11. Ist grundsätzlich an einen Versandhandel Ihrer Produkte gedacht?
    Ja ☐   Nein ☐

12. Ist ein ausreichendes Budget vorhanden, um ein doch recht teures Werbemittel wie einen Katalog professionell zu gestalten und zu drucken?
    Ja ☐   Nein ☐

Nachfolgend einige positive Fakten über den Prospekt. Der Prospekt ist die Visitenkarte Ihres Hauses. Er ist oftmals unumgänglich, wenn es darum geht, Informationen über Produkte, Dienstleistungen und die Firma zu präsentieren. Der Prospekt ist darüber hinaus aber auch bestens geeignet, Ihr angestrebtes Image zu vermitteln und nach außen zu tragen. Neben Logo, Briefpapier und Visitenkarte sind der Image-Prospekt und die gedruckte Eigenpräsentation die wichtigsten Werbemittel, um potenzielle Klienten – ohne zusätzliche Schalt- und Plakatierungskosten – über den eigenen Tätigkeitsbereich und das eigene Angebot ausführlich zu informieren.

Ein guter Prospekt soll gesehen werden, er soll gelesen werden, man soll sich daran erinnern und der Interessent soll konkrete Informationen über Sie und Ihr Gesamtangebot erhalten.

Auch hier gilt, wie überall in der Werbung, die Devise: **Anders als die anderen.** Schauen Sie sich um. Wie sehen Prospekte in der Regel noch immer aus? Einfallslos und fade, ohne Klasse, ohne Konzept, ohne Image, aber dennoch fast immer auf teurem Papier und im Vierfarbdruck produziert.

Kurz gesagt:

Die Prospekt-Hardware stimmt meistens – es hapert an der Prospekt-Software!

Man könnte vermuten, dass die Druckerei aus eigenem Umsatzinteresse bestes Hochglanz-Papier oder auch durchgehend vierfarbigen Druck empfiehlt. Das Argument lautet oft: „Das ist bei einer höheren Auflage kaum ein Preisunterschied." Und damit hat der Drucker bei der heutigen Drucktechnik auch durchaus recht. Aber auch der schönste und teuerste Prospekt wird nichts für Ihr Unternehmen bewirken können, wenn sein Inhalt nicht stimmt. Umgekehrt steht aber absolut fest, dass wir alle bereits einige Male bei Händlern oder bei Firmen gekauft haben, die nur extrem hässliche, auf billigem Papier gedruckte Prospekte als Informationsunterlagen zu bieten hatten, der eigentliche Prospektinhalt aber **einen Vorteil enthielt, der mich vom Interessenten zum Kunden werden liess.**

Ich plädiere hier natürlich nicht für „hässliche Prospekte". Ganz im Gegenteil: Je schöner desto besser. Aber ich weiß es aus langjähriger Erfahrung nur zu gut: Was im Prospekt steht, ist dem Drucker ziemlich egal – er ist schließlich Drucker und nicht Werbetexter oder Werbegrafiker. Schon oft habe ich es aber erlebt, dass Kunden mir Ihren alten Prospekt gezeigt haben und wenn ich wissen wollte, warum nur so wenig Text in Ihrem Informationsprospekt steht, zur Antwort bekam: „Der Drucker hat gemeint, zuviel Text wird eh nicht gelesen." Es stellte sich rasch heraus, dass der Drucker „als Gratis-Service" auch gleich Grafik und Text des Prospektes „mitgemacht" hat. Und viel Text bedeutet eben auch viel Arbeit!

Sollten Sie sich also dazu entschlossen haben einen Prospekt aufzulegen, dann können Ihnen die folgenden Tipps und Ratschläge helfen, nicht nur einen schönen, sondern auch einen erfolgreichen Prospekt zu gestalten.

Übrigens: Ihr Drucker informiert Sie sicherlich gerne über die Möglichkeiten, wie man am besten Ihre Ideen im Druck umsetzen kann. Vertrauen Sie Ihm – auf seinem Fachgebiet ist er ein Meister!

Die wichtigsten Punkte der Low-Budget-Prospektgestaltung (Teil 1)

Die Gestaltung

1. Image und Information

→ Ein guter Prospekt muss alles Notwendige und Wissenswerte vermitteln und diese oft trockenen Informationen möglichst auffällig, locker und imageträchtig präsentieren.

→ Image oder Information
Ein reiner Imageprospekt hat andere Aufgaben und Zielsetzungen als ein Verkaufs- oder Informationsprospekt. Seien Sie sich dessen bewusst und planen Sie bei einem Verkaufs- oder Infoprospekt mehr Text ein. Beschreiben Sie die Vorteile, die Sie bieten, in den leuchtendsten Farben. Merken Sie sich mein Credo in Bezug auf die Prospektgestaltung (übrigens ein Leitsatz, der sich für mich schon hundertfach bestätigt hat): **Ein Bild sagt mehr als tausend Worte – aber schon ein einziger Kundenvorteil verkauft mehr als tausend Bilder!**

2. Zeigen Sie Format

→ Wer sagt, dass ein Prospekt immer nur in DIN-A4-Größe gehalten sein muss? Lassen Sie Ihre Fantasie spielen. Allerdings sollte das gefaltete Format nicht größer als DIN A4 sein, sonst wird es mit der Ablage und Archivierung schwierig.

z.B. Seit ca. einem Jahr schickt mir eine große Druckerei alle paar Monate eine Mailing-Sendung mit einer Art Hauszeitung. Die Zeitung ist natürlich sehr aufwendig im 4-Farbdruck hergestellt. Die Druckerei will hier zeigen, was sie kann. Die Besonderheit? Das Format! Aufgeschlagen hatte die Zeitung eine Größe von 1 x 1,5 Meter. Tolle Bilder – tolles Layout – beeindruckend. Aber man konnte dieses ca. 20-seitige Monstrum kaum umblättern, geschweige denn irgendwo archivieren oder länger aufbewahren. Der Effekt: die zweite Ausgabe dieses Wunderdings landete sofort unbesehen im Papiereimer. Sorry, liebe Druckerei, das war ganz eindeutig zu viel des Guten!

→ Loseblattprospekte sind ideal, wenn es von Zeit zu Zeit Änderungen gibt (neue Produkte etc.). Vorteil: Es müssen nicht alle Seiten des Prospekts neu gedruckt werden, sondern nur jene, die tatsächlich geändert werden. Gesammelt werden diese losen Blätter etwa in einer eleganten Kartonmappe. Eine Idee: Verwenden Sie statt der losen Blätter Kartonpostkarten! Auf die Hochglanzvorderseite kommt das Foto des Produkts, die Rückseite ist für Informationen reserviert. Sie schlagen mit dieser Idee noch dazu zwei Fliegen mit einer Klappe:
Bei mehreren Produkten wird aus den einzelnen Postkarten ein interessanter und ungewöhnlicher Loseblattprospekt.
Sie können die Postkarten auch einzeln an Ihre potenzielle Zielgruppe versenden. So können Sie z.B. Woche für Woche oder Monat für Monat einen Werbeimpuls bei Ihren Kunden setzen, der Kunde beschäftigt sich jeweils intensiv mit einem Produkt und Ihr Unternehmen ist daher ständig beim Interessenten bzw. Umworbenen präsent. Außerdem entsteht damit

beim Kunden nach und nach eine komplette Übersicht über Ihr Angebot. Das ist Werbung mit Idee und Konzept.

Low-Budget Sie sollten dem Kunden bereits bei der ersten Aussendung eine Mappe oder einen Ordner zusenden – mit dem Hinweis, die folgenden Postkarten oder auch Angebotsblätter sorgfältig einzuordnen. Sie werden erstaunt sein, wie viele Ihrer Kunden Ihren „Anweisungen" Folge leisten und Ihren Gratis-Werbeordner brav in die eigene Ordnerablage oder ins Bücherregal einstellen. Wenn auf dem Mappenrücken auch noch groß Ihr Logo prangt, dann ist das ein extrem langfristiger Werbeerfolg, der sich mit Sicherheit auch in Kürze bezahlt machen wird.

→ Ungewöhnliche Faltungen, Stanzungen und auch Einfaltungen, die sich beim Öffnen aufstellen (ähnlich wie es z.B. bei Glückwunschkarten üblich ist), sind bestens geeignet, um aus einem normalen Prospekt etwas Besonderes zu machen. Nach dem Motto: „Einmal sehen – nie mehr vergessen."

→ Denken Sie auch daran, wie Sie Ihren Prospekt unter die Leute bringen wollen. Soll Ihr Prospekt einer Zeitung beigelegt oder per Post versandt werden, dann achten Sie bitte auf das Gewicht (also besser kein Karton, sondern dünnes, leichtes Papier) und auch auf die Größe. Überreichen Sie Ihre Prospekte aber persönlich oder legen Sie sie nur in Ihrem Geschäft aus, dann ist das Gewicht und damit auch die Stärke des Papiers nebensächlich. Sie können sich voll auf das Kreative und das Experimentieren mit verschiedenen Papiersorten konzentrieren.

→ Ihr Drucker kann Ihnen übrigens sehr einfach das „Gewicht" Ihres fertigen Prospekts oder Katalogs ausrechnen, wenn Sie ihm die Seitenzahl, die Größe und Ihren Papierwunsch bekannt geben.

3. Auf die Gestaltung kommt es an

→ Anders als die anderen.
Verwenden Ihre Konkurrenten hauptsächlich textlastige Prospekte, dann verwenden Sie vermehrt Fotos. Verwenden Ihre Konkurrenten aber hauptsächlich Fotos, dann gestalten Sie einmal einen Prospekt ausschließlich mit Text.
Wenn Sie Fotos verwenden, dann bitte nur professionell gemachte. Nichts ist schlimmer als für einen teuren Prospekt schlechte Amateurfotos zu verwenden, nur um Kosten zu sparen. Vor allem beim eigenen Foto oder bei den Fotos von Mitarbeitern wird sehr oft am falschen Ende gespart. Die Fotos können in Schwarz-Weiß oder Farbe sein, aber bitte keine simplen Passfotos! Lassen Sie sich von einem professionellen Fotografen in Ihrem

Büro, in Ihrem Lager, in Ihrer Werkstatt fotografieren – möglichst lebensecht, ungewöhnlich, elegant und imageträchtig. Der Prospekt wird dadurch nur „gewinnen".

→ Kennen Sie einen guten Porträtmaler oder Zeichner? Warum nicht anstelle von Fotos eine elegant gezeichnete Mitarbeitergalerie anlegen? Aber auch hier gilt: ausschließlich professionell oder gar nicht.

→ Internationalität könnte auch durch schöne und stimmungsvolle Städtefotos vermittelt werden (z.B. in Verbindung mit der Headline: „Diese Städte sind unser Zuhause.")

→ Fotos ganz generell nicht im „Briefmarkenformat" – je größer, desto besser!

→ Fotos mit Produktabbildungen immer bei der Anwendung zeigen. Dabei sollte die Handhabung möglichst einfach erscheinen.

→ Für das Erkennen der Originalgröße des Produkts ist als Bezugspunkt ein Mensch oder eine menschliche Hand nie schlecht. Der Kunde will schließlich wissen, wie groß „sein" Produkt ist.

→ Bei einer effektvollen Gestaltung kann natürlich auch ein reiner Textprospekt auffällig und werbewirksam sein und in der Produktion um einiges günstiger als ein Farbprospekt mit vielen Fotos.

Low-Budget Mir fällt eines immer wieder bei Fremdenverkehrsprospekten auf – die ewig gleichen Fotos von den ewig gleichen Standard-Zimmern und den in die Kamera lächelnden Wirtsleuten. Mein Tipp für alle Pensionen und alle ein-, zwei- und sogar noch Dreisternehotels: Wenn Sie wirklich schöne große und ungewöhnlich eingerichtete Zimmer haben, dann zeigen Sie sie. Wenn Ihre Zimmer allerdings nur Standard sind (und das sind sie meistens), dann wäre vielleicht ein Prospekt nur mit Text eine enorm auffällige, enorm günstige und enorm effektive Alternative. Beschreiben Sie die Umgebung, beschreiben Sie die Ausflugsziele, lassen Sie langjährige Gäste zu Wort kommen. Präsentieren Sie vielleicht ein lokales Spezialitätenrezept mit der genauen Kochanleitung oder erzählen Sie von der gefahrvollen Geschichte Ihres Hofes oder Hauses (manche Posthotels haben eine mehrere hundert Jahre alte Tradition und daher einiges zu berichten). Kurz gesagt: Machen Sie Stimmung für Ihr Haus – ausschließlich durch Text und vielleicht sogar in einer (leicht lesbaren) Handschrift gedruckt. Sie werden überrascht sein, wie perfekt so ein einfacher, aber ungewöhnlicher Prospekt für ein einfaches Haus wirbt.

 Denken Sie an die Corporate-Identity-Linie. Wenn Sie eine Firmenfarbe haben, sollte sie auch im Prospekt verwendet werden.

eine Experimente beim Copytext

→ Nicht der Schreibstil ist damit gemeint, sondern die Typographie. Da ein Prospekt gelesen werden soll, muss auch die Schrift leicht lesbar sein. Also keine Schnörkelschriften oder besonders modische Schriften, die den Lesefluss negativ beeinflussen können.

→ Drucken Sie Copytexte möglichst in positiver Schrift (dunkle Schrift auf hellem Grund).
Der Text ist dann leichter lesbar. Achtung auch bei Text, der in ein Foto oder in eine Grafik läuft. Die Gefahr besteht, dass durch den unruhigen Hintergrund der Text schwerer lesbar wird oder ganze Worte unleserlich werden.

5. Experimentieren Sie mit der Headline

Was beim Copytext verpönt ist, darf in der Überschrift ruhig etwas lockerer gehandhabt werden. Hier kann eine altmodische, moderne oder ungewöhnliche Schrift vieles bewirken und sehr zum optischen Gelingen eines Prospekts beitragen. Allerdings ist die Versuchung groß, über das Ziel hinauszuschießen und anstelle einer einzigen Schrift mehrere verschiedene Schriften einzusetzen. Uneinheitlichkeit und Unübersichtlichkeit ist die Folge. Weniger ist mehr! Ein Merksatz in der Werbung lautet: Verwenden Sie in einem Werbemittel nie mehr als zwei oder drei verschiedene Schriften!

6. Bei Verkaufsprospekten oder Katalogen ist die letzte Seite die „Angstnehmer-Seite"

→ Tun Sie auf dieser Seite alles, um dem Kunden das Bestellen so einfach und angstfrei wie möglich zu gestalten. Weisen Sie also auf Ihre Liefervorteile deutlich hin:
  → Rückgabegarantie
  → Umtauschrecht
  → Garantie und Gewährleistungen
  → Ersatzteile/Reparaturservice
  → Möglichst geringe Versandkosten
  → Mehrere Zahlungsarten
  → Hinweis auf kurze Lieferzeit etc.
→ Versuchen Sie, den Kunden zum sofortigen Bestellen zu animieren:
  → Gratis-Geschenk für die ersten hundert Bestellungen
  → Sonderpreise bis zu einem bestimmten Termin
  → Gratis-Geschenk bei einer Bestellung innerhalb von sieben Tagen

Die wichtigsten Punkte der Low-Budget-Prospektgestaltung

→ Keine Versandkosten bei einer Bestellung innerhalb von sieben Tagen
→ Teilnahme an einem Gewinnspiel für alle Besteller
→ Versuchen Sie, den Kunden zu einem größeren Bestellumfang zu animieren:
  → Gratis Lieferung ab einer bestimmten Bestellsumme
  → Sonder-Geschenk für „Großkunden" ab einer bestimmten Bestellsumme
  → Hinweis auf bequeme Zahlung per Abbuchung, Kredit oder Kreditkarte
  → Rabatte für alle „Großkunden" (Rabattstaffel abdrucken)
→ Extra-Kauf-Verstärker einfügen, z.B. den Brief eines zufriedenen Kunden
  → Eine Referenzliste
  → Ein Expertengutachten über das oder die Produkte (TÜV etc.)
  → Ein Promi (durchaus auch lokale Prominenz), der sich zufrieden über Ihr Produkt äußert
  → Ihre Gratis-Service-Hotline bei Fragen und Problemen

7. Was der Prospekt sonst noch leisten soll

→ Extra-Lasche für eine Visitenkarte oder zusätzliche Infoblätter.
→ Lochung zum sofortigen Archivieren.
→ Integrierte Antwortkarte. Wir wollen schließlich eine Reaktion bewirken.
→ So genannte Pop-up-Elemente. Also die oben schon beschriebenen Falteffekte, wie sie bei Geburtstagskarten verwendet werden. Bedenken Sie dabei, dass das Stanzen/Falten/Einkleben dieser Elemente eine relativ teure Angelegenheit ist und es daher nur bei Prospekten mit kleineren Auflagen Sinn macht. Der erreichbare Effekt und die Werbewirksamkeit ist aber ungleich höher als bei einem normalen Prospekt.

8. Die Titelseite

→ Die Titelseite soll als solche erkennbar sein. Also nicht zu viele Informationen bereits auf der ersten Seite.
→ Die Schlagzeile muss dem Kunden einen Nutzen oder Vorteil versprechen, z.B.:
  → Umweltfreundlich Reinigen!
  → Es gibt sie noch, die guten Dinge!
  → Die schönste Herbstmode, die es je gab!
→ Ein einziger Blickfang (Foto, Grafik, Headline) genügt. Das Interesse soll geweckt werden. Der Nutzen und Vorteil für den Leser soll entweder bereits auf der ersten Seite klar ersichtlich sein oder in Aussicht gestellt werden, um danach im Inneren des Prospekts auch erfüllt zu werden.

→ Der Firmenname oder das Logo gehört auf die Titelseite – in Ausnahmefäl-
len auf die Rückseite des Prospekts, inklusive aller Adressen, Filialen,
Tel./Fax-Nummern, E-Mail-Adressen, Homepage etc.

9. Zusatztipps für die Kataloggestaltung

→ Für die Kataloggestaltung gilt im weitesten Sinne das Gleiche wie für die
Prospektgestaltung. Der beste Tipp, den ich Ihnen dazu geben kann: Sammeln und studieren Sie „gute" Prospekte, deren Gestaltung und Textierung.
→ Bei Fachkatalogen können kleinere Fotos und mehr textliche Details verwendet werden, speziell wenn Sie ein erklärungsbedürftiges Produkt haben.
Auch können die Texte und Erklärungen „technischer" sein.
→ Bei Katalogen an Endverbraucher sollten größere Fotos verwendet werden
und die Texterklärungen sollten feuilletonistischer und interessanter gehal-
ten sein. Erzählen Sie ruhig eine kleine Geschichte über Ihr Produkt oder
die Vorteile der Verwendung. Perfekt gemacht und für Sie als Vorbild die-
nen Kataloge der Firmen:
  → **Manufaktum** (Zielpublikum: Akademiker/Freiberufler)
  → **QUELLE** (Zielpublikum: Arbeiter, Angestellte)
  → **Lands End** (Zielpublikum: Angestellte)
  → **IKEA** (spricht annähernd jedes Zielpublikum an)

Die wichtigsten Punkte der Low-Budget-Prospektgestaltung (Teil 2)

Das Texten von Prospekten

1. Die Headlines

→ Die Titelseite enthält drei Elemente:
  → Blickfang/Eyecatcher
  → Headline/Überschrift
  → Firmennamen/Logo
  (Das Logo kann auch auf der letzten Seite stehen.)
→ Für den Inhalt soll Interesse geweckt werden. Dies kann entweder durch ein
ungewöhnliches Foto geschehen oder durch eine ungewöhnlich formulierte
Headline. Das Weiterblättern und Weiterlesen soll angeregt werden. Ein
erster Vorteil soll transportiert werden.

→ Innenseiten-Überschrift
Das bedeutet eine interessante Einstimmung auf das Thema der jeweiligen
Seite. Oder wählen Sie einfach das Thema als Überschrift.

2. Der dramatische Beginn

→ Ein Prospekttext ist (idealerweise) nichts anderes als ein Verkaufs- bzw.
Kontaktgespräch. Bei einem solchen persönlichen Gespräch wird ebenfalls
versucht, Ihr Gegenüber durch interessante Fakten und eine dynamische
Gesprächsführung von sich zu überzeugen. Genauso sollte es auch im Pros-
pekt sein. Ein Text soll in den Prospekt hineinführen und neugierig machen.
→ Einige Beispiele dafür, wie ein Prospekttext beginnen könnte:
Frage-Methode: „Wissen Sie eigentlich, wie viele verschiedene Brillenvari-
ationen es gibt?" (Optiker)
Erzähl-Methode: „Vor kurzem kam ein aufgeregter Vater in mein Ge-
schäft ..." (Sportartikelhändler)
Status-Methode: „Motorenbau bedeutet ständige Weiterentwicklung und
Forschung ..." (Maschinenbauer)

3. Die Copytexte

→ Die KISS-Methode (keep it simple and stupid) kennen Sie schon aus dem
Kapitel über Direct-Mailing. Sie ist auch hier anzuwenden.
→ Die drei Es sind quasi die Weiterentwicklung der KISS-Methode: to explain
(erklären), to entertain (unterhalten), to enhance (hervorheben). In einem ver-
ständlichen Satz: „Erklären Sie unterhaltend Ihre wichtigsten Vorteile."
→ I.I.A.-Methode = Interessieren – Informieren – Aktivieren.
Beim Schreiben von Prospekten sind diese drei Worte besonders wichtig,
damit Ihr Text – und damit auch Ihr Prospekt – zu den erfolgreichen zählt.
Das Prinzip dieser Formel lässt sich ebenso auf andere Werbemittel anwenden und gilt sinngemäß auch für die Konzipierung jeder erfolgreichen Werbegestaltung. Ich habe sie die „I. I. A.-Methode" genannt:
Interessieren: Auffallen um jeden Preis (beim „Texten" ist das durch eine
provokante Headline möglich).
Informieren: Geben Sie Ihrem potenziellen Kunden Fakten und Informationen, die ihm bei seiner Problemlösung helfen. Sagen Sie nicht: „Kommen Sie
zu uns, wir sind das beste Computergeschäft weit und breit", sondern ganz
konkret: „Wir bauen für Sie den einfachsten und günstigsten Computer, mit
dem Sie je gearbeitet haben. Einstecken – einschalten und los gehts!"
Aktivieren: Sehr oft werden die ersten beiden Punkte (Interessieren, Informieren) in den Werbemitteln angewandt, aber dann ein konkretes und massi-

ves Aktivieren der Zielgruppe vergessen. Gemeint ist damit, dass Sie dem Kunden sagen müssen, was Sie von ihm als nächsten Schritt erwarten und dass Sie ihm diesen so leicht und attraktiv wie möglich gestalten. Dies kann durch eine Antwortkarte, die dem Prospekt beigelegt ist, geschehen, mit der der Kunde ein unverbindliches Angebot einholen kann. Auch ein eingedruckter Gutschein im Prospekt motiviert den Kunden, Ihr Produkt einmal zum „Sonderpreis" zu testen. Eine weitere Möglichkeit ist eine Gratis-Beratungs- und Bestell-Hotline ohne Telefonkosten für den Kunden. Oder einfach nur die Einladung ins Geschäft zu einer Gratis-Verkostung Ihrer neuen Spezialität. Es gibt viele Möglichkeiten, den Interessenten zu aktivieren!

→ Kurz und bündig
Nichts ist lähmender als lange, nichtssagende Monologe. Fassen Sie sich kurz, wenn Sie nichts zu sagen haben.

→ Interessant und spannend
Was auf der ersten Seite spannend und dramatisch begonnen hat, sollte (wenn möglich) auch im Prospektinneren so weitergehen. Obwohl es keine Richtlinien für die Länge von Copytexten gibt, tendiere ich persönlich jedoch eher zu etwas längeren Texten. Leere Seiten empfinde ich nicht als elegant, sondern eher als einfallslos und noch dazu Budget vernichtend. Fehlt Ihnen das Talent, solche Texte zu schreiben, dann halten Sie sich an „KISS" und bleiben Sie kurz und bündig.

4. Vergessen Sie die Werbe-Zauberworte nicht

5. Die Antwortkarte

Da der Kunde bereits einen Info-Prospekt in Händen hält, sollte die nächste vom Interessenten geforderte Reaktion das Gratis-Angebot oder das unverbindliche Beratungsgespräch sein (Weiteres im Kapitel Direct-Mailing – Antwortkarte)

6. Sammeln Sie gute und schlechte Prospektbeispiele und lernen Sie daraus

Das ist auch in diesem Kapitel einer der besten Ratschläge, die ich Ihnen geben kann. Denn nur als aufmerksamer Beobachter von Werbung kann man auch über gut und schlecht urteilen. Analysieren Sie Prospekte auch auf deren Kundenvorteil hin.

In fünf Schritten zum eigenen IMAGEPROSPEKT:

1. Überlegen Sie sich den **Umfang und das Format** Ihres Prospekts. Wollen Sie einen mehrseitigen DIN-A4-Prospekt oder nur ein gefaltetes Leporello? Am besten Sie schreiben sich als Erstes die für Sie unbedingt notwendigen Informationen und Daten auf einigen leeren Blättern zusammen. Die Anzahl der dabei entstehenden Seiten zeigt Ihnen den Mindestumfang Ihres Prospekts.

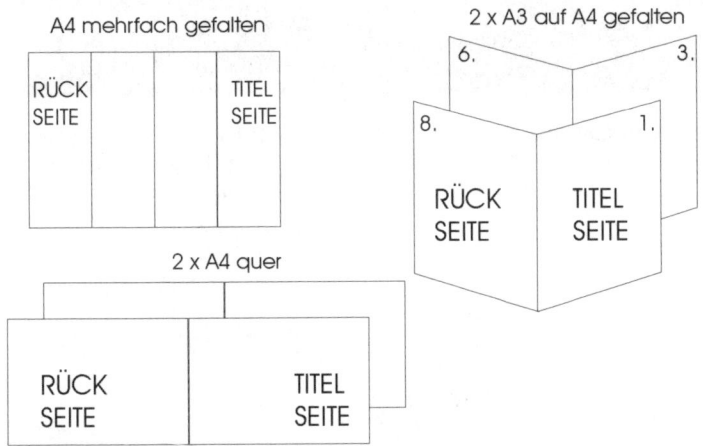

2. **Die Aufteilung**: Was wollen Sie sagen – wie viel wollen Sie sagen und wie soll es auf den Seiten verteilt sein? Z.B. wenig Text und viele Fotos oder viel Text und weniger Fotos. Oder überhaupt eine reine Textlösung. Überlegen Sie sich auf wie viele Seiten Sie kommen, wenn a) ein ausgewogenes und nicht zu überladenes Gesamterscheinungsbild aus Text und Bild zustande kommen soll; b) Ihr Budget nicht übermäßig strapaziert werden soll und c) ein logischer Aufbau des Prospekts erreicht werden soll.

3. **Die Titelseite** muss klar als solche erkennbar sein. Die Rückseite sollte weniger Text enthalten – Logo und Adresse genügen. Ausnahme: reine Verkaufsprospekte. Hier müsste die Rüchseite nocheinmal alle Register ziehen, um den Verkauf perfekt zu machen.

4. Wie ist **die Aufteilung** Ihres Prospekts – sollte eine Lasche für eine Visitenkarte oder weiters Informationsmaterial integriert werden? Soll eine Antwortkarte beigefügt werden?.

Sonderausstattung für letzte Seite (innen)

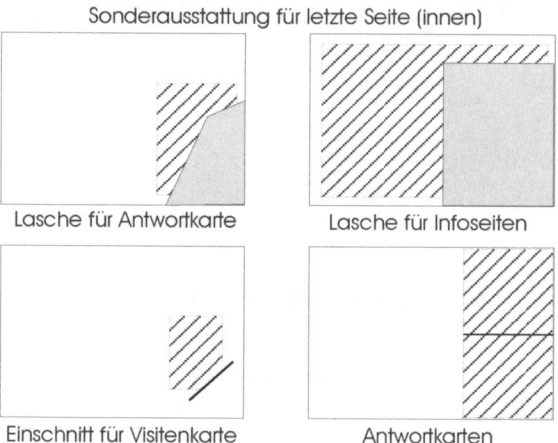

Lasche für Antwortkarte

Lasche für Infoseiten

Einschnitt für Visitenkarte

Antwortkarten

5. **Die Innenseiten:** Der Text soll interessant geschrieben sein. Bitte kein Blabla. Informieren Sie Ihre Kunden. Die Überschriften sollen folgerichtig durch den Prospekt führen. Keine zu langen oder zu komplizierten Sätze, das hemmt den Lesefluss. Die Schrift des Copytextes muss leicht lesbar sein – keine Experimente.

Weitere Prospektformate und Faltungen:

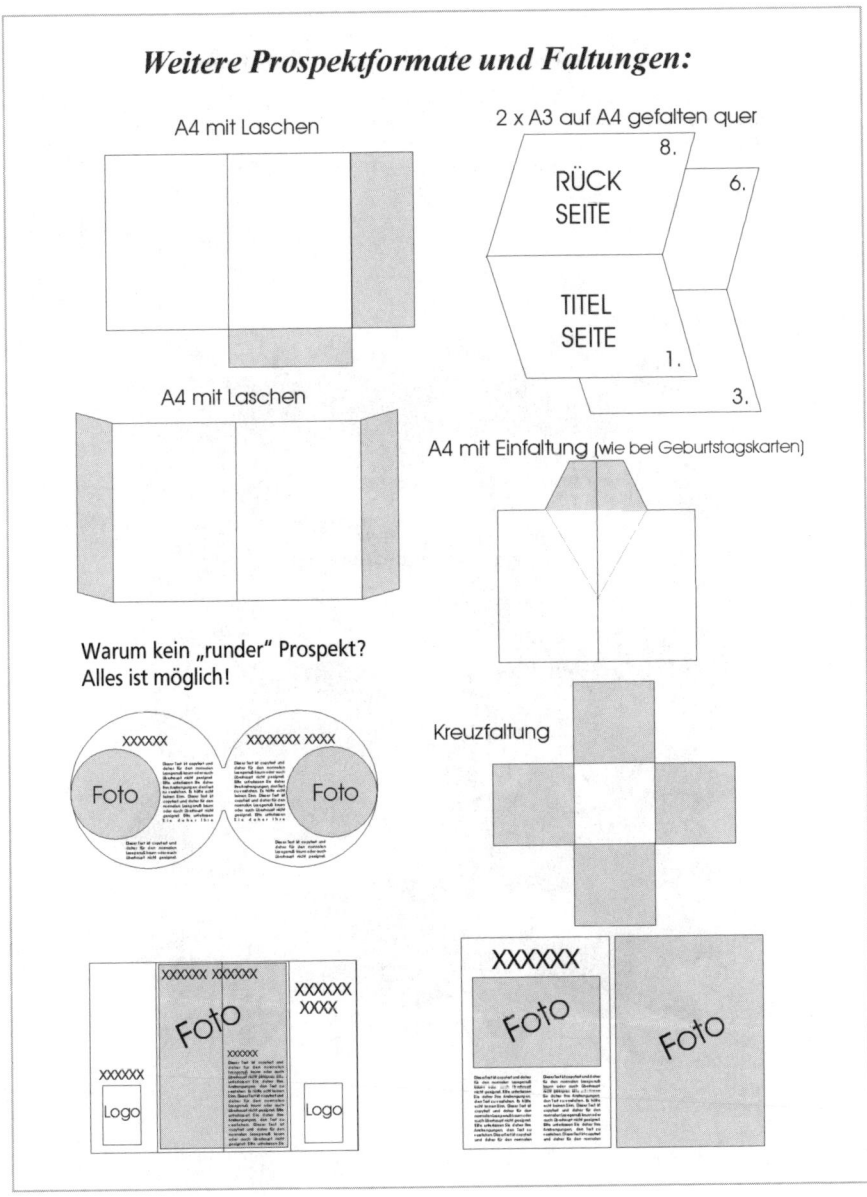

A4 mit Laschen

2 x A3 auf A4 gefalten quer

8.

RÜCK
SEITE

6.

TITEL
SEITE

1.

3.

A4 mit Laschen

A4 mit Einfaltung (wie bei Geburtstagskarten)

Warum kein „runder" Prospekt?
Alles ist möglich!

Kreuzfaltung

Titelseite von Image- oder Verkaufsprospekt!

Auffälligkeit auch bei einer Prospekt-Titelseite! Interesse soll geweckt werden, am besten durch eine optische Demonstration dessen, was das Produkt kann. In diesem Fall schützt es bei Stromausfall gegen Computerabstürze.

Letzte Seite oder Rückseite eines Verkaufsprospekts!

Bieten Sie noch einmal alles auf, um den Kunden zum letzten Schritt zu bewegen - zur Reaktion - zur Bestellung - zum Kauf! Dem Kunden jegliche Angst vor der Bestellung zu nehmen, ist hier der wichtigste Grundsatz. Zeigen Sie dem Kunden also, wie leicht bei Ihnen die Bestellung ist, wie sicher und schnell Sie liefern und wie zufrieden Ihre langjährigen Kunden sind!

PETER&PETER - QUALITÄT SEIT 50 JAHREN!

Ja ist es denn zu fassen, auch dieser Text ist - sie haben es erraten: COPYTEXT
Dieser Text ist Copytext und daher für den normalen Lese-genuß nur sehr bedingt geeignet.
Bitte - ich kann es nicht oft genug sagen bzw. schreiben - hören Sie sofort mit dem Lesen auf. Es hätte wirklich keinen tieferen Sinn. Danke. Dieser Text ist Copytext und daher für den normalen Lese-genuß nur sehr bedingt geeignet. Bitte - ich kann es nicht oft genug sagen bzw. schreiben - hören Sie sofort mit dem Lesen auf. Es hätte wirklich keinen tieferen Sinn. Danke.

BESTELLEN
GANZ EINFACH:

Fast haben Sie´s geahnt:
Dieser Text ist Copytext und daher für den normalen Lesegenuß nur sehr bedingt geeignet. Bitte - ich kann es nicht oft genug sagen bzw. schreiben - hören Sie sofort mit dem Lesen auf. Es hätte wirklich keinen tieferen Sinn. Danke. Dieser Text ist Copytext und daher für den normalen Lese-genuß nur sehr bedingt geeignet.

Bestellhotline:

01/33 20 234

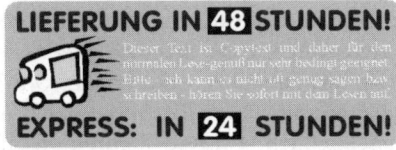

LIEFERUNG IN 48 STUNDEN!

Dieser Text ist Copytext und daher für den normalen Lese-genuß nur sehr bedingt geeignet. Bitte - ich kann es nicht oft genug sagen bzw. schreiben - hören Sie sofort mit dem Lesen auf.

EXPRESS: IN 24 STUNDEN!

"Immer pünktlich auf die Minute!"
**Das ist meine Erfahrung, nach 10 Jahren als
zufriedener Kunde bei PETER&PETER. Weiter so!**

Muß ich es noch wirklich extra betonen - na eben:

dieser Text ist Copytext und daher für den normalen Lese-genuß nur sehr bedingt geeignet. Bitte - ich kann es nicht oft genug sagen bzw. schreiben - hören Sie sofort mit dem Lesen auf. Es hätte wirklich keinen tieferen Sinn. Danke. Dieser Text ist Copytext und daher für den normalen Lese-genuß nur sehr bedingt geeignet. Bitte - ich kann es nicht oft genug sagen.

**Mag. Walter Müller
(Einkaufsleiter
der Firma Benz)**

3 PUNKTE GARANTIE:

1.) RÜCKGABE-GARANTIE
Dieser Text ist Copytext und daher für den normalen Lesegenuß nicht oder nur sehr bedingt geeignet. Bitte hören sie sofort auf, ihn so interessiert zu lesen.

2.) UMTAUSCH-GARANTIE
Dieser Text ist Copytext und daher für den normalen Lesegenuß nicht oder nur sehr bedingt geeignet. Bitte hören sie sofort auf, ihn so interessiert zu lesen.

3.) GELD-ZURÜCK-GARANTIE

PETER&PETER, Am Staudamm 5, Nürnberg, Tel.: 44 34 54, Fax: -5

12 Public Relations – „PR"

Tu Gutes und sprich darüber. So könnte man die Pressearbeit in den Betrieben auf einen einfachen Nenner zusammenfassen. Aber Pressearbeit kann auch in schlimmen Zeiten einiges an schlechter Nachrede wieder korrigieren.

Zuvor muss aber mit einem weit verbreiteten Irrglauben aufgeräumt werden. Echte PR-Berichterstattung ist nicht dasselbe wie die oftmals beim Anzeigen-verkauf von den Anzeigenberater mitverkauften oder geschenkten Flächen, die der werbeerfahrene Unternehmer als „redaktionelle Beiträge" kennt.

Diese Flächen sehen zwar aus wie „redaktionelle Beiträge", sind aber doch meist vom Anzeigenberater oder sogar vom Unternehmer selbst geschriebene Texte und haben mit echter PR, außer der Form, nichts gemein. Echte PR wird nämlich ausschließlich von Redakteuren geschrieben, und da sich Zeitungen als unabhängig deklarieren, haben Unternehmen nur sehr geringen Einfluss auf den tatsächlichen Inhalt dieser Beiträge. Der Vorteil aber ist, dass der Abdruck die-ser Beiträge gänzlich unentgeltlich erfolgt. Daher ist es (auch für große Betriebe) so schwer, die PR-Berichterstattung in die richtigen Bahnen zu lenken. Die Re-dakteure schreiben, was für sie und ihre Leser interessant ist, und nicht für den Unternehmer, der die Anzeigen bezahlt.

Als Werber muss ich sagen: Gott sei Dank, denn sonst würden unsere Zeitun-gen nur mehr verlängerte Arme der Industrie sein.

Auch wenn man sich als Werber oftmals über die „wilden Schreiberlinge" är-gert, es hat schon sein Gutes, wenn Redaktion und Anzeigenabteilung in ständi-gem Kampf miteinander liegen. Die einen wollen mehr „echte Artikel", die an-deren wollen mehr „bezahlte Artikel" in der Zeitung. Sie kennen vielleicht jene Zeitungen, die zu fast 90 Prozent aus Anzeigen oder bezahlter PR bestehen – abschreckende Beispiele dafür, was aus Zeitungen werden kann, die sich ganz dem Diktat der Werbung beugen.

Um also attraktiv für den Redakteur zu sein und sein Interesse zu wecken, muss man sich etwas mehr einfallen lassen als ein kostenloses Buffet zur neuen Au-topräsentation.

Wie geht das? Sie verfügen über Spezialwissen, das Sie sich über viele Jahre hart erarbeitet haben. Jede Branche verfügt über solch begehrtes Know-how, das wiederum von der Presse gern weiterverwertet wird – natürlich immer zum Wohle ihrer Leser. Machen Sie sich diesen Umstand zunutze. Denn ein guter Kontakt zu den Medien ist immer ein Gewinn – vor allem, wenn Sie dadurch zu Gratis-Werbung (oder besser ausgedrückt: Presseerwähnungen) kommen. Spre-chen Sie einfach einmal bei einem Redakteur vor und präsentieren Sie eine Idee, etwa für eine wöchentliche Rubrik (natürlich eine, die es in dieser Zeitung noch nicht gibt). Wenn Sie es schaffen sollten, in der Presse, im Radio oder gar im TV Tipps für die breite Masse zu geben, dann müssen Sie sich um die nächste Zukunft Ihres Geschäfts oder Ihres Lokals sicherlich keine Sorgen mehr machen. Beispiele gibt es viele:

→ Der Gärtner gibt Tipps über die richtige Zeit für das Anpflanzen des Gemüsebeets im Frühjahr.
→ Der Autohändler berichtet über die richtige Umrüstung des geliebten Gefährts vor dem Winter.
→ Der Koch eines Lokals oder Hotels präsentiert wöchentlich Rezepte für den Sonntagstisch.
→ Der Zoohändler oder Tierarzt schreibt über die richtige Pflege unserer vierbeinigen Freunde.
→ Der Friseur fabuliert über die neuesten Modetrends aus London, Paris und New York.

Wenn Ihnen dieses Kunststück nicht sofort gelingen sollte, dann müssen Sie Schritt für Schritt den Kontakt zu den Medien suchen und Ihnen folgende Dinge bieten:

Aktion/Spaß/Sensationen/Neuheiten/Skurrilitäten

Schauen Sie sich die Zeitung von heute einmal genau an. Mit Sicherheit finden Sie einige Artikel, die von Menschen berichten, die etwas Ungewöhnliches getan haben.

→ Der Motorradfahrer, der auf seiner KTM die Welt umrundet (ein lancierter PR-Bericht!)
→ Der Eisverkäufer, der einen Weltrekord im Eiskugelaufhäufen brechen will (ein lancierter PR-Bericht!)
→ Die Strumpfhose, die gleichzeitig pflegende Hautcreme auf den Beinen verteilt (ein lancierter PR-Bericht!)
→ Die Hintergrundberichte zum neuesten Schwarzenegger-Film (ein lancierter PR-Bericht!)
→ Die Mikrowelle mit eingebautem Internetbildschirm (ein lancierter PR-Bericht!)
→ Das neueste Handy, mit dem man auch die Börsenkurse abrufen kann (ein lancierter PR-Bericht!)
→ Die schweizer Uhrenmarke, die den Mont Blanc für kurze Zeit um einige Meter aufstocken ließ …

PR, PR, nichts als PR. Produzierte Events, Aktionen und Storys, um gratis in die Presse zu kommen.

Das bekannteste Beispiel für die Wogen, die gut gemachte PR auslösen kann, ist wohl Benetton mit seinen mehr als kontroversen Werbe- wie auch PR-Aktionen. Die ganze Welt zerreißt sich den Mund über die Kampagnen mit dem blutigen Baby, dem toten Soldaten, den Fotos der zum Tode verurteilten Häftlinge, und die Presse greift gierig die Themen auf, um Sondersendungen, Sonderseiten und Artikel zu produzieren.

Sie dürfen dabei eines nicht übersehen oder aus den Augen verlieren: Man kann PR-Arbeit leider nicht so aufbauen und steuern, wie man das bei „normaler" Werbung gewohnt ist. PR-Arbeit folgt eigenen Gesetzen. Benneton hätte die schönsten Fotos von seinen bunten Pullovern produzieren lassen können, keine Zeitung der Welt hätte sie gratis abgedruckt. „Schalten Sie doch eine Anzeige", wäre der berechtigte Einwand der Redakteure gewesen. Wenn aber ein Bild mit einem toten Soldaten weltweit auf Plakaten erscheint und dadurch zum Thema wird, ist es für den Redakteur kein Problem, den Namen Benetton auch mehrmals in einem Artikel zu erwähnen. Steuern können Sie die Berichterstattung aber nicht. Am Beispiel der Mercedes-A-Klasse sieht man, was passiert, wenn ein nettes kleines Auto plötzlich Mucken macht und vor einem Elch k.o. geht. Da wurden Autoredakteure aus der ganzen Welt in exotische Länder verfrachtet, um das kleine Wunderauto in Aktion zu zeigen. Man scheute keine Kosten und Mühen und stellte den Redaktionen Hunderte Autos gratis zu Testfahrten zur Verfügung. Es hilft alles nichts, wenn dann plötzlich ein kleiner Journalist einen großen Fehler bei dem Auto feststellt. Sofort müssen alle anderen Redaktionen umschwenken und darüber berichten, um nur ja ihre eigene Glaubwürdigkeit nicht zu verlieren. (Komisch eigentlich, dass niemand der vielen tausend Journalisten vor dem Skandal auf diesen offensichtlichen Fehler gekommen ist.) Gerade bei diesem Skandal zeigt sich aber auch, wie größerer Ärger vermieden werden kann, wenn die Geschäftsleitung gut reagiert, Ihren Fehler einsieht und zu geeigneten PR-Gegenmaßnahmen greift, die von den Konsumenten und der Presse auch goutiert werden.

Negativbeispiele gibt es leider bedeutend mehr: Bezahlte PR-Texte lesen sich meist ziemlich gleich. Sie triefen vor Eigenlob, strotzen vor Belanglosigkeiten und sind oftmals gespickt mit selbstbeweihräuchernden Peinlichkeiten. Bei „echter" PR können Sie die Informationen nur aufbereiten und den Medien anbieten, nicht aber den endgültigen Text fixieren.

Ob nun die von Ihnen angebotenen Informationen auch zum Zug kommen, das entscheidet der Aktualitätsgrad der Informationen und die Relevanz, die diese Informationen für die jeweilige Leserschaft haben. Daher ist es auch notwendig, Informationen auf das jeweilige Medium abzustimmen. Es hätte keinen Sinn, einem TV-Sender nur einige hübsche Fotos und einen Pressetext zukommen zu lassen. Fernsehen braucht bewegte Bilder. Daher muss das Fernsehen zu einer Veranstaltung oder einer Aktion eingeladen werden. Unsinnig wäre es auch, wenn man versuchen wollte, einen PR-Bericht über eine neue Rheumasalbe in einem Jugendmagazin unterzubringen. Es wäre einfach das falsche Medium.

Wenn Sie aber die folgenden grundlegenden Verhaltensweisen im Umgang mit der Presse beachten, könnte PR gerade für Sie als Kleinunternehmer ein wichtiger, wenn nicht gar der wichtigste Impulsgeber für Ihr Unternehmen werden. Einige Tipps für Ihre PR-Aktionen:

Die wichtigsten Punkte für effiziente Pressearbeit

1. Die Presse schreibt, was für ihre Leser interessant ist

→ Informieren Sie die Presse also nur, wenn Sie etwas zu berichten haben, das auch die Allgemeinheit interessieren könnte. Es wird kaum interessieren, das Sie einen neuen Lieferwagen gekauft haben. Sehr wohl interessiert es aber die Öffentlichkeit, wenn durch eine Investition neue und hochwertige Arbeitsplätze geschaffen werden oder wenn in einem unterversorgten Gebiet ein neuer Supermarkt seine Pforten eröffnet.

→ Die Themen Ihrer Presseaussendungen sollten aktuell, interessant, spektakulär, einmalig, wichtig, witzig oder skurril sein. Sollte Ihre Information zu einer der genannten Eigenschaften passen, dann haben Sie eine gute Chance, auch „gedruckt" zu werden.

→ Denken Sie immer an das klassische Beispiel: „Ein Hund, der einen Mann beißt, ist keine Zeile wert, aber ein Mann, der einen Hund beißt, einen ganzen Artikel."

→ Schmücken Sie sich mit fremden Federn: Kultur- und Kunstsponsoring ist derzeit in aller Munde. Viele versuchen, ihr Image durch Kunst aufzubessern. Große Banken und Elektronikkonzerne sponsern das Wiener Neujahrskonzert. Gemäldeausstellungen werden von großen Markenartikelherstellern unterstützt. Das können Sie (natürlich in bescheidenerem Rahmen) ebenfalls. Denken Sie nur an die vielen jungen Künstler und deren Wunsch nach „ersten Lorbeeren". Nichts leichter als das. Etablieren Sie Ihren eigenen Kunstpreis. Aussendung an alle Kunsthochschulen, Galerien und natürlich an die Presse, mit der Einladung zur Anmeldung. Eine Fachjury wählt die besten Bilder aus, die dann den Siegerpreis erhalten. Keine Angst, selbst wenn man sich renommierte Kunstpreise ansieht, sind die Geldpreise, die dort vergeben werden, oftmals geradezu lächerlich. Da können Sie es sich allemal leisten, zwischen 250 und 1.000 Euro für die ersten drei Plätze zu vergeben. Es geht schließlich für die Künstler um die Ehre und nicht allein um das Geld.

→ Tu Gutes und sprich darüber
Eine weitere Möglichkeit, um zu einer Presseerwähnung zu kommen sind Charity-Aktionen oder der persönliche Einsatz für Bedürftige. Ein Restaurant oder ein Lebensmittelhänder, der seine Restware nicht einfach wegwirft,

sondern täglich der Armenküche der Stadt überlässt, ein Autohändler, der von jedem verkauften Auto einen kleinen Prozentsatz für eine Familie in Not spendet und so weiter. Die Beispiele sind endlos. Zu diesem Thema nur noch ein Gedanke zum Schluss: „Tu Gutes, und wenn, dann tu es auch bitte gern."

2. Guter Kontakt zur Presse hat noch keinem geschadet

→ Sie besitzen interessantes Know-how oder Berufserfahrung. Bieten Sie sich den unzähligen Regionalmedien in Ihrer Umgebung an (z.b: Regionalzeitungen, Regionalradio, in letzter Zeit auch Regional-TV).

→ Werden Sie Talkshowgast im TV!
Derzeit gibt es eine Inflation an Talkshows, in denen jedes mögliche und unmögliche Thema diskutiert wird. Wenn Sie wortgewandt sind, bieten Sie sich den verschiedenen TV-Stationen als Gast an. Fragen Sie in den Redaktionen nach, welche Themen in der nächsten Zukunft geplant sind und überlegen Sie sich Ihren möglichen Beitrag dazu. Bedenken Sie aber, dass diese Talkshows allein der Unterhaltung dienen und keine trockenen Fachdiskussionen sein sollen.

→ Sind Sie eigentlich ein Öffentlichkeitsmensch?
Nicht jeder ist dafür geeignet, in der Öffentlichkeit zu stehen. Schüchternheit ist keine gute Visitenkarte bei Medien. Denken Sie an die vielen Prominenten, die nichts auslassen, um in die Medien zu kommen. Den Kaspar zu machen, kann einen in der heutigen Medienwelt auf der einen Seite reich und berühmt, auf der anderen Seite aber auch krank und fertig machen. Überlegen Sie, ob Sie überhaupt der Typ für diesen Job sind. Sonst lassen Sie es lieber bleiben.

3. Der Waschzettel

Als Waschzettel wird in der Pressesprache die einfachste und kürzeste Form einer Pressemitteilung bezeichnet. Er stellt eine Gedankenstütze für die weitere journalistische Formulierung des Artikels dar. Der Inhalt des Waschzettels beschränkt sich einzig auf die Daten und Fakten, die Sie an die Presse weitergeben wollen, konzentriert auf höchstens 20 Zeilen. Verzichten Sie daher auf stilistische Ausschmückungen und eigene Kommentare. Das ist Sache des Journalisten. Nur die Fakten zählen.

4. Was? Wer? Wo? Wann? Wie? Warum?

Diese Worte sind für jeden Journalisten wichtig. Alles dreht sich um diese sechs Fragen. Bauen Sie Ihre Nachricht also so auf, dass diese Fragen ausreichend beantwortet werden. Lesen Sie einige Zeitungsartikel einmal bewusst daraufhin durch: Alle ohne Ausnahme beantworten dem Leser diese sechs essenziellen Fragen.

5. Das Wichtigste am Beginn

→ Sie müssen eine Pressemeldung nicht „schreiben" können. Das macht der Journalist für Sie. Wichtig ist vielmehr der planvolle Aufbau Ihrer Meldung, damit der Redakteur, der täglich Dutzende Meldungen auf ihre Verwertbarkeit überprüft, sofort auf das Nonplusultra stößt, ohne lange suchen zu müssen.

→ Der erste Satz jeder Presseinfo sollte bereits alle wichtige Informationen enthalten. Lesen Sie die Schlagzeilen und die darauf folgenden Sätze in den Zeitungen – alle sind nach diesem Prinzip aufgebaut. Die nähere und ausführlichere Information erhält der Leser erst im Artikel selbst.

→ Der Aufbau einer Presseinformation sollte folgendermaßen aussehen:
An erster Stelle das Highlight oder die Essenz der Information.
Danach die näheren Umstände.
Schließlich die Details und Einzelheiten

6. Das Pressefoto

→ Da immer mehr Zeitschriften und auch Zeitungen zum vierfarbigen Druck übergehen, ist es von Vorteil, Pressefotos in Farbe zu versenden.

→ Das Format sollte die Maße 13x18 cm nicht unterschreiten.

→ Bildunterschriften: Damit der Redakteur weiß, was das Bild darstellt bzw. welche Personen darauf abgebildet sind, empfiehlt es sich, eine kurze Erklärung auf die Rückseite des Fotos zu kleben. Vermeiden Sie es, direkt auf die Fotorückseite schreiben. Durch den Druck des Kugelschreibers könnten die Schriftzüge auch auf der Vorderseite zu sehen sein.

→ Wenn Fotos vor Ort gemacht werden sollen, überlegen Sie sich bereits vorher, vor welchem Hintergrund diese Fotos gemacht werden sollen. Gibt es vielleicht eine Wand, auf der in Augenhöhe Ihr Logo abgebildet ist, damit es auf den Pressefotos mit aufs Bild kommt?

→ Bewährt haben sich auch Kappen oder T-Shirts mit Logo und Markenzeichen.

7. Belegexemplare

Es ist fast unmöglich, alle Medien genau im Auge zu behalten, um den Erfolg der eigenen PR-Arbeit zu kontrollieren. Es lohnt sich daher, am Ende einer Pressemeldung die Bitte um Zusendung eines Belegexemplars anzufügen.

8. Der Leserbrief

→ Dies ist die einfachste Möglichkeit, ohne viel Aufwand in die Zeitung zu kommen. Reagieren Sie auf aktuelle Themen und kommentieren Sie diese in einem Leserbrief. Der Leserbrief wird in den Redaktionen sehr ernst genommen, weil die Zeitungen erstens um Objektivität bemüht sind und weil zweitens ein Leserbrief die Meinung der Zeitungsleser, also der Kundschaft, widerspiegelt. Ihr Leserbrief wird vor allem dann von den Redaktionen berücksichtigt werden, wenn Sie auf dem diskutierten Gebiet Fachmann sind.

→ Lassen Sie sich nicht zu viel Zeit mit Ihrem Brief! Ganz gleich, ob Sie ein tägliches, wöchentliches oder monatliches Medium anschreiben wollen – tun Sie es möglichst rasch. Denn Reaktionen von Lesern finden meist nur in der nächstfolgenden Ausgabe des Mediums ein ausreichendes Forum.

9. Die Adressen sind für den Erfolg besonders wichtig

Am Anfang dieses Kapitels habe ich bereits zu verdeutlichen versucht, dass die sensationellste Nachricht in den Redaktionen keine Verwendung findet, wenn diese Nachricht für die Leser der jeweiligen Zeitungen uninteressant ist. Wählen für Ihre Presseaussendungen also lieber wenige Medien aus, dafür aber jene mit den besten Aussichten auf Veröffentlichung.

10. PR ist nicht Werbung!

Auf eine PR-Aktion erfolgt nicht immer sofort eine Reaktion. PR ist eher als ein langfristig wirksames Imagekonzept zu sehen. Niemand wird Gast oder Kunde bei Ihnen, nur weil Sie sich für Obdachlose einsetzen. Aber es erleichtert vielleicht manchem die Entscheidung, aus den vielen Angeboten gerade Sie auszuwählen.

11. Pressemappe

Wenn Sie eine Veranstaltung für die Presse abhalten, dann sollte eine Pressemappe nicht fehlen. Sie enthält neben dem Waschzettel einen bereits vorformulierten kurzen Pressebericht, weiter führende Infos für den Redakteur, aussagekräftige Fotos des Produkts, des Events, der Produktionstechniken, eventuell bereits erschienene Presseartikel und natürlich alle notwendigen Informationen über die Firma. Zeichnungen, Charts und Statistiken runden eine umfassende Pressemappe ab. Bitte geben Sie auch eine Kontaktperson in Ihrer Firma an, die bei weiteren Fragen der Journalisten kompetent Antwort geben kann.

Beispiel für Layout einer Presseerklärung

Dr. Bauer Immobilienbüro
München - Berlin - London
80689 München, Musterstr. 5, Tel.: 0 89/55 55 5 Fax:-6

SCHLOSS GREIFENSTEIN HAT NEUE TIERISCHE BEWOHNER!

Das im ganzen Landkreis bekannte Schloß Greifenstein in Wimmern an der Wesl, ist das neue Zuhause von mehr als 500 Hunden, Katzen, Vögeln und anderem Getier, das keiner mehr haben will. Das Tierschutzhaus Wimmern hat eine neue Heimstatt. Die große Eröffnung findet am 20. Mai in Anwesenheit des Bürgermeisters Dr. Pauler statt.

"Interessenten gab es ja viele, kein Wunder bei der Lage und dem repräsentativen Bau" meinte Mag. Fritz vom Immobilienbüro Dr. Bauer, das mit der Veräußerung des Anwesens betraut war. Kaum hatte man noch an einen Verkauf und vor allem an eine Revitalisierung geglaubt, denn so Mag. Fritz: "niemand wagte sich an die Restaurierung des 500 Jahre alten Gemäuers." Doch durch die Tatkraft der Gönner und Unterstützer des Tierschutzhauses, konnte nun doch ein ab hier ist dieser Text wieder - sie haben es erraten - COPYTEXT. Danke für Ihre Aufmerksamkeit, aber es wäre wirklich besser, Sie würden nun langsam aufhören weiterzulesen. Es hätte ehrlich gesagt kaum einen tieferen Sinn. Genau gesagt hat dieses Tun überhaupt keinen Sinn mehr. Also hören Sie auf und widmen Sie sich lieber den nächsten Seiten dieses wirklich interessanten Buches.

PRESSEINFORMATION

Die wichtigsten Punkte für die Organisation eines Pressegesprächs oder eines Presse-Events

1. Thema/Termin

→ Haben wir etwas zu sagen? Wo sagen wir es? Wie sagen wir es? Wann sagen wir es?

→ Laden Sie nur zu einem Pressegespräch, wenn das Thema es wirklich erfordert (Wichtigkeit, Aktualität, aufwändige Präsentation etc.).

→ Machen Sie einen Termin für ein Gespräch (am günstigsten an einem Vormittag).

2. Zielgruppen

Für welchen Personenkreis ist unsere Information interessant?

3. Wer spricht? Wer referiert? Wer nimmt teil?

Die Rollenverteilung sollte schon vorher geklärt sein. Bei Kompetenzschwierigkeiten könnte es sonst zu peinlichen Situationen kommen. Legen Sie also vorher fest: Wer begrüßt das Publikum? Wer hält den Vortrag oder präsentiert? Wer teilt die Pressemappen aus? Wer bewirtet die Gäste? Wer ist überhaupt am Podium mit dabei? Wer ist kompetent, um anschließend Pressefragen zu beantworten?

4. Einladung an Presse und Zielgruppen

Mailings sollten etwa eine Woche vor der Veranstaltung versendet werden. Das Package beinhaltet die briefliche Einladung, Thema des Gesprächs, eventuell einen Lageplan oder einen Gutschein für den Messeeintritt. Haben Sie keine Angst vor kreativen und ungewöhnlichen Presseeinladungen. Im Gegenteil: Je ungewöhnlicher, desto erfolgreicher. Da im Brief die Anrede der Zielgruppen unterschiedlich ist, werden die Briefe etwas anders formuliert und daher auch getrennt versandt.

Presseaktion:

Dieser Brief ging nicht nur an die Kunden und Geschäftsfreunde der Firma Greber, sondern auch an die Presse. Auf dem Brief war ein echter Angelhaken aufgeklebt, der zum Survival-Camp mitgebracht werden musste. Es wurde schließlich an diesem Tag (mitten in der Großstadt) tatsächlich „gefischt".

EDV - HARDWARE - SOFTWARE - REPARATUR - BERATUNG
1090 WIEN, D´ORSAYGASSE 3, TEL. 317 44 84, FAX: -18

JAHR 2000 CRASH
SURVIVAL-CAMP!

NEHMEN SIE SICH 2 - 3 STUNDEN ZEIT - SIE WERDEN SIE BITTER NÖTIG HABEN!

Eigentlich sollte dieser Brief eine Einladung zu einer "netten kleinen" Feier unserer Computerfirma werden. Doch die uns allen in kürze bevorstehenden Ereignisse änderten alles. Das Millenium kommt - und damit die Propheten der Endzeitkatastrophen. Wir scharten also Survival-Experten um uns, um zu erfahren wie wir ab dem 01. 01. 2000 überleben können und wir wollen nun auch Sie an diesem Wissen teilhaben lassen. Wir wollen, daß Sie gewappnet sind - egal was auch passiert. DAHER:

An Alle, die noch immer nicht an einen Jahr 2000 Crash glauben wollen.

An Alle, die glauben - es wird schon nicht so schlimm werden.

An Alle, die glauben - GAS - WASSER - NAHRUNG - ELEKTRIZITÄT haben nichts mit Computern zu tun....

Reservieren sie sich Ihren:

REKRUTIERUNGSTERMIN:
28. MAI 1999
ab 14.00 Uhr
Wir laden Sie zum
GRATIS- GREBER -SURVIVAL-TRAININGS-CAMP
für Entscheidungsträger.

ERWARTEN SIE AUF KEINEN FALL:
Eine nette, piekfeine Firmenfeier mit weißen Tischtüchern in einem kleinen feinen Lokal, erwarten Sie auch keine bevorzugte Behandlung, und erwarten Sie bitte kein harmloses Partygeplänkel - bei uns geht es ans Eingemachte.

Presseaktion:

Zweiter Briefteil.

ERWARTEN SIE AUF JEDEN FALL:
die 100 wichtigsten Tips und Trick zum Überleben des Jahr 2000 Crash - IN
ÖSTERREICH. Erwarten Sie einen Survival-Trainer der Ihnen zeigt: FEUER - ohne
Zippo - zu entfachen; NAHRUNG - ohne Billa - zu finden; Erste Hilfe - ohne AKH -
zu organisieren. Der Survival-Trainer ist bekannt aus dem TV und wir haben ihn
exklusiv!!!!

Fragen Sie unseren Überlebenstrainer Alwis Gallé nach allen Tricks und Kniffen für
ein Überleben nach dem CRASH. Stichwort Verpflegung: Dafür ist gesorgt - oder
besser gesagt.....bei uns fangen (?) und grillen Sie Ihr Essen selbst - es gibt "da
draußen" schließlich auch keinen, der es für Sie tut.

Alle Teilnehmer erhalten von uns GRATIS die GREBER-Überlebensfibel: "Die 100
wichtigsten SURVIVAL-TIPS zum JAHR 2000 CRASH" - als Geschenk - und eine
Urkunde zum bestandenen Trainings-Camp.

WICHTIG!
Die Veranstaltung ist TOP-SECRET und nur für eine sehr begrenzte Teilnehmer-
zahl ausgelegt. Faxen Sie uns daher für Ihre Anmeldung - die beigelegte
IDENTITY-CARD ausgefüllt und unterschrieben zurück. UND - UM HIMMELS
WILLEN - MERKEN SIE SICH DAS LOSUNGSWORT!

KAMERADSCHAFTLICHE GRÜßE:

REINHARD GREBER
(CAMPLEITER)

PS.: GRATIS SURVIVAL-TRAININGS-CAMP für Entscheidungsträger -
      am 28. Mai 1999 ab 14.00 Uhr. Camp-Areal ist der "aufgelassene"
      Jedleseer Bahnhof Prager Straße (stadtauswärts) gleich nach der
      Unterführung rechts.
      Wichtig! Faxanmeldung
      mit beiliegender
      IDENTITY CARD!!!

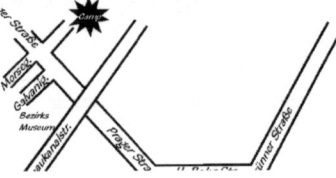

Presseaktion:

Die letzte Aufforderung an die Presse, durch ein ungewöhnliches Einladungsfax an die Redakteure. Der Erfolg dieser Mini-Veranstaltung: 1 1/4seitiger Bericht in einer überregionalen Zeitung, 1 ½seitiger Bericht in einer Computerfachzeitung, 1 ½seitiger Bericht in einer Lifestylezeitung. Kurzerwähnungen in mehreren anderen Zeitungen.

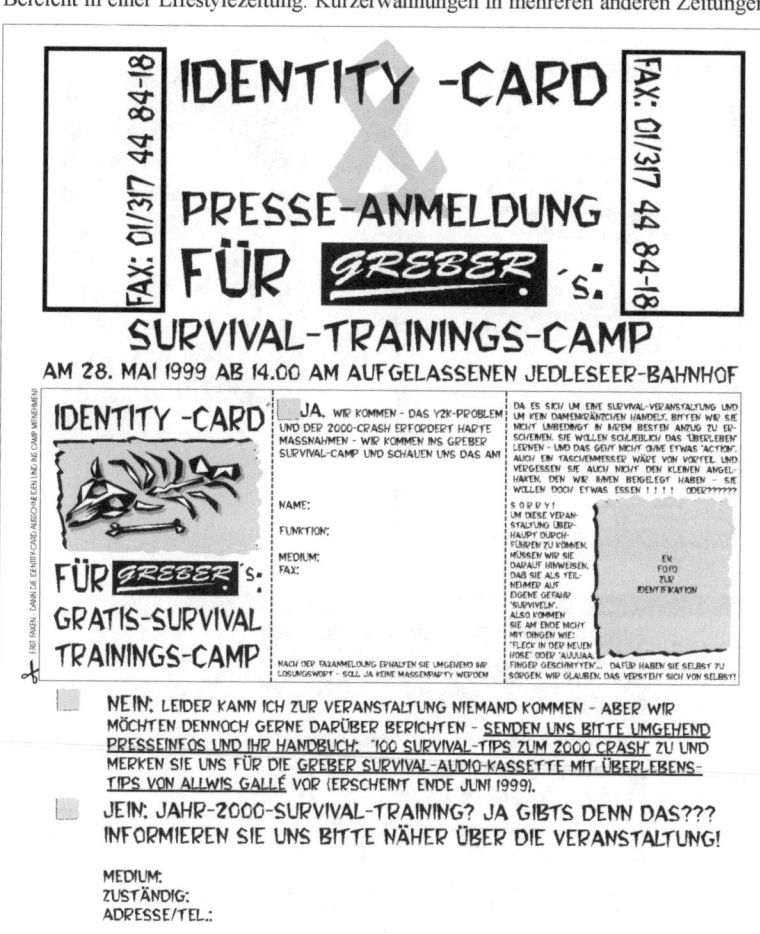

Presseaktion:

Hier die Survival-Camp-Teilnahme-Urkunde (A), die an alle Teilnehmer der Veranstatung ausgegeben wurde und, wie ich glaube, noch immer in so manchem Büro hängt. Die Audiokassette mit Tipps des für diesen Tag engagierten Survival-Trainers (B) und natürlich auch das Handbüchlein mit den 100 Survival-Tipps (C).

(A)

(B)

(C)

5. Kontaktieren

Ein bis drei Tage vor dem Pressegespräch vergewissern Sie sich telefonisch, wer von den Eingeladenen kommen wird. Jenen, die verhindert sind, bietet man die Zusendung von Unterlagen an bzw. deponiert die Presseunterlagen – wie etwa auf Messen oder bei Kongressen üblich – in einem Pressefach.

6. Pressemappe

Inhalt (natürlich auch abhängig vom Thema):

→ Ablaufüberblick – was passiert?
→ Wer referiert? (Namen, Titel und Kurzlebensläufe der Vortragenden)
→ Presseinformationstext (Waschzettel mit Infos über Thema und Anlass)
→ Presseartikel. Es herrscht geteilte Meinung darüber, ob bereits fertig formulierte Artikel beigelegt werden sollen – das Schreiben ist immerhin Aufgabe der Journalisten.
→ Daten, Fakten, Fotos etc. Alle wichtigen zusätzlichen Informationen und Kurzfassung der Referate.
→ Gibt es etwas zum Testen, Probieren oder Mitnehmen für die Journalisten?
→ Die Pressemappe selbst. (Flügelmappe, Kugelschreiber, Notizpapier)

7. Der Ort des Gesprächs

→ Im eigenen Büro, Lokal, Geschäft oder außerhalb?
→ Ist der Raum groß genug für die Anzahl geladener bzw. erwarteter Personen?
→ Wo ist das Podium (oder der Tisch) für die Referenten?
→ Beleuchtung (denken Sie an eventuelle Pressefotos).
→ Tische und Sitzgelegenheiten.
→ Ist Platz für Flip-Chart, Overhead, Video usw.?
→ Legen Sie eine Presseliste am Eingang auf, in die sich die anwesenden Journalisten eintragen können.
   Medium: .... Redakteur: .... Tel.: ....
   (Durch diese einfache Liste fällt Ihnen die Erfolgskontrolle Ihrer PR-Aktion im Nachhinein nicht schwer.)

8. Das Gespräch

→ Begrüßung
→ Wer ist der Hauptreferent, welche Hilfsmittel werden für den Vortrag benötigt?
→ Fragenbeantwortung
→ Gelegenheit für Pressefotos
→ Fachgespräch mit Presse und Fachpublikum in lockerer Atmosphäre (Wo? Was wird an Getränken und Snacks angeboten?)

9. Nachbearbeitung

→ Allen Journalisten, die nicht zur Pressekonferenz gekommen sind, wird die Pressemappe zugesandt.
→ Kontrolle der erschienenen Artikel und Berichte (auch anhand der Presseliste).
→ Erfüllen Sie Zusagen an Pressevertreter bezüglich Zusendung weiterer Informationen oder über ausführlichere Interviews möglichst bald.

13 Umsatzmaschine Internet

„Jetzt ins Internet oder in fünf Jahren pleite!"
„Wie Sie im Internet Millionen verdienen!"
„Geldmaschine Internet!"
„Unternehmer rein ins Netz – den Letzten beißen die Hunde!"

Kennen Sie diese (oder ähnliche) Headlines? Überschriften, die Woche für Woche in allen möglichen Zeitungen, Magazinen und Fachblättern erschienen sind (und so wie es aussieht auch weiterhin erscheinen werden). Dadurch wurde geradezu eine Euphorie bei Klein- u. Mittelbetrieben ausgelöst, die nur noch mit dem Goldrausch in Alaska vergleichbar ist. Für viele Unternehmer schien die Präsenz im Netz zum Überlebenskampf geworden zu sein. Waren sie dann erst „drin" im Netz, dann taten sie meist nur noch eins – warten. Und das meist vergeblich. Warten auf die Millionen, die da kommen sollten. Warten auf die von findigen (und meist auch windigen) Softwareentwicklern und Internetspezialisten versprochenen enormen Zusatzumsätze. Die vorhergesagten Anfragen von kaufhungrigen Konsumenten, die es gar nicht abwarten können, ihre Teetasse nicht mehr beim Händler um die Ecke, sondern bei Ihnen per Internet zu kaufen, blieben aus. Jetzt saßen sie also da, die armen Unternehmer, hatten viel Geld in eine kleine Homepage investiert und konnten es nicht fassen, das alle Geld machten, nur sie waren wieder einmal vom Glück und von der Welt vergessen worden. Kein Zusatzumsatz, kein Millionenregen – nix, gar nix!

Doch damit stehen Kleinunternehmer nicht allein: Auch die großen und größten Internetunternehmen der Welt machen nur eines – riesige Verluste. Diese Unternehmen überleben nur dadurch, dass Ihre Aktien in Schwindel erregenden Höhen galoppieren und daher zwei- oder dreihundert Millionen Mark „Miese" kein wirkliches Thema darstellen.
Die, die wirklich im Netz verdienen, sind meist sehr klein und sehr „fein". Was das bedeutet, soll Ihnen folgende Erfolgsstory beweisen:

z.B. Wir befinden uns in Österreich – in Wien. Eine kleiner Laden in einer verschlafenen Seitengasse. Keine Menschenmassen, die sich am Schaufenster vorbeidrängen, keine großartigen Verkaufshallen, einfach ein kleiner Laden, der seit Jahrzehnten das Gleiche verkauft – Messer. Allerdings, spezielle Jagd-, Fischer-, und Sportmesser, die man nicht in jedem Sport oder Jagdgeschäft bekommt. Das Geschäft wurde vor kurzem vom Vater auf den Sohn übergeben und der Filius hatte wohl auch die vielen Headlines mit den Versprechungen von gigantischen Umsätzen im Internet gelesen. Sei es, wie es sei, er bastelte sich kurzerhand (wahrscheinlich mit durchaus professioneller Unterstützung) einen kleinen Internetshop und bot der Welt seine tollen Messer an. Und siehe da, am ersten Tag, an dem die Homepage ins Netz gestellt wurde, kam auch schon die erste Bestellung für ein sündteures Jagdmesser – und zwar aus den USA. Und von Tag zu Tag wuchsen die Umsätze und ... tja, wenn dieser Text in einer der vielen Internetzeitschriften stehen würde, dann würde der Redakteur jetzt natürlich über das „Riesengeschäft" und die enorme Expansion unseres Messerladens fabulieren. Aber dies ist eben ein seriöses Sachbuch und daher kann ich zwar von einem tollen Erfolg, aber mit Sicherheit nicht von einem neuen Millionär berichten. Kurz und gut, der Zusatzumsatz mit dem Internetshop beträgt zur Zeit 30 – 40 Prozent des normalen Geschäftsergebnisses und auch damit lässt sich schon ziemlich jubilieren über das neue Medium Internet. (Vor allem, da diese Umsätze auch mit dem entsprechenden Gewinn verbunden sind.)

Interessantes Detail am Rande: Ich bin selbst schon auf die Homepage dieses Anbieters „gesurft" und war – ehrlich gesagt – etwas enttäuscht. Keine überragende Grafik, keine hoch auflösenden Bilder, alles in allem keine wirklich perfekte und kundenfreundliche Homepage. Aber genau das ist es, was ich mit diesem Buch vermitteln möchte. Dieser Laden hatte ganz einfach keine Millionen zur Verfügung, um sich die besten Grafiker und die besten Fotografen zu leisten. Es wurden einfach die vorhandenen Produkte ins Netz gestellt und – Glück auf – diese Produkte sind eben so ungewöhnlich und auch gesucht, dass aus der ganzen Welt Bestellungen eintrudeln – Tag für Tag – Nacht für Nacht.
So sehen die wahren Erfolgsbeispiele aus, und so könnten auch Ihre Erfolge aussehen, wenn Sie sich an bestimmte Marketing- wie auch Werberegeln für Ihren Auftritt im Internet halten.

z.B. Einige Beispiele für gute und schlechte Produktauswahl für Ihren Internetshop.

Branche	erfolglose Positionierung	erfolgreiche Nische
Optiker	gesamtes Angebot aus dem Geschäft	nur Fischerbrille/ Golferbrille nur Kinderbrillenshop
Tischler	bin Tischler – mache alles in bester Qualität	Feng-Shui-Tischler/ Mondholztischler
Lebensmittel	komplette Supermarkt-palette	Seltene Spezialitäten (z.B. nur Kaviar, nur Champagner/ nur Olivenöle etc.

Hotel	nette Zimmer/fairer Preis	Reiterhotel/Babyhotel/ Singlehotel
Juwelier	der Juwelier ihres Vertrauens	Smaragdshop/Opalshop/ Goldketten zum Einheits- und Gold-Tagespreis
Mode	der Herrenausstatter für Sie	Übergrößen ab 58/ Kaschmirshop
Buchhändler	alle Bücher auf Bestellung	Antiquariat/nur Frauenbücher/ Gedichte/Ärztebuchhandlung

Die wirklichen Gewinner im Internet sind kleine und kleinste Nischenanbieter, die zufällig oder sehr bewusst, Dinge anbieten, die zwar nur eine kleine Anzahl von Personen benötigt, die aber dafür bereit sind, fast jeden Preis zu bezahlen, bzw. denen der Aufschlag von einigen Mark Versandkosten vollkommen egal ist.

Auch hier ist wieder der Hinweis auf die richtige Produktauswahl, eine Nischenstrategie und die Beachtung des Vorteils für den Kunden angebracht. Ohne die richtige Produkt- und Nischenpolitik werden Sie im Internet keinen Erfolg haben, auch wenn Sie die besten Web-Designer beauftragen und die aufwendigste Internetwerbung betreiben würden. Der Vorteil für den Kunden steht auch im Internet im Mittelpunkt!

Falls Sie allerdings an Großhandelskunden bzw. Firmenkunden und nicht am Endverbraucher interessiert sind, dann ist das Internet gerade auf dem Sektor „Business to Business" eine große und kostengünstige Alternative zu teuren Hochglanzprospekten, speziell auch für kleine und kleinste Unternehmen. Hier sollte die Gelegenheit, sich an in- und ausländische Kunden zu richten, nicht leichtfertig verspielt werden.

Low-Budget Im Internet verschwimmen die Grenzen von Groß und Klein. Ein Großbetrieb wirkt genauso gut oder schlecht wie sein Pendant aus der mittelständischen Wirtschaft. Der Großbetrieb kann im Netz nicht mit großen Fabrikhallen oder einem hypergestylten Büro beeindrucken, sondern nur mit den gebotenen Informationen. Auf den Vorteil für den Kunden kommt es an. Und wenn die Problemlösung für den Kunden gut transportiert wurde, hat ein kleiner Maschinenbauer die gleichen Chancen einen Auftag zu bekommen wie ein Großunternehmen.

Nehmen wir nur das Beispiel eines hoch spezialisierten Dienstleisters oder Freiberuflers, z.B. ein Wirtschaftsanwalt, der die Information über sein spezielles Wissen in die elektronischen Weiten des Netzes speist. Er hat die Chance, „bemerkt" zu werden. Und zwar von jemandem, der das Netz (wie das Branchenbuch der Post) auf der Suche nach der Lösung seines sehr speziellen Problems akribisch durchforstet. Wenn in Berlin jemand die Homepage des Anwalts aus München liest und ihn als den einzig möglichen Löser seiner Probleme identifiziert, dann wird er diesen Anwalt konsultieren. Unser Berliner Surfer würde wahrscheinlich sogar den weiten Weg von Berlin nach München auf sich nehmen. Bei einem 08/15-Problem hingegen müsste er weder im Internet nach einem geeigneten Anwalt suchen noch wäre er dazu bereit, einen langen Anfahrtsweg in Kauf zu nehmen – Anwälte gibt es schließlich auch in Berlin zur Genüge. Die richtige Information hat in diesem Fall den Ausschlag gegeben, dass sich Käufer (mit Problem) und Verkäufer (Problemlöser) über das Internet gefunden haben. Der Idealfall.

Diese Informationen dürfen im Netz jedoch nicht trocken präsentiert werden. Internet ist das Paradebeispiel für Infotainment. Information ist wichtig, denn gerade um der Information willen ist das „Netz" überhaupt geschaffen worden. Aber auch auf die interessante, kurzweilige und lesefreundliche Präsentation sollte Bedacht gelegt werden. Bieten Sie dem Besucher Ihrer Homepage etwas für seine Zeit.

Low-Budget Um auf Ihrer Homepage Infotainment zu bieten, genügt z.B. die Installierung einer Web-Cam, also einer Internet-Kamera, die live Bilder ins Netz einspeist. Diese Bilder – obwohl noch immer sehr langsam und nicht sehr scharf – üben einen enormen Reiz auf alle Surfer aus. Warum? Ganz einfach, weil ich live über Tausende von Kilometern zu jeder Tageszeit jemandem beim Arbeiten in seinem Büro oder in der Werkstatt zusehen kann. Die Kamera ist relativ preiswert und kann auch von Laien leicht montiert werden. Internet-Beispiel: www.webcam.com

Wie bei jeder Werbung sollte auch bei einem Werbeeinsatz im Internet die erste Frage lauten: Finde ich meine Zielgruppe im Internet und wer nutzt das Internet derzeit überhaupt?

Die Verbreitung von PCs in privaten Haushalten im deutschsprachigen Raum beträgt ca. 50 % und davon sind nur ca. 15 % mit einem Modem ausgestattet. Echten Internetzugang besitzen überhaupt nur knapp 10 Prozent der Bevölkerung.

Im Arbeitsalltag sind zwar ca. 50 % der Arbeitsplätze mit PC ausgestattet, doch davon sind nur ca. 5 % internettauglich. Und die meisten dieser Internet-User sind noch immer den „Besserverdienern" den „Jüngeren" und den „Höhergebildeten" zuzurechnen, glaubt man der Studie von Fittkau & Maaß zu diesem Thema:

In Prozent der Internetnutzer sind

Angestellte in der Wirtschaft	ca. 26 %
Angestellte im öffentlichen Dienst	ca. 11 %

Selbständige/Freiberufler	ca. 13 %
Studenten	ca. 18 %

Diese Verteilung ist vorteilhaft, will man höherwertige Güter oder Investitionsgüter an dem Mann und die Frau bringen. Nachteilig ist sie hingegen, wenn man sich an Senioren wendet, die nur etwa 0,5 Prozent der Internet-User darstellen oder aber an Angestellte im Handwerk, die derzeit etwa 3 Prozent Anteil der Surfer ausmachen.

Auch hier ist es also wichtig, dass Sie es von Ihrem Produkt und Ihrer Zielgruppe abhängig machen, ob Sie ins Netz gehen oder eben weiterhin versuchen, den normalen „klassischen" Weg der Werbeansprache zu beschreiten.

Alles in allem bietet das Internet gerade Klein- und Mittelbetrieben enorme Chancen. Deshalb gebe ich am Ende dieses Kapitels auch zu diesem Thema einige Werbetipps, wie Sie sich möglichst effizient und erfolgreich der Surfergemeinde präsentieren können:

Die wichtigsten Punkte der Low-Budget-Eigenpräsentation im Internet

1. Technische Voraussetzungen

Grundsätzlich gibt es drei Möglichkeiten der Internet-Präsenz:

1. Es geht auch ohne eigenen Internetanschluss und sogar auch ohne PC! Sie können eine Homepage bei einem der vielen Provider anmieten. Hier gibt es dann einen kompletten (aber natürlich kostspieligen) Vollservice, der sogar die Möglichkeit bietet, sich die eingegangenen E-Mails und Bestellungen per Fax zusenden zu lassen.
2. Will man selbst einen Internetanschluss, kommt man um einen PC und ein Modem oder einen ISDN-Anschluss nicht herum. Ein Provider sorgt für den Zugang zum Internet. Achten Sie dabei auf die verschiedenen Angebote der Provider: Monatspauschale oder zusätzliche zeitabhängige Kosten, welche Dienste werden angeboten (WWW, E-Mail, Gratis-Homepagespeicher etc.), ist eine direkte (günstige) Aktualisierung der eigenen Homepage per ISDN möglich? Professionelle Web-Designer machen es möglich. Übrigens: Studenten an den Technischen Universitäten verdienen sich gern ein Taschengeld mit dem Erstellen von Homepages (günstiger wirds dann natürlich auch – Infos an den jeweiligen Universitäten am schwarzen Brett.)

Aber Achtung: Sie sprechen in jedem Fall mit Technikern und nicht mit Marketingfachleuten. Daher müssen Sie vorher ein klares Bild von Ihrem Web-Shop haben. Die Umsetzung ist heutzutage in keinem Fall ein wirkliches Problem mehr.

3. Wenn man alles selbst machen will, muss neben dem Internet-Zugang und der kompletten technischen Ausrüstung auch ein Mitarbeiter vorhanden sein, der sich mit Web-Design befasst. Das allerdings bedeutet einen hohen Zeiteinsatz – aber es soll ja auch unter Unternehmern echte Computerfreaks geben.

4. Einen günstigen Fix-und-Fertig-Shop gibt's bei www.easytrade.at.

2. Die Gestaltung der Homepage

→ Wie bei der Gestaltung des Logos, sollten Sie auch hier einen Profi ranlassen. Ihre Zeit ist zu kostbar, um sich nächtelang mit der Software zur Programmierung Ihrer Homepage zu beschäftigen. Der Web-Designer berät Sie auch über Umfang und Kosten Ihrer Eigenpräsentation.

→ Die erste Seite ist die wichtigste. Vergessen Sie nicht – Internet ist Infotainment. Also nur keine trockene Präsentation. Wie wäre es etwa mit einer „animierten" ersten Seite – ein sich drehendes Logo oder eine Live-Kamera aus ihrem Geschäft? Hüten Sie sich vor zu umfangreichen Grafiken, denn durch die hohe Speicherkapazität wird die Übertragungszeit verlängert. Das rächt sich dadurch, dass Ihre neuen Homepage-Besucher bei zu langem Seitenaufbau rasch die Geduld verlieren und weitersurfen.

→ Suchfunktion zum raschen Auffinden von Begriffen in Ihrer Homepage.

→ Ermöglichen Sie es, dass eine E-Mail an Sie sofort abgesandt werden kann.

→ Ein Bestellformular oder das berühmte Symbol des Einkaufswagens sind ebenfalls wichtig.

→ Achten Sie darauf, dass alles übersichtlich und leicht zu finden ist. Ich habe einmal in einem Web-Shop 20 Minuten damit verbracht herauszufinden, was der Versand des bereits bestellten Produkts kostet und mich schließlich frustriert verabschiedet – ohne den Kauf zu bestätigen.

→ Wichtig ist auch, dass Ihr Provider Ihnen die „Page-Clicks", also die Anzahl der Zugriffe auf Ihre Hompage, mitteilt. Informieren Sie sich aber auf jeden Fall über die Kosten dieses Service.

3. Was soll präsentiert werden?

→ Der Speicherplatz für Text ist im Internet so gut wie umsonst. Präsentieren Sie alle Produkte in Bild und Text. Informieren Sie über die Besonderheiten des Produktes oder über Erfolge bei Konsumententests.

→ *Amazon.com* war einer der ersten Shops, die auch Leserkritiken zu Ihren Büchern gestellt haben. Interessant ist, dass das Buch auch dann – oder gerade deshalb – gekauft wird, wenn es verrissen wurde. Der Konsument dankt die Offenheit, möchte sich aber scheinbar (bei nicht sonderlich teuren Produkten) selbst ein Urteil bilden. Bei Buchhändlern ist dieser Effekt als der „Literarische-Quartett-Effekt" bekannt. Auch wenn Bücher von Reich-Ranicki verrissen werden, sind Sie am nächsten Tag der Renner in den Buchhandlungen. Eine Kritik zu Sekt/Whisky/Tee/Autos etc. wäre also denkbar und auch wünschenswert.

→ Welches Spezial-Know-how können Sie anbieten? Besonders Internet-User sind ständig auf der Suche nach spezifischen Problemlösungen.

→ Stellen Sie sich und das eigene Team (auch mit Foto) mit kurzem Lebenslauf und Spezialgebiet vor, mit eventuellen Querverweisen auf eine Online-Datenbank zur Einsichtnahme auf Fachliteratur (auf eigene Publikationen und wissenschaftliche Veröffentlichungen), Presseberichte oder die aktuelle Hauszeitung. Allerdings nur, wenn diese Texte eine echte Information für die Benutzer darstellen.

→ Geben Sie Querverweise und Links zu weiter führenden Seiten und detaillierteren Informationen zu Ihren Produkten.

→ Wie das aussehen kann, ist auf der Homepage eines meiner Kunden sehr gut nachzuvollziehen. Das Produkt dient der Trockenlegung von feuchten Mauern. Auf der Homepage gibt es Links zu Allergikerseiten, zu Rheumatikerseiten etc. Warum? Nun, ganz einfach: Wasser in den Wänden bewirkt feuchte Flecken. Diese sind der ideale Nährboden für Schimmelpilze und diese wiederum sind die Hölle für Allergiker. (www.aquasal.at)

→ Internet ist ein aktuelles Medium, daher überlegen Sie sich, was Sie an aktuellen Beispielen und Informationen anbieten könnten.

z.B.

Gasthaus	Hinweis auf Spezialitätenwochen und Abdruck der jeweiligen Rezepte.
Café	Hinweis auf Lesungen/Ausstellungen/Konzerte + Link zur Homepage des jeweiligen Künstlers, oder Abdruck von Bildern, Kurzgeschichten etc. Auch CDs der Konzertmusiker abzubilden und vielleicht auch per Internet zu verkaufen ist eine Möglichkeit, die Homepage attraktiv zu gestalten, um das „Wiederkommen" für den Surfer interessant zu machen.
Arzt	Aktuelle, saisonabhängige Gesundheitsbeispiele: Was tue ich bei Grippe! Entspannungsübungen (per Videoanimation) bei Rückenproblemen (natürlich immer bezogen auf das Fachgebiet des jeweiligen Arztes).
Anwalt	Aktuelle und wichtige Gesetzesänderungen „in letzter Minute" oder Fragen, die immer wieder gestellt werden, etwa zu Scheidungsproblemen.
Tischler	Weiter führendes Seminar für Hobby-Tischler. Jede Woche gibt es Beispiele zu neuen Themen und Praktiken des Tischlerhandwerks. Leistenkleben/wackelndes Stuhlbein/Hobeln leicht gemacht etc.
Massagestudio	Auch hier Bilder mit den einfachsten Massagetechniken. Das Studio kann sich hier sehr einfach als Profiunternehmen zu erkennen geben, das sein Handwerk aus dem FF beherrscht.
Friseur	Die aktuellsten Frisurentrends aus aller Welt werden als Foto gezeigt und kurz erklärt.
Metzger	Immer wichtiger: Bio-Produkte. Hier sollte der Fleischer Aufklärung betreiben, um zu erklären, was den Unterschied zwischen Massenfleisch und Biofleisch ausmacht.

Gibt es die Möglichkeit, dass der Kunde von Ihnen per Internet „online" betreut wird?

4. Überfrachten Sie Ihre Homepage nicht!

→ Bedenken Sie – die Übertragungszeiten werden umso länger, je aufwändiger Ihre Homepage gestaltet ist. Das kann den Benutzer mit der Zeit „nerven".

→ Bei privaten Homepages ist oft das Phänomen „möglichst bunt" zu beobachten. Da wird jedes Wort in einer anderen Schrift und in einer anderen Farbe ins Netz gestellt, weil man glaubt, bunt sei schön. Das Gegenteil ist der Fall. Wenn Ihre Homepage blinkt, leuchtet und in tausend Farben erstrahlt, dann ist das nicht schön, sondern im besten Fall peinlich.

5. Aktualisieren Sie Ihre Homepage regelmäßig

→ Das ist der Vorteil eines professionellen Web-Designers bzw. Providers. Er bietet Ihnen die Aktualisierung als Dienstleistung an. Sie müssen sich nicht selbst darum kümmern. Sie mailen oder faxen ihm einfach die neuen Bilder oder Texte und um den Rest kümmert er sich.

→ Wettbewerbe sind ein guter Grund, immer wieder auf Ihre Homepage zu kommen. Ein Optikgroßhändler hat durch einen kleinen Wettbewerb, bei dem es jeden Monat eine Markenbrille zu gewinnen gibt, pro Tag 50 Teilnehmer aktiviert. Diese Zahl klingt wenig, aber immerhin sind dies pro Monat ca. 1.500 neue Kontakte und auch E-Mail-Adressen – Kapital für die Werbung im Internet.

6. Bewerben Sie Ihre Internet-Adresse und Ihre Homepage „klassisch"

→ Hier ist einer der Beweise dafür, dass Werbung im Internet noch lange nicht die klassische Werbung in „echten" Massenmedien ablösen kann: Sie sollten Ihre Internet-Adresse „klassisch" bewerben, damit diese überhaupt Beachtung findet.

→ Derzeit sind in Tageszeitungen und Wochenmagazinen (z.B: *Die Zeit*) eigene Seiten mit Kleinanzeigen speziell für die Homepage-Bewerbung der große Renner. Wie normale Kleinanzeigenseiten sind auch diese Seiten in Rubriken unterteilt, in der Sie Ihren Web-Shop mit den wichtigsten Informationen bewerben können. Günstiger gehts kaum.

→ Drucken Sie daher Ihre Internet-Adresse auch in klassischen Medien ab, nicht zu vergessen auf Briefpapier, Visitenkarten, Prospekte etc.

→ Platzieren Sie Ihre Homepage und Ihre Internet-Adresse in den strategisch wichtigen „Suchmaschinen", die dem Internet-User das Auffinden Ihrer Homepage erleichtern. Auch die richtigen Keywords, also die Stichworte, unter denen ihre Homepage gefunden werden soll, ist wichtig und unumgänglich für einen vernünftigen Web-Auftritt. Ein Optiker sollte nicht nur die Worte „Brille" und „Optiker", sondern auch „Sehen", „Auge", „Linse" „Gläser" etc. einsetzen, nicht zu vergessen Spezialworte bei besonderen Nischenprodukten. Die Fischerbrille müsste dann natürlich auch durch die Worte „Fischer", „fischen", „Angeln" etc. auffindbar sein – vielleicht sogar durch puren Zufall.

→ Ein guter Vergleich sind diese Stichworte mit den Rubriken der Gelben Seiten des Telefonbuchs. Auch hier ist es notwendig zu überlegen, unter welchen Worten der Konsument ein Produkt oder meine Dienstleistung überhaupt sucht.

7. Seien Sie in den wichtigsten Internet-Foren Ihrer Berufsgruppe vertreten

→ Fast jeder Berufsstand ist im Internet durch seine Vertretung oder durch private Anbieter in einer Art interaktiver Adressenliste vertreten. In diese Listen kann man sich gratis oder gegen geringes Entgelt aufnehmen lassen und sich damit sehr einfach und günstig online präsentieren (informieren Sie sich bei Ihrer Kammer, Ihren Berufsvertretungen oder den einzelnen privaten Anbietern). Gratislisten bieten z.B.:

→ www.bizweb.com

→ www.yahoo.com

→ www.commerce.net

→ www.netmarket.com

→ Diskussionsrunden und Special-Interest-Webseiten sind wichtig, um zu relevanten Mitbewerbern zu gelangen, aber auch um auf diesen Seiten eigene Links unterzubringen bzw. auf die Spur Ihrer Zielgruppe zu kommen. Zu jedem Thema gibt es Tausende von so genannten „pages" (= Seiten) im Netz. Eine gezielte Suche zahlt sich aus.

→ Verzeichnislisten und Linksammlungen: Sie sind sinnvoll, damit Sie im Netz auch gefunden werden.

→ Seit kurzem sind auch die Auktions-Homepages der großen Anbieter interessant für kleine Betriebe. Denn über diese Homepages werden nicht mehr nur Privatverkäufe getätigt, sondern auch Business-to-Business-Geschäfte angebahnt: z.B. www.ebay.de oder www.amazon.de oder www.ricardo.de etc. Ein Link sorgt dann für den schnellen und automatischen Wechsel auf Ihre Homepage.

8. Werbebanneraustausch bringt mehr Besucher auf Ihre Homepage!

→ Überlegen Sie, ob es Partnerfirmen oder private Homepages gibt, auf denen Sie mit einem Werbebanner vertreten sein oder mit denen Sie Ihre Werbebanner austauschen könnten.

→ Einige Internet-Shops gehen beim Bannertausch bereits so weit, dass sie Umsatzbeteiligungen für jeden neu gewonnenen Kunden in Aussicht stellen, der über den Werbebanner von privaten (oder geschäftlichen) Homepages auf die eigene Shopseite gebracht wird – und auch kauft. Die Technik macht die Überprüfung und Verrechnung dieser Vermittlungen möglich.

9. E-Mail-Adressen sind Ihr Kapital!

→ Ganz ähnlich wie Postadressen das Kapital für Ihre Direct-Mailing-Kampagne sind, so sind E-Mail-Adressen das Kapital für Ihre Internet-Aussendungen. Info-Rundbriefe, Terminankündigungen und anderes lassen sich mithilfe dieser Adressendatei prompt und mit geringem Aufwand an viele Adressen versenden. Eine tolle Möglichkeit, mit einem Minimal-Budget in Erinnerung zu bleiben.

→ Bekommen Sie eine Anfrage, dann beantworten Sie sie möglichst schnell. Internet ist schließlich ein schnelles Medium, und wenn ich auf eine Antwort drei bis vier Tage warten muss, dann fühle ich mich als Konsument nicht ernst genommen.

→ Nicht vergessen: Massenaussendungen mit E-Mail sind verboten. Nur Personen, mit denen Sie schon in Kontakt sind bzw. solche, die Ihnen Ihre E-Mail-Adresse überlassen haben (auf einer Antwortkarte etc.), dürfen mit Werbe-E-Mails beschickt werden.

10. Im Internet sind Sie leicht vergleichbar!

→ Wenn andere „vergleichbare" Anbieter Gratis-Lieferung anbieten, werden Sie kaum darum herumkommen.

→ Wenn andere eine Rücknahmegarantie anbieten, sollten Sie dies auch tun. Denn höchstwahrscheinlich kennt Ihr Kunde Ihre Konkurrenten ebenfalls (oft sogar besser).

→ Bieten Sie Zahlung mit Kreditkarte oder per Nachnahme. Überweisungen ins Ausland kosten eine Unmenge Gebühren. Bei teuren Produkten ist dies kein Problem, aber bei einem Buch oder einer CD sind 5 Euro Bankspesen unerträglich.

→ Bieten Sie Sicherheit bei der Zahlung, wenn andere das ebenfalls bieten. Andernfalls kann allein dieser Punkt den Ausschlag dafür geben, dass der Kunde bei ihrem Konkurrenten kauft, der Sicherheit garantiert.

11. Einige gut gemachte und interessante Internetseiten!

www.amazon.de
www.aquasal.at
www.joop.de

www.cbay.de
www.zigarren-herzog.com
www.landsend.de

www.markt.at
www.manufactum.de
www.knifeshop.com

14 Die Hauszeitung

Beim Wort Hauszeitung höre ich Sie schon leise aufstöhnen. „Ich bin doch ein kleiner Betrieb – kann ich mir niemals leisten – viel zu aufwändig – und die enormen Druckkosten – ganz zu schweigen von …"

Stopp!

Viele Werbechancen werden von Kleinbetrieben allein deshalb vertan, weil das Nachdenken über bestimmte Medien, Werbemittel oder Ideen schon im Keim erstickt wird. Meist heißt das erste Gegenargument: zu teuer! Denken Sie ruhig weiter an Ihr Budget und halten Sie es niedrig. Denken Sie aber auch ganz kurz an die Möglichkeit einer eigenen Firmenzeitung, Bürozeitung, Lokalzeitung bzw. Hotelzeitung. Sich mit einer monatlichen oder vierteljährlichen Zeitschrift präsentieren zu können, hat Stil. Denken Sie aber daran, dass man in der Werbung immer alles sehr groß und teuer, aber auch sehr klein und billig produzieren kann. Denken Sie einerseits an ganzseitige Farbanzeigen und andererseits an die noch immer sehr erfolgreichen Wortanzeigen, mit denen unsere Zeitungen gefüllt sind. Beides sind Anzeigen, beide Arten sind erfolgreich, nur die Kosten sind unterschiedlich. Umgerechnet auf das eingesetzte Werbebudget sind Wort- oder Kleinanzeigen meist deutlich effizienter als aufwändige Bildannoncen auf Hochglanzpapier.

Tatsächlich bestehen viele Hauszeitungen nur aus zwei Blättern. Schon ein A3-Blatt, das auf A4 gefaltet wurde, wirkt auf den Betrachter bereits als vollwertige Zeitung – oder wie ein Infoblatt. Stellen Sie sich nun noch eine Titelseite dazu vor, die zeitungsähnlich gestaltet ist, dann halten Sie eine optisch einwandfreie Zeitung in Ihren Händen.

Low-Budget Zu den Druckkosten: Denken Sie bitte an die neuen Vervielfältigungsmöglichkeiten bei Ihrer Kopieranstalt. Heute werden Kopiervorlagen nicht mehr ausgedruckt und dann auf den Kopierer gelegt, sondern Sie kommen mit einer Diskette in den Copyshop, auf der die gesamten Daten Ihrer Zeitung sind und die dann direkt in den Kopierer eingelesen werden. Der daraus resultierende Schwarz-Weiß-Druck ist von einem Blatt aus einer Druckerei nur mehr von Profis zu unterscheiden. Sie können natürlich auch weiterhin ihre Ausdrucke auf den Kopierer legen und kopieren, allerdings ist diese Methode bei Fotos nicht einwandfrei und wird auch von Laien als „Kopie" enttarnt. Die Kosten für eine solche vierseitige Hauszeitung liegen bei wenigen Pfennigen. Die Auflage muss nicht mehr als 100 Stück betragen. Echter Druck zahlt sich ab einer Auflage von 2.000 bis 5.000 Stück aus.

Eine Hauszeitung ist das perfekte Medium für Mini-Werber, die Maxi-Ergebnisse erwarten. Sie sehen, es muss eben nicht immer eine umfangreiche Farbzeitung sein – klein und fein, lautet unser Motto. Klein und fein, bringt aber dennoch Mehrumsatz.

Einige theoretische Überlegungen zur Hauszeitung: Klassische Werbung dient der Kontaktaufnahme mit der potenziellen Zielgruppe. Eine Hauszeitung ist eher als Mittel zur Pflege der langfristigen Beziehung zum Kunden anzusehen. Sie dient also der Intensivierung der direkten Beziehungen zwischen Ihnen und Ihrer Kundschaft.

Glauben Sie bitte nicht, dass Sie Ihre Kunden und Gäste mit der oftmaligen Zusendung von Informationen überfordern und verärgern. Das Gegenteil ist der Fall! Wie Studien zeigen, sind Hauszeitung ein viel zu selten eingesetztes Mittel der Kundeninformation – gerade bei Klein- und Mittelbetrieben. Einfach ausgedrückt: Ihre Kundschaft würde liebend gern mehr von Ihnen hören und lesen!

Die Hauszeitung ist dabei das adäquateste Mittel. Denn gerade Haus- und Firmenzeitungen wirken beim Interessenten nicht wie „harte Verkaufswerbung", sondern vielmehr als Information. Prospekte werden als Werbung gesehen und erkannt – Hauszeitungen nicht. Ihr Unternehmen präsentiert sich in diesem Medium noch dazu besser und aktueller, als es in jedem Prospekt und jeder Anzeige möglich wäre.

Die Idee dabei: Informationsvermittlung – Image – Neuigkeiten – Angebote – Kompetenzvermittlung – und auch Sicherheit und Vertrauen werden dem Kunden auf diesen mindestens vier Seiten „verkauft" – noch dazu mit hohem Imagewert.

Vorteile

→ „Noch-Nicht-Kunden" und auch „Stammkunden" können mehrmals angeschrieben werden, ohne dass sie sich belästigt fühlen.

→ Wenn das Geld für den Versand dieser Zeitungen fehlt, können Sie das Blatt auf jeden Fall im eigenen Geschäft oder im Lokal zur freien Entnahme für Ihre Kunden ausliegen lassen.

→ Die Neuigkeiten bei Ihren Produkten oder in Ihrer Firma können den Kunden ausführlich näher gebracht werden.

→ Neue Dienstleistungsangebote können erklärt und detailliert dargestellt werden.

→ Pflege des Servicegedankens durch Tipps und Hinweise vom Fachmann.

→ Äußerst preisgünstig (bei kleinen Auflagen nur Kopien), sonst Druck in Schwarz-Weiß, vielleicht zusätzlich mit einer Schmuckfarbe.

→ Äußerst effektiv durch Antwortkarte oder Kupons, die aufgedruckt werden. Sie wollen schließlich auch Ihren Umsatz steigern oder zu neuen Gesprächsterminen kommen.

Die wichtigsten Punkte zur optischen Gestaltung einer Low-Budget-Hauszeitung

1. Umfang und Größe

→ Der Umfang einer Hauszeitung sollte mindestens vier Seiten, kann aber auch mehr als zwölf Seiten betragen (beachten Sie dann allerdings den erheblichen redaktionellen Aufwand für jede Ausgabe). Als Formate empfehlen sich

→ Großformat: DIN A2 (gefaltet auf DIN A3);
→ Normalformat: DIN A3 (gefaltet auf DIN A4);
→ Kleinformat: DIN A4 (gefaltet auf DIN A5).

→ Diese Formate eignen sich am besten zum Falten sowie für den standardisierten Versand und ähneln in ihrem Aussehen gängigen Zeitungsformaten. Noch größer wäre unpraktisch beim Lesen – noch kleiner wäre nahezu unlesbar.

2. Name

→ Mit der Hauszeitung wollen Sie Neuigkeiten verbreiten, Wissenswertes über sich verbreiten und auf die periodische Erscheinungsweise Ihres Druckwerks hinweisen. Wählen Sie daher einen einfachen Namen, der all das in sich vereint:

→ Hifi Aktuell (Hifi- und Elektrohändler)
→ Buletten-Post (Fleischer)
→ Kinderblatt (Spielwaren)
→ Augen-Journal (Optiker)
→ Tier-Zeitung (Tierhandlung)
→ Pillen-Post (Apotheker)

→ Oder wählen Sie griffige Ausdrücke, die auf Ihre Branche oder Ihre Produkte verweisen:

→ Marmor, Stein und Eisen (Baumeister)
→ Donnerwetter (Erlebnislokal)
→ Abschnitt (Friseur)

→ Brötchen (Bäcker)
→ On the Road (Spediteur)
→ Bit & Byte (Computer – Software)

3. Hinweis auf die Exklusivität

Damit Ihre Kunden Sie als den Absender der Hauszeitung erkennen, sollten Sie unter dem Titel auch einen diesbezüglichen Hinweis einbauen:

→ „Die Informationszeitung für alle Kunden der Firma Meier"
→ „Tipps und Ideen für alle Modebewussten von Coiffeur Liselotte"
→ „Praktische Pflegehinweise von Zoohandlung Peter Huber für alle Tierfreunde"
→ „Gesund bleiben mit ausgewählten Tipps der Drachen-Apotheke Berlin"
→ „Erfolgreich im eigenen Unternehmen mit aktuellen Tipps der Unternehmensberatung XX"

4. Die Titelseite

→ Die Titelseite sollte auch wie die Titelseite einer Zeitung aussehen. Orientieren Sie sich dabei an der Gestaltung anderer Presseprodukte – oder auch von anderen Hauszeitungen.
→ Das „Gesicht" der Titelseite sollte einmal festgelegt werden und sich möglichst nicht mehr ändern. Wie in der normalen Werbung ist Kontinuität zielführender als ständiges Ändern und Herumexperimentieren. Auch hier sollten Sie sich an der Optik bekannter Zeitungen und Zeitschriften orientieren.
→ Ihr Logo und Ihre Adresse gehören ebenfalls auf die Titelseite.
→ Versehen Sie Ihre Zeitung auch mit einem Datum oder zumindest mit einer Ausgabennummer, z.B. Ausgabe 2: Herbst 2000.
So wirkt die Zeitung noch mehr wie ein periodisches Druckwerk.
→ Die Titelseite dient u.a. der Einstimmung auf das Hauptthema oder die Titelgeschichte. Ein großes Foto und/oder eine Headline in großen Lettern weisen auf das zentrale Thema hin. Suchen Sie sich dafür die aktuellsten Bezugspunkte z.B. branchenrelevante Messen, Ausstellungen oder Veranstaltungen auf der Titelseite auflisten.
→ Sie können weitere Themen mit Headline und Seitenangabe auf der Titelseite auflisten.
→ Wenn die Zeitung versandt wird, vergessen Sie nicht den Hinweis „Postgebühr bar bezahlt" auf der Titelseite. Denken Sie auch an den Platz für eventuelle Adressetiketten oder ein Adressenfeld für den Eindruck.

5. Innenseiten

→ Die Kopfzeile sollte ebenfalls immer einheitlich gestaltet sein. Sie bietet quasi den Rahmen für Ihren Text und unterscheidet eine Zeitung optisch von einem Prospekt.

→ Die Seiten sollten zumindest zweispaltig, können aber auch dreispaltig oder vierspaltig angelegt sein. Leichtere Lesbarkeit und bessere Übersichtlichkeit sind gegeben, wenn die Zeilen nicht zu lang sind.

→ Setzen Sie den Text immer in Blocksatz (Zeitungscharakter).

→ Legen Sie immer wiederkehrende Rubriken fest:
  → Tipps & Tricks
  → Das Kunden-Interview
  → Neues aus der Forschung
  → Neue Rezepte zum Nachkochen
  → Wussten Sie schon …
  → Kennen Sie schon …
  → Unser neuer Service
  → Der neueste Branchenwitz
  → Antwortkarte bzw. Reaktionselement für die Leser
  → Leserumfrage
  → Fremdanzeige
  → Die Angebotsseite
  → Schnäppchenmarkt etc.

6. Fremdanzeigen

Durch kostenpflichtige Fremdanzeigen finanziert sich Ihre Hauszeitung selbst.

Low-Budget Überlegen Sie, welcher Anbieter oder Lieferant Interesse an Ihren Zielgruppen haben könnte. Im Falle eines Autohändlers sind es natürlich die Autofirmen, bei einem Friseur die verschiedenen Kosmetikhersteller. Legen Sie bestimmte Anzeigenflächen fest und lassen Sie sich diesen Anzeigenraum in Ihrer Zeitung bezahlen. Sie werden überrascht sein, wie leicht Sie zu Einschaltungen kommen werden. Das gilt allerdings nur, wenn die Anzeigenpreise moderat und nicht überzogen sind und wenn die Auflage über einige wenige Exemplare hinausgeht. Vergessen Sie nicht: Ihr Lieferant ist schließlich auch von Ihren Werbeaktivitäten abhängig.

Die Größen dieser Anzeigen sollten einheitlich eine Viertelseite bzw. eine halbe Seite sein, damit eine Einbindung in das Gesamtlayout vereinfacht wird. Der Preis für diese Anzeigen ergibt sich aus der Auflage und Zielgruppe der jeweiligen Zeitung.

7. Die Bilder

Unter jedem Bildelement (egal ob es Bilder, Grafiken oder Tabellen sind) sollte auch eine Erklärung bzw. weiter führende Information stehen. Wie wir bereits aus dem Kapitel Direct-Mailing wissen, werden Bildunterschriften am häufigsten gelesen.

8. Ein Schuss Humor

Betrachten Sie Ihre Hauszeitung nicht als reines Informationsmedium. Ein Schuss Humor in Form eines gezeichneten Witzes, einer Karikatur oder auch einer heiteren Kurzgeschichte aus dem Berufsalltag haben noch niemandem geschadet.

9. Copyright beachten

→ Achten Sie bitte auf das Copyright von Comiczeichnungen, Fotos und Grafiken, die Sie verwenden. Sie dürfen also nicht einfach Fotos aus Zeitungen ausschneiden und in Ihrer Zeitung verwenden. Das könnte sonst sehr teuer werden.

→ Fragen Sie Ihre Großhändler nach geeignetem Foto- und auch Textmaterial zum honorarfreien Abdruck. Wollen Sie ein bestimmtes Foto aus einer Zeitung oder Zeitschrift, dann rufen Sie einfach die Zeitungen an, ob sie Ihnen dieses Foto honorarfrei (mit dem Hinweis auf den Ursprung, also Name des Fotografen oder der Zeitung) zur Verwendung überlassen. Nicht alle werden Ja sagen, aber es werden auch nicht alle Nein sagen. Einen Versuch ist es allemal wert.

10. Antwortkarte auf der letzten Seite einfügen

→ Geben Sie Ihren Kunden z.B. mit einer Antwortkarte die Möglichkeit zu reagieren. Dabei spielt es keine Rolle, ob die Kunden etwas kaufen oder nur Infos abrufen sollen.

→ Gestalten Sie die Antwortkarte bereits absendebereit, also bereits mit dem Feld für die Briefmarke. Entscheiden Sie, ob die Kunden Briefmarken selbst aufkleben sollen oder ob Sie nicht doch besser „Postgebühr zahlt der Empfänger" anbieten sollten.

11. Vergünstigte Postgebühren für „Periodische Druckwerke"

Als Zeitung eingestufte Druckwerke werden zu besonders ermäßigten Preisen von der Post befördert. Um diese Zulassung als Zeitung zu erhalten, müssen aber einige Grundvorrausetzungen erfüllt sein. Es müssen z.B. redaktioneller Inhalt, ein tatsächlicher Verkauf des Druckerzeugnisses und eine jährliche Mindesterscheinungsweise nachgewiesen werden. In Deutschland, Österreich und der Schweiz gelten für Hauszeitungen jeweils gesonderte Bestimmungen – informieren Sie sich in Ihrem Postamt. Es lohnt sich.

Die wichtigsten Punkte zum Texten einer Low-Budget-Hauszeitung

1. Der redaktionelle Text

→ Was, Wer, Wo, Wann, Wie, Warum? Das sind die Punkte, die den Leser interessieren, und diese Fragen beantworten auch alle guten Zeitungsartikel dem Leser (siehe Kapitel 12 Public Relations).

→ Texten Sie einfach und klar. Beachten Sie dabei folgende Grundregel: Eine Pressemeldung ist anders aufgebaut als ein Roman. Für einen Pressebericht gilt: Höhepunkt zuerst – danach die näheren Umstände – und erst am Schluss die Einzelheiten. Die ersten beiden Punkte sollten in der Headline und im ersten kurzen Absatz oder sogar im ersten Satz untergebracht werden.

→ Die Headline sollte kurz, griffig und interessant sein. Nehmen Sie sich auch hier ein Beispiel an der Tagespresse und studieren Sie genau die mitunter sehr witzigen und treffenden Headlines der Profis.

Auf der Messe war der Teufel los: Halloween wird auch in Deutschland immer beliebter ...

Keine Angst vor Bit & Byte: Ein elektronischer Hund macht Schlagzeilen auf der CeBit ...

→ Auch Texte unterliegen dem Copyright. Wenn Sie eine Person oder aus einem Medium zitieren, dann kennzeichnen Sie das Zitat am besten mit Anführungszeichen und der jeweiligen Quelle bzw. dem Namen des Autors. Also z.B.: „Zitat: Alois Gmeiner aus: Das Werbe 1x1 ...".

2. Das Reaktionselement

→ Egal, ob es sich nun um eine echte Antwortkarte oder um eine Leserumfrage handelt: Ein Recall-Element sollten Sie auf alle Fälle berücksichtigen, um die Leser zu einer Reaktion zu bewegen (siehe Antwortkarte bei Direct-Mailing).

→ Fügen Sie einen wichtigen Punkt in Ihrer Antwortkarte ein: „Ja, Ihre Hauszeitung gefällt mir, ich möchte sie auch weiterhin zugesandt bekommen. Ich bestelle hiermit *gratis und unverbindlich* ein Abonnement Ihrer Zeitung.

→ Ihre Rückantworten erhöhen Sie auch durch ein kleines Gewinnspiel. Dabei ist es nicht notwendig, große und teure Preise zu verteilen – Gutscheine oder Sachpreise sind oft durchaus erfolgreich. Und bei den heutigen Reisepreisen ist auch eine Flugreise nach Mallorca oder Griechenland kein wirklicher Großpreis mehr (Preise von nur 200 bis 300 DM sind keine Seltenheit mehr). Der Werbewert und die Attraktivität eines solchen Preises ist aber noch immer enorm.

Low-Budget Gerade werben einige Reiseanbieter mit Tagesreisen nach Mallorca oder in verschiedene europäische Städte. Morgens hin – abends zurück. Die Kosten für diese Trips sind äußerst gering. Dennoch haben diese Kurzreisen das Image von Jet-Set und Luxus. Nutzen Sie dieses Image und verarbeiten Sie es in Ihrer Gewinnspiel-Headline: „Zum Kaffee nach Ibiza, zum Shoppen nach London!"

→ Lassen Sie den Kunden weitere Informationen oder weitere Unterlagen anfordern. Natürlich gratis und unverbindlich – oder lassen Sie ihn mithilfe eines Bestellscheins sofort die Angebote in Ihrer Zeitung bestellen.

3. Ein Forum für Leser

→ Lassen Sie Ihre Leser und damit Ihre Klienten und Patienten zu Wort kommen. Drucken Sie Interviews, Leserbriefe oder Anregungen Ihrer Kunden ab. Die Kunden werden Sie dafür lieben!

Low-Budget Die meisten Kunden lieben es, wenn Sie aus der Masse hervorgehoben werden. Achten Sie darauf, dass Sie solche Kunden auswählen, die Ihrer Idealzielgruppe entsprechen. Also Besserverdiener, Lokalprominenz, Akademiker, Unternehmer etc. Gehen Sie ruhig auf Ihre Kunden zu und fragen Sie um die Erlaubnis zu einem Interview. Sie werden überrascht sein, wie viele sofort zustimmen werden.

z.B. Als Beispiel ein Interview, das ich mit der zufriedenen Kundin eines Tischlers geführt habe. Die Dame ist eine sehr erfolgreiche Akademikerin – eine moderne Küchenkundin, wie sich sie ein Tischler nur wünschen kann:

Interview-Beispiel:

Interviews sind immer gut, um Authentizität zu vermitteln. Einem Fremden glaubt man eher, als dem Unternehmer selbst, wenn er von seinen Produkten "schwärmt". Suchen Sie sich dazu möglichst hochwertige Gesprächspartner aus. Prominente die über Ihre Dienstleistung, Ihre Firma oder Ihr Produkt sprechen sind — perfekt.

1. DanKüchen STUDIO IN BADEN

► "Meine Traumküche wurde Wirklichkeit!"

Ein Interview mit einer Kundin ist immer eine etwas heikle Angelegenheit. Denn man will als Handwerker natürlich das Interview nicht verändert oder gar beschönigt wiedergeben, sondern genau so wie es passiert ist. ("War denn von unserer Seite wirklich alles 1a, oder hat es nicht doch vielleicht einige Problemchen gegeben?") Und daher hat man vor einem solchen Gespräch einfach ein wenig Magendrücken. Wir sind daher sehr stolz, Ihnen dieses Interview 1 : 1 präsentieren zu können. Alles in Allem ein großes Lob von einer zufriedenen Kundin. Diesmal ist es eine 29 jährige Juristin und Universitätsassistentin, die sich bei uns Ihre Traumküche verwirklicht hat.

DAN: Frau Dr. Micheler, Sie sind Univ. Assistentin und Ihr Lebensgefährte ist in der Kapitalmarktfinanzierung der RZB tätig. Ist Kochen für Sie tägliche Pflicht und Routine?
DR. MICHELER: Es stimmt, wir sind in unseren Berufen engagiert. Kochen ist für uns daher Entspannung. Gekocht wird auch eigentlich nur wenn gute Freunde kommen. Dann koche ich aber sehr gerne · und auch ganz gut · hoffe ich?
DAN: Wodurch sind Sie auf das "1. DAN KÜCHEN STUDIO in Baden" gekommen?
DR. MICHELER: Die Empfehlung eines Freundes.
DAN: Was waren Ihre Vorstellungen von Ihrer Küche, bevor Sie mit den Fachleuten gesprochen hatten?
DR. MICHELER: Null Ahnung. Absolut Null! Das Einzige was ich gemacht habe, war bei Freunden, die gerade eine neue Küche bekommen haben, nachzufragen, was Sie anders machen würden. Was Ihnen also an Ihrer jetzigen Küche nicht gefällt. Und das habe ich dann dem Planer gesagt, so gesehen sind schon einige Ideen zusammengekommen.
DAN: Das bedeutet aber auch, daß Sie von unseren Planern gut beraten wurden!?
DR. MICHELER: Also die Beratung war sehr gut, der Mann hat sich Mühe gegeben und sich wirklich Zeit genommen. Ich habe ihn auch dauernd angerufen und bin ihm sicher etwas auf die Nerven gegangen, aber wie gesagt - also das war wirklich ok.
DAN: Welche Anforderungen hatten Sie an Ihre Küche?
DR. MICHELER: Praktisch - schön - nicht so teuer!
DAN: Und, ist die Küche praktisch?
DR. MICHELER: Ja, ganz toll und auch die Planung und Ausführung ist spitze.
DAN: Alles läuft wie geschmiert?
DR. MICHELER: Ja, wirklich sehr gut. Alles paßt. und ich habe nie messen müssen, was sehr gescheit ist, weil ich hätte etwas falsch messen können, und

es wäre eine Katastrophe gewesen. Also, da hat sich der Berater wirklich drum gekümmert.
DAN: Wieviel Zeit verbringen Sie in der Küche?
DR. MICHELER: Viel, sehr viel, es zahlt sich wirklich aus die Küche großzügiger zu konzipieren. Wir laden auch sehr gerne Gäste ein und da ist es immer so, daß sich alles in der Küche sammelt.
DAN: Wurden alle Termine eingehalten?
DR. MICHELER: Perfekt, wirklich. Termine wurden immer eingehalten. Da ist das DAN-KÜCHEN-STUDIO aber leider eine der wenigen Firmen. Da habe ich auch ganz andere Erfahrungen gemacht.
DAN: Das bringt mich auf eine Frage - Erlebnisse bei anderen Küchenanbietern?
DR. MICHELER: Na ja, einer hatte nie Zeit, und der andere bei dem wir uns informiert haben, wollte auf Druck verkaufen. Das ist natürlich unangenehm.
DAN: Letzte Frage - Preis-Leistungs-Verhältnis?
DR. MICHELER: War ok. War nicht billig, aber ok. Ich habe für andere Handwerker mehr bezahlt und war aber dann trotzdem weniger zufrieden.
DAN: Vielen Dank für das Gespräch. Und da wir gehört haben, daß Sie für 1 Jahr zu Studienzwecken nach Oxford gehen - gute Reise und alles Gute!
DR. MICHELER: Danke - das kann ich brauchen!

So einfach kann Zeitungmachen sein! Viel Erfolg!

In fünf Schritten zur eigenen HAUSZEITUNG:

Überlegen Sie sich den Namen für Ihre Hauszeitung und deren Umfang. Bei mehr als vier Seiten achten Sie auf die Abfolge der Seitennummerierung.

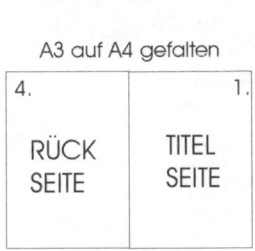

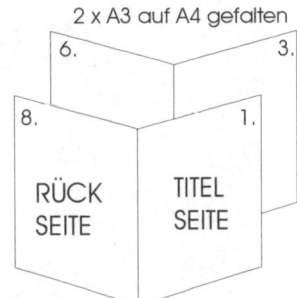

Die Gestaltung: Soll der Schwerpunkt der Zeitung mehr auf Text oder mehr auf Grafik und Fotos liegen? Soll die Zeitung in einer höheren Auflage erscheinen und daher gedruckt werden oder nur in geringerer Auflage und es reichen Kopien? (Übrigens: Das hier abgedruckte Beispiel ist eine „kopierte" Zeitung.

Die Titelseite: Sie soll auch wie eine Titelseite aussehen. Präsentieren Sie Ihr Hauptthema in der größten Schlagzeile. Eventuell kleinere Hinweise auf die weiteren Themen oder den Inhalt.

Das Layout sollte leicht variierbar und trotzdem immer einheitlich erscheinen. Die Rückseite enthält entweder eine Rückantwortkarte oder Ähnliches (z.B. Kundenbefragung).

Die Innenseiten: Viel Text ist kein Problem. Sie wollen schließlich eine Zeitung. Die Seiten sollten zumindest in zwei (oder auch in drei bis vier) Textspalten unterteilt werden. Das erleichtert das Lesen und wirkt übersichtlich und professionell. Möglichst unter jedes Foto Bildunterschriften. Angebote nicht vergessen!

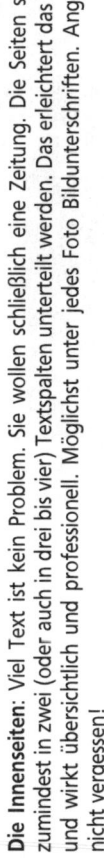

Hauszeitung-Beispiele:

Eine Zeitung soll auch aussehen wie eine Zeitung. Fesselnde Themen die den Leser interessieren, machen daraus ein Erfolgsblatt. Und vergessen Sie auch hier nicht: Der Leser muss reagieren!

15 Verkehrsmittelwerbung

Die Verkehrsmittelwerbung ist eine Werbemöglichkeit und eine Werbeform, die von Klein- und Mittelbetrieben nur sehr selten genutzt wird. Möglicherweise weil man glaubt, dass Verkehrsmittelwerbung unfinanzierbar oder auch ganz einfach nicht erfolgreich ist. Beide Vorurteile sind falsch.

Aus eigener Erfahrung kann das genaue Gegenteil berichtet werden. Verkehrsmittelwerbung ist – meiner Ansicht nach – sogar eines der Erfolg versprechendsten Werbemittel und dabei oft sehr kostengünstig.

Wohlgemerkt, nicht jeder Betrieb wird sich die großen Folien auf Straßenbahnen und Bussen leisten wollen oder auch können. Aber umgerechnet auf die tagtägliche und fast 24-stündige Präsenz (im Gegensatz zu z.B. Anzeigen in Tageszeitungen) sind diese Werbemittel geradezu spottbillig.

Grundsätzlich ist auch genau zu unterscheiden, ob man mit seiner Werbung nur Image- bzw. Bekanntheitswerbung betreiben möchte (dann sind die Außenflächen von Verkehrsmitteln ideal) oder ob man konkrete Informations- und Angebotswerbung durchführen möchte (dann sind die Flächen im Inneren der Verkehrsmittel zu bevorzugen).

Ganz entscheidend für den Werbeerfolg in Verkehrsmitteln ist die „Masse". Gibt es also genügend Plakatflächen für den Werbeauftritt und werden diese wenigen Flächen auch von genügend Personen und Passanten gesehen und beachtet? Dies ist besonders dann wichtig, wenn man sich nur wenig Werbefläche leisten kann.

Die verschiedenen Möglichkeiten der Verkehrsmittelwerbung:

→ Straßenbahn: innen und außen (unterschiedliche Möglichkeiten wie: Plakate, Folien, Schilder, Laufschriftwerbung, Durchsagen)
→ U-Bahn: innen und außen (unterschiedliche Möglichkeiten wie: Plakate, Folien, Schilder, Laufschriftwerbung, Durchsagen)
→ Busse: innen und außen
→ City-Busse: innen und außen
→ U-Bahn-Stationen (unterschiedliche Möglichkeiten wie: Plakate, Folien, Schilder, Laufschriftwerbung, Durchsagen, Stationskino)
→ Bahnsteig-Plakate (Folien- oder Papierwerbeflächen in den unterschiedlichsten Größen)
→ Straßenbahn- und Busstationen (unterschiedliche Möglichkeiten wie: Plakate, Folien, Schilder, Laufschriftwerbung,)
→ Taxis: innen und außen (meist Aufkleber)
→ Lkw: auf den Planen der Lkw

→ Nahverkehrszüge: innen und außen (unterschiedliche Möglichkeiten wie: Plakate, Folien, Schilder, Laufschriftwerbung, Durchsagen)

→ Bundesbahnzüge: innen (unterschiedliche Möglichkeiten, auch in den Fahrplänen oder in den Zugzeitungen)

→ Bahnhöfe: unterschiedliche Möglichkeiten wie: Plakate, Folien, Schilder, Laufschriftwerbung, Durchsagen, Bahnhofskino)

→ Privat-Pkw: nur Außenaufkleber

→ Zeitungen: Fahrgastzeitungen der unterschiedlichsten Verkehrsmittel, die gratis aufliegen

Genauere Informationen über Preise, Möglichkeiten und Größe der Flächen geben Ihnen die meisten Werbeagenturen oder die jeweiligen Verwaltungen der Verkehrsmittelbetriebe.

Die wichtigsten Punkte für Low-Budget-Außenwerbung bei Verkehrsmitteln

1. Seien Sie plakativ

→ Da Außenwerbung auf Bussen oder Straßenbahnen große Ähnlichkeit mit Plakatwerbung hat, sollte man sich nur auf eine Hauptaussage konzentrieren und das Logo möglichst groß herausstellen.

→ Gerade bei Bus- oder Straßenbahnfolien fehlt die Zeit für das Lesen längerer Texte. Beschränken Sie sich daher auf eine Hauptaussage und eine einzige Headline.

→ Bei Außenfolien verwendet man nicht die ganze Firmenadresse, sondern nur die wichtigsten Infos:

   → bei einem Geschäft die Adresse.

   → bei einem Büro die Telefonnummer.

   → bei einem Internetanbieter die www.nummer.

   → bei einem Pizzaservice die Bestellnummer.

2. Auffälligkeit durch einen Blickfang

→ Wählen Sie ungewöhnliche und nicht alltägliche Fotos, Grafiken oder Zeichnungen.

→ Vermeiden Sie zu detailreiche und „komplizierte" Fotos – man hat keine Zeit, sich das Foto genauer anzusehen, um die Details oder Feinheiten zu erkennen.

3. Nur ein- oder zweifarbige Drucke

Die Folien für die Beklebung der Verkehrsmittel sind nicht nur groß, sondern auch relativ teuer. Das liegt daran, dass sie im Siebdruckverfahren hergestellt werden. Das gilt auch für Lkw-Planen. Jede Farbe verteuert den Druck zusätzlich.

4. Welches Verkehrsmittel ist für Sie geeignet?

→ Schnellbahnwerbung zahlt sich kaum für jemanden aus, der sein Geschäft in der Innenstadt hat. Auf Stadtbussen kann diese Werbung aber wieder erfolgreich sein.

→ Nutzen Sie Ihre eigenen Firmen- oder Privat-Pkw für die Werbung.

5. Auch auf Verkehrsmitteln den konkreten Vorteil für die Kunden im Auge behalten!

6. Produzieren Sie Folien für einen längeren Zeitraum

→ Es ist unwirtschaftlich, eine große Folie für eine Straßenbahn produzieren zu lassen und dann die Straßenbahn nur für einen Monat damit zu bekleben. Je länger, desto besser – und desto billiger. Dem muss auch die Gestaltung Rechnung tragen. Wählen Sie bei einem kleinen Budget also keine kurzfristigen Angebote oder entscheiden Sie sich für jahreszeitliche Gestaltungen.

→ Drei bis sechs Monate Plakatierungsdauer sollten mindestens eingeplant werden, sonst sind die Erstellungskosten für diese Aktion zu hoch.

7. Bahnsteigplakate oder Bahnhofsplakate

→ Bahnsteig- oder auch Bahnhofsplakate können genau platziert werden. Suchen Sie sich einfach Ihren idealen Bahnsteig aus, und wenn die Flächen frei sind – buchen Sie sie.

→ Hinweise wie „Erreichbar in 2 Minuten" oder „100 m von hier …" sind bei Bahnsteigplakaten geradezu Pflicht! (Weitere Tipps – siehe Kapitel: Plakat)

Die wichtigsten Punkte für Low-Budget-Innenwerbung bei Verkehrsmitteln

1. Mehr Text ist bei Innenplakaten kein Fehler – im Gegenteil

→ Da in der Straßenbahn, in Bussen, der Schnellbahn oder in der U-Bahn der Leser näher an den Plakaten ist und auch mehr Zeit hat, sich mit dem Aussagen zu beschäftigen, kann der Text ruhig länger sein. Eines meiner erfolgreichsten Straßenbahnplakate bestand aus nichts anderem als Text.

→ Zu kleine Schrift ist fatal. Bedenken Sie, dass Ihr Leser zwar nahe bei ihrem Plakat steht, das dieses „Nahe" aber dennoch zwischen zwei und drei Metern betragen kann. Kleine Schriftgrößen haben auf diese Distanz keine Chance.

2. Farbe ist kein Muss

Auch einfarbige Gestaltungen haben Erfolg, wenn die Aussage stimmt. Es kommt auf Ihr Angebot und Ihr Produkt an, ob Farbe von Vorteil ist.

3. Vorteil für den Leser nicht vergessen

Wo man bei der Außenwerbung auf konkrete Aussagen und Vorteile verzichten könnte, weil man nur das Logo und die Adresse oder Telefonnummer bewirbt, da muss auf Innenplakaten dem Leser auf alle Fälle ein Vorteil präsentiert werden, um eine Reaktion zu bewirken.

4. Gut Ding braucht Weile

→ Werbeflächen rechtzeitig buchen! Verkehrsmittelwerbung ist begehrt, Buchungen müssen daher bereits Monate zuvor getätigt werden.

→ Unterschätzen Sie auch nicht die Produktionszeiten für Plakate und Folien. Planen Sie als Richtwert für Gestaltung und den Druck ca. einen Monat ein. Der Abgabetermin für die Plakate und Folien ist meist mindestens zwei bis vier Wochen vor dem geplanten Erscheinungstermin.

Einige meiner erfolgreichsten Straßenbahnplakate sehen Sie auf den folgenden Seiten. Zu Beginn jenes Plakat, mit dem ich für einen Tischler enorme Umsatzerfolge eingefahren habe, obwohl das Budget minimal war.

Low-Budget Das Problem dieses Tischlers war das gleiche, das auch viele andere Handwerker plagt. Der moderne Kunde wagt sich oftmals nur deshalb nicht ins Geschäft oder in die Werkstatt, weil er meint, die Leistungen wären unbezahlbar. In langen Gesprächen mit „meinem" Tischler haben wir jedoch festgestellt, dass der Tischler nur im Tiefpreissegment nicht konkurrenzfähig ist, ab dem Mittelpreissegment sind, abgesehen von Sonderaktionen, die Preise annähernd mit den „Großen" vergleichbar. Und genau das haben wir auf einem schlichten Schwarz-Weiß-Plakat auch den Kunden mitgeteilt. Dieses Straßenbahn-Innenplakat lief (mit jährlichen kleinen Abwandlungen) jahrelang mit großem Erfolg. Das Budget betrug pro Jahr (für ca. drei Monate Plakatierungsdauer aufgeteilt über das ganze Jahr und dem Druck der benötigten ca. 2.000 Plakate) ca. 4.500 Euro. Der durchschnittliche Umsatz, der pro Jahr ausschließlich durch das Plakat erreicht wurde: ca. 100.000 bis 150.000 Euro.

Verkehrsmittelwerbung:

Mein erstes Straßenbahnplakat. Nur in Schwarz-Weiß gedruckt und dennoch noch immer eines meiner erfolgreichsten, gemessen an dem minimalen Budget.

ÄTSCH

W A R U M?

Warum — haben wir vom Möbelhaus STRONDL uns gefragt — sind die großen XYZ-Möbellagerhäuser sooooooooo billig.

R I C H T I G!

Sie bieten „billige" Möbel — zu „billigen" Preisen.
ABER:
Bei Qualitätsmöbeln sind die Großen GLEICH IM PREIS wie STRONDL. In vielen Fällen ist STRONDL sogar günstiger.
Die Maßanfertigung, das Service, die persönliche Bedienung und das Know-how eines Tischlermeisters gibt's bei STRONDL gratis dazu.
NA BITTE!
Vergleichen Sie — kommen Sie doch einfach vorbei oder rufen Sie an.
TEL.: 43 13 88.

Besser nach Maß — als Masse.

STRONDL

TISCHLEREI UND MÖBELHANDEL · Kreuzgasse 25, 1180 Wien

Danach noch ein Plakatentwurf – ebenfalls für einen Tischler – einige Jahre später. Der Tischler (immerhin ein Betrieb mit 20 Mitarbeitern) erwirtschaftet durch diese tolle Marketingidee (Gratis-Vorortplanung) und dem sehr auffälligen Plakat rund 30 Prozent seines Betriebsumsatzes mit der Maßmöbelmann-Idee. Beide Plakate bieten dem Leser vor allem eines: klare Vorteile.

Und wie könnte eine Straßenbahn für diesen Tischler aussehen? Na, vielleicht so:

16 Kundenkarten

Zu Beginn des Kapitels schlage ich Ihnen einen kleinen Test vor. Nehmen Sie einmal Ihre Brieftasche zur Hand und stöbern Sie in den einzelnen Fächern ein wenig herum. Ich bin mir fast sicher, auch bei Ihnen findet sich in der Brieftasche zumindest eine dieser ominösen „Kundenvorteilskarten". Und wenn sie nicht direkt in Ihrer Brieftasche steckt, dann liegen gewiss mehrere von diesen Werbemitteln in Ihrem Büro oder Geschäft.

Der Grund für den Erfolg dieser Karten ist einfach erklärt: die Vorteile für den Kunden!

An so vielen Stellen in diesem Buch haben wir bereits über die Vorteile für den Kunden gesprochen. Hätten die Unternehmer, die Kundenkarten ausgeben, sich nicht intensiv mit Ihren konkreten Kundenvorteilen beschäftigt, dann gäbe es keine Kundenkarte in diesen Unternehmen. Die meisten Unternehmer werden bestätigen, dass sie Erfolg mit der Kundenkarte haben. Die Kundenkarte ist ein Werbemittel, das

→ in seiner günstigsten Form (eine Kartonkarte – beidseitig bedruckt) wenige Pfennige kostet;

→ nicht nur Kunden aktiv wirbt, sondern, fast noch wichtiger, Kunden auch hält und zu Stammkunden macht;

→ oftmals den letzten Anstoß für eine große Kaufentscheidung gibt, wenn die Konkurrenzfirma keine Kundenvorteilskarte anbietet;

→ von fast allen Großkonzernen und Supermärkten verwendet wird, aber noch immer nur von sehr wenigen Kleinbetrieben;

→ so schnell und einfach produziert werden kann wie eine Visitenkarte.

Die wichtigsten Punkte für Low-Budget-Kundenkartengestaltung

1. Der Kunde will seine Vorteile Schwarz auf Weiß

→ Bei anderen Anbietern muss der Kunde um seine Prozente feilschen. Bei Ihnen bekommt er den Kunden- oder Treuerabatt automatisch. Die Erfahrung zeigt, dass, wenn die Kunden Rabatt mit der Kundenkarte bekommen, sie kaum zusätzliche Vergünstigungen verlangen. Viele Unternehmer sind durch diese Kundenkarten der Rabattfalle entkommen, bei der die Kunden von Mal zu Mal mehr Prozentnachlässe verlangt haben.

→ Auch Vorteile, die den Unternehmern keine echten Kosten verursachen, können für Kunden attraktiv wirken.

→ Gratis-Lieferung (in Ihrer Branche vielleicht ohnehin üblich)

→ Gratis-Informationen über die aktuellen Aktionen und Angebote (in Wirklichkeit ist dieser „Vorteil" natürlich nichts anderes als ein Freibrief für weitere Werbezusendungen)

→ Gratis-Planung

→ Gratis-Abo der Haus- und Kundenzeitung

→ Gratis-Einladung zu Modeschauen

→ Gratis-Beratungsbesuche etc.

→ Der Kunde kennt diese Vorteile von Ihnen nicht – oder nicht alle. Er ist dankbar, dass er sie von Ihnen Schwarz auf Weiß bekommt.

Low-Budget Haben Sie sich eigentlich schon einmal überlegt, Hauszustellungen einzuführen? Gerade in der Lebensmittelbranche wird derzeit heftig um Marktanteile in diesem Sektor gerungen. In den 80er-Jahren war es undenkbar, dass die großen Lebensmittelsupermärkte eines Tages Hauszustellungen machen würden. Aber seit einigen Jahren ist genau dies ein lukratives Geschäft. Die kleinen Lebensmittelhändler haben (mit wenigen erfolgreichen Ausnahmen) diesen Trend verschlafen.

Einigen Branchen, die durch den großen Vorteil „Hauszustellungen" neue Kunden aquirieren und alte Kunden bei der Stange halten könnten sind

→ Videotheken

→ Kleiderreinigungen

→ Schuhreparaturen

→ Änderungsschneidereien

Prozente und Rabatt sind natürlich der Hauptanziehungspunkt für eine Kundenvorteilskarte. Wer kauft nicht dort, wo es etwas günstiger gibt? Rabatte und Skonto hat es immer schon gegeben. Heute muss man dem Kunden diesen Vorteil konkret präsentieren. Die verschiedensten Varianten dieser Rabatte und Preisnachlässe hängen von Ihrem Margen und Gewinnspannen ab. Normalerweise bewegen sich diese „Geldvergünstigungen" aber in den folgenden Größenordnungen:

→ Treuerabatte von drei bis zehn Prozent sollten auf alle Fälle gewährt werden.

→ Skonto für Barzahlung bis zwei Prozent zusätzlich (wenn möglich).

→ Alleinige Vergünstigungen von ein bis zwei Prozent sind heute eher weniger attraktiv.

Geben Sie bis zu zwei Vorteilskarten aus! Eine für gute Kunden und eine für sehr gute Kunden. Teilen Sie Ihre Kunden in zwei Klassen ein. Für einen Installationsbetrieb habe ich einmal zwei Vorteilskarten entworfen. Eine für Grosskunden und eine für Normalkunden. Wir haben die Karten „Silber-Card" und „Gold-Card" getauft. Natürlich gab es mit der Gold-Card höhere Treuerabatte und bessere Konditionen als bei der Silber-Card. Denken Sie in diesem Zusammenhang auch an die verschiedenen Kreditkarten: Visa, MasterCard, American Express etc. Alle diese Karten gibt es auch mit immer höherem Einkaufsrahmen in Gold, Platin etc. Jeder möchte gern zum illustren Kreis der Gold-Card-Inhaber zählen.

2. Verschenken Sie nichts!

→ Damit meine ich, dass nicht automatisch Gratis-Geschenke mit der Karte verbunden sein können. Die Gefahr besteht, dass Kunden nur mehr Geschenke abholen kommen, aber sonst keinen Umsatz bei Ihnen tätigen. Und das kann, gerade für einen kleinen Unternehmer, teuer werden.

→ Ihre Gratis-Angebote, die direkt mit dem Kauf verbunden sind, reichen völlig aus. Verschenken Sie höchstens ein Gratis-Abonnement Ihrer Hauszeitung – mehr nicht.

z.B. Ein großes Möbelhaus zeigt, wie das „Verschenken" professionell gemacht wird. Bei IKEA gibt es als Mitglied des IKEA-Family-Clubs zu jedem Geburtstag ein kleines Geschenk. Aber! Wer jemals bei IKEA war, weiß, dass IKEA ein riesiges Möbelhaus ist, das es noch dazu nicht in jeder Stadt und nicht an jeder Ecke gibt. Man muss also als Kunde einiges an „Arbeit" auf sich nehmen, um zu IKEA zu fahren. Man muss durch das gesamte Kaufhaus marschieren, bis man zum „Family-shop" vordringt, und dort muss man sich brav anstellen und auf sein Geschenk warten. Nun ist noch der Weg bis zu den Kassen zurückzulegen, der ebenfalls durch den gesamten zweiten Teil des Kaufhauses (nun vorbei an den Küchenutensilien und netten Kleinigkeiten) führt, bis man schließlich bei der Kasse landet, vor der üblicherweise eine enorme Menschenschlange ansteht. Glauben Sie mir, IKEA weiß ganz genau, dass nur 10 bis 20 Prozent der Kunden ohne Kauf das „Unmögliche Möbelhaus aus Schweden" wieder verlassen. Hier wird nichts dem Zufall überlassen – und so betrieben ist auch das Herschenken von Waren – schlussendlich – ein Geschäft.

3. Geben Sie Ihrer Kundenkarte den Anschein eines First-Class-Tickets!

→ Verwenden Sie klingende Namen.
  Nennen Sie Ihre Kundenkarte also Kunden-Vorteils-Karte oder noch besser: Gold-Card, Luxus-Card, Diamant-Club-Card, Elite-Card, Treue-Card etc.
→ Elegante Gestaltung ist wichtig.
  Wählen Sie für die Karten festen Karton oder Plastik in strahlenden Farben (oder in ihrer Firmenfarbe).
→ Auch ungewöhnliche Materialien steigern den Wert der Karte.
  Warum sollte ein Spengler oder eine Metallwarenhandlung keine Alu-Karte herausbringen? Ein Tischler hat mir vor einigen Wochen eine sehr aufwändige Holzkarte als Kunden-Club-Karte präsentiert.

4. Gehen Sie nicht sparsam beim Verteilen der Karten um!

→ Diese Karten sind das billigste Werbemittel, das Sie je in der Hand halten werden. Knausern Sie nicht beim Verteilen. Geben Sie jedem Kunden eine Karte mit. Oder teilen Sie Ihre Kunden in zwei Klassen auf, die Großkunden und die Normalkunden.
→ Das Verteilen der Karte kann Ihnen nur Vorteile bringen, vorausgesetzt, sie ist umsatzgebunden. Das bedeutet, dasss nur wenn ein Kunde auch tatsächlich bei Ihnen kauft, er von den Vorteilen der Karte profitieren kann – jedes Mal. Denn eine Gratis-Lieferung ohne vorherigen Kauf ist nicht möglich. Also besser mehr verteilen als zu wenig.

5. Machen Sie die Karte exklusiv

Dies ist ein kleiner „Trick", um die Karte einerseits „exklusiv" zu halten und andererseits an die Daten und die Adresse des Kunden zu kommen. Weisen Sie bei der Ausgabe der Karte auf Folgendes hin: „Diese Karte bekommt nicht jeder, lassen Sie sich also in unsere Stammkundenkartei eintragen, dann ist auch der Verlust der Karte kein Problem." Ohne Probleme werden Sie so (wenn gewünscht) an einige wichtige Daten Ihrer Kunden kommen.

6. Die wichtigsten Elemente einer Kundenkarte

→ Die Karte soll nicht größer als eine übliche Kreditkarte sein. Ihre Karte soll schließlich in der Brieftasche Platz finden – wenn möglich für sehr lange Zeit.

→ Benennen Sie die Karte auf der Titelseite. Egal ob Gold-Card oder Kundenvorteilskarte – diese Wörter müssen groß auf der Titelseite aufscheinen und zusätzlich Ihr Logo oder Firmenzeichen (inklusive Adresse und Telefonnummer).

→ Die Titelseite sollte bunt sein. Egal ob ein- oder mehrfarbiger Druck – die Titelseite muss als Titelseite erkennbar und attraktiv gestaltet sein. Denken Sie an das First-Class-Ticket.

→ Für die Rückseite genügt ein schwarzweißer oder einfarbiger Druck.

→ Lassen Sie Raum für den Namen des Kunden und eventuell seine Adresse.

→ Der Kunde sollte auch seine eigene Karte personalisieren. Das macht sie für ihn noch wertvoller (es ist ja ein unterschriebenes „Dokument").

→ Führen Sie auf der Rückseite deutlich Ihre Vorteile für den Kunden auf. Der Kunde muss sofort erkennen können, welche Vorteile er von Ihnen bekommt. Beginnen sie immer mit dem wichtigsten Vorteil (meist dem Treuerabatt: Fünf Prozent Treuerabatt bei jedem Einkauf). Einige Unternehmer müssen Ihre Rabatte auf bestimmte Waren oder Dienstleistungen einschränken. Schreiben Sie diese Einschränkungen mit auf die Karte – sonst gibt es beim Kunden eine große Enttäuschung und auch Verärgerung. Schreiben Sie beispielsweise: „Fünf Prozent Kundenrabatt bei jedem Einkauf (ausgenommen reduzierte Ware und Ware, die mit Kreditkarte bezahlt wird)".

7. Andere Kundenkartensysteme im Überblick:

→ Viele Kunden-Rabatt-Systeme versagen auf Grund der vielen Arbeit, die damit verbunden ist. Ich persönlich preferiere daher die oben vorgestellte simple Karte, die schlicht alle Vorteile auflistet und sehr günstig prodziert werden kann. Der Verwaltungsaufwand für diese Art der Kundenkarte ist gleich null.

→ Die Einkaufsvergütungen nach Umsatz: Hier werden bei jedem Einkauf die Umsätze in einer Kundenkarte (aber auch beim Händler) eingetragen und nach Erreichen eines bestimmten Umsatzes die Vergütung in bar (oder besser in Ware) ausbezahlt.
Verwaltungsaufwand: zweimaliger Eintrag des Umsatzes – Berechnung der Prozente.

→ Die Einkaufsvergütung nach Zeit: Auch hier muss zumindest eine Liste geführt werden. Am Ende einer bestimmten Zeitperiode erhält der Kunde seine Vergütung – meist nach einem Jahr.
Verwaltungsaufwand: Diese Art der Vergütung ist eigentlich nur mit EDV und Magnetstreifenkarten „einfach" durchzuführen. Wenn Sie keine elektronischen Kassensysteme haben, verzichten Sie beser darauf. Zusätzliches Problem: Am Ende des Jahres (meist ohnehin eine finanziell schwierige Zeit

für den Unternehmer) muss je nach Erfolg der Aktion Bargeld ausbezahlt werden.

→ Die Einkaufsvergütung nach Zeilen: Im Prinzip wie oben – hier wird eine Kundenkarte mit 10 bis 20 Zeilen vorgedruckt. In diese Zeilen trägt der Händler die jeweiligen Umsätze ein, die am Ende zusammengezählt werden. Von der Endsumme wird dann der Rabattbetrag ausgerechnet, der schließlich in bar oder in Ware ausgegeben wird.

Dies ist eine sehr weit verbreitete Methode, um die Kunden zum regelmäßigen Einkauf zu bewegen.

Verwaltungsaufwand: Auch hier sollten (um Missverständnisse zu vermeiden) zwei Listen parallel geführt werden.

→ Einkaufsvergütung nach dem System: „Zehn Mal Umsatz – Ein Mal gratis!"

Vor allem in Sonnenstudios, in Fitnesscentern und in der Gastronomie ist diese Art der Vergütung anzutreffen. Hier werden einfache Kärtchen mit zehn oder mehr Feldern durch Stempel oder Ähnliches entwertet und beim Vorweisen der „vollen" Karte erhält man eine Einheit gratis (egal ob ein Menü oder eine Sonnenbankstunde etc.).

Der Verwaltungsaufwand ist bei diesem System minimal. Oft ist aber der Ablauf verkehrt: Es werden in Sonnenstudios meist nur 11er-Blocks zum Preis eines 10er-Blocks verkauft. Das bedeutet, der Kunde muss zuerst eine größere Summe investieren, um etwas zu bekommen. Bei einigen Dienstleistungen funktioniert das natürlich. Überlegen Sie sich also genau, wie Sie handeln wollen, bevor Sie zur Tat schreiten.

→ Bonuspunkte sammeln: Bei Erreichen eines bestimmten Umsatzes gibt es ein Produkt stark verbilligt! Dieses Rabattsystem ist derzeit sehr im Trend, vor allem bei Banken, Versicherungen, Kreditkartenunternehmen etc. Ab einem bestimmten Umsatz werden Bonuspunkte vergeben, mit denen man ausgesuchte Waren billiger bekommt. Hier kommt es eigentlich nur auf die richtige Auswahl der Waren an und wie leicht oder schwer der Kunde in den Genuss der Bonuspunkte kommt.

Meine eigene Hausbank schickt mir jeden Monat ein Mailing mit meinen aktuellen Bonuspunkten sowie einem Prospekt mit den mehr oder weniger attraktiven Waren. Ich muss gestehen, dass ich bereits wieder sehr viele Bonuspunkte verloren habe, weil ich kein einziges Angebot attraktiv (und auch günstig) genug fand, um auch tatsächlich zuzugreifen. Der Sinn, warum eine Bank solch ein System etabliert, ist mir auch nicht ganz klar. In den Mailings heißt es immer: „Sammeln Sie Bonuspunkte!" Und Bonuspunkte bekomme ich, wenn ich mein Konto überziehe, einen Kredit aufnehme oder bestimmte Transaktionen durchführe. Ehrlich gesagt: Nur damit ich eine Kaffeemaschine etwas billiger bekomme, werde ich sicherlich keinen Kredit aufnehmen, um an einige extra Bonuspunkte heranzukommen. Die Hausbank als Geschirrhändler – das passt nicht wirklich zusammen!

Low-Budget Die Low-Budget-Idee dieses Bonuspunktesystems ist ideal für Einzelunternehmen, aber auch für Einkaufstraßenvereine bzw. Unternehmergemeinschaften, wie es sie bereits in vielen Städten gibt. Für die Einkaufswelt Donaufeld in Wien wurde ein solches System entwickelt. Bei jedem Einkaufsumsatz von 8 Euro, egal bei welchem Mitgliedsbetrieb dieses Einkaufstraßenvereins, erhält der Kunde einen Donaufelder Goldtaler (ein billiger Kartongutschein in der Größe 5x5, bei dem der Druckpreis kaum die Gesamtkalkulation belastet). Bei einem Einkauf von 15 Euro bekommt der Kunde also „einen" Goldtaler, bei einem Einkauf von 16 Euro daher „zwei" Goldtaler und so weiter. Die Unternehmer zahlen für jeden Goldtaler (den Sie vom Verein ankaufen müssen), einen Preis von 7 Cent. Mit diesem Geld kauft der Verein möglichst attraktive Werbegeschenke mit dem Logo des Vereins. Der Kunde kommt (durch den täglichen Einkauf bei sehr vielen Mitgliedsbetrieben in seiner nächsten Umgebung) sehr rasch zu vielen dieser Goldtaler und kann dann unter einigen Werbegeschenken auswählen. Für ein T-Shirt, für das z.B. im Einkauf 4 Euro bezahlt wurden, müssen vom Kunden also 50 Goldtaler gesammelt werden. Ein Kreislauf, der sich selbst trägt, die Unternehmen dennoch nur allerhöchstens 1 Prozent des Umsatzes kostet.

Einzelunternehmer können dieses System ebenfalls anwenden, hier allerdings mit eigenen Waren, die dann von den Kunden mit den Bonuspunkten günstiger erstanden werden können. Drucken Sie ebenfalls kleine „Goldtaler" oder „Bonuspunkte" und reservieren Sie sich für die Präsentation Ihrer Bonuspunkte-Schnäppchen eine kleine Ecke in Ihrem Geschäft oder sogar in Ihrer Auslage. Schreiben Sie neben den Originalpreis des Produkts den jeweiligen Preis, den man zahlt, wenn man eine bestimmte Anzahl an Bonuspunkten einlöst. Sie werden über den Erfolg dieser Mini-Aktion erstaunt sein, solange Sie nicht unbedingt Ladenhüter als Produkte für Ihre Bonusschnäppchen auswählen. Je attraktiver, desto besser.

8. Gründen Sie Ihren eigenen *Kundenclub*!

→ Wer sagt, dass nur große Filialisten einen Kundenclub gründen dürfen. Auch Sie können es.

→ In Gastronomiebetrieben sind Ihre Stammgäste die ersten Club-Mitglieder.

→ Veranstalten Sie Ausflüge oder andere Events „nur für Ihre Club-Mitglieder". Gerade in der Gastronomie sind den Ideen keine Grenzen gesetzt.

Kundenvorteilskarten:

Das effektivste Werbemittel für Low-Budget-Werber. Arten und Systeme gibt es unterschiedliche – einige mit mehr und andere mit weniger „Arbeitsaufwand"..

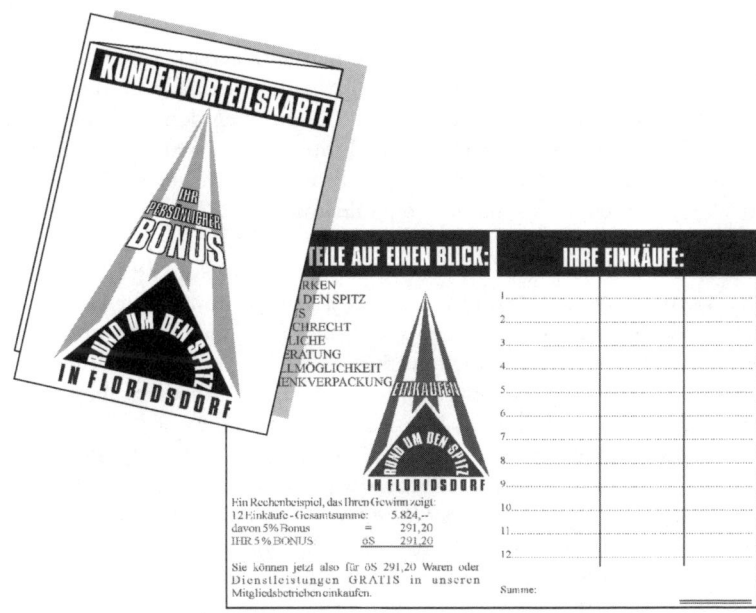

17 Radiowerbung

Radio ist Kino im Kopf. Dieser Slogan entspricht genau dem, was Radio im Idealfall sein kann. Radio ist hauptsächlich Musik, aber auch Unterhaltung und Fantasie. Sie können im Radio mit wenigen Geräuschen dem Zuhörer glaubhaft vermitteln, das sie bei einem Rennen in Monte Carlo sind und in der nächsten Sekunde bei einer Expedition am Mount Everest. Und genau so sollte Radio genutzt werden: Kleine Geschichten erzählen, in denen das Produkt die Hauptrolle spielt.

Im Zweifelsfall oder bei akutem Ideenmangel reichen konkrete Informationen über die Vorteile meiner Produkte, meiner Dienstleistung oder meines Unternehmens. Öde Allerweltspots waren noch nie erfolgreich und werden es auch nie werden. Ideen sind auch hier gefragt. Auffallen um jeden Preis ist noch wichtiger als in den Printmedien. Denn während Printmedien „bewusst" konsumiert werden, ist das Radio das klassische „Berieselungsmedium". Radio läuft den ganzen Tag – aber meist nur als Geräuschkulisse und im Hintergrund. Wir müssen also mit unserem Spot den Hörer wachrütteln. Er muss idealerweise für 20 Sekunden, durch Witz, Spannung oder auch mit einem Überraschungseffekt, entführt werden – in unsere Konsumwelt. Und wir wollen zu einer Handlung animieren: „Greifen Sie zum Hörer – rufen Sie an – kommen Sie vorbei – kaufen Sie."

Die Zielgruppe ist bei Radiostationen – vor allem bei bestimmten Sendungen – relativ leicht zu lokalisieren. Es gibt Schnulzen- und Oldie-Sendungen, Heavy-Metal-Sendungen, Klassik-Sendungen, Volksmusiksendungen, Radio-Talk-Sendungen. Mit einem Wort – Radio wird für jede mögliche Zielgruppe produziert. Das bietet für den Werber die einmalige Möglichkeit, seinen Spot zielgenau im Umfeld der einzelnen Sendungen zu platzieren.

Ein guter Spot ist Entertainment und Infotainment zugleich. Und um auch im Kopf der Zielgruppe haften zu bleiben, gibt es einen Leitsatz für Radiowerbung: Sagen Sie zuerst, worüber Sie sprechen werden, dann sagen Sie, was sie zu sagen haben, und zum Schluß wiederholen Sie nochmals, was Sie gerade gesagt haben.

Die wichtigsten Punkte für die Gestaltung von Low-Budget-Radiospots

1. Einige wenige Spots bewirken gar nichts!

→ Erst wenn Sie eine Woche täglich mindestens zwei bis drei Mal im Radio werben, ist auch eine Wirkung zu erwarten. Nur Kontinuität bringt im Radio Erfolg.

→ Ein Minimalbudget für Radiowerbung beträgt um die 1.500 Euro. Für diesen Betrag bieten kleine bis mittlere Radiosender Zwei- bzw. Drei-Wochen-Pakete an, mit täglich drei bis fünf Spotschaltungen zu verschiedensten Tageszeiten.

Low-Budget Wenn Sie für weniger Geld als diese 1.500 Euro etwas im Radio bewegen und damit auch Erfolg haben wollen, dann sollten Sie einen Schwerpunkttag planen, z.B. eine besondere Aktion in Ihrem Geschäft, möglichst auch mit einem Gewinnspiel für die Radiohörer. Über die Aktion wird dann ausführlicher in ihrem Lokalsender berichtet. Informationen erhalten Sie bei der Verkaufsabteilung der Sender. Und: Je attraktiver die Preise oder interessanter die Aktion ist, desto günstiger wird möglicherweise auch der Preis für diese Berichterstattung werden. Völlig gratis wird es nur bei sehr spektakulären Aktionen, die dann eher PR-Charakter haben. (Siehe Kapitel 12: Public Relations)

2. Die Spots sollten mindestens 20 Sekunden lang sein

→ Unter dieser Zeit ist ein Spot kaum vertretbar. Es ist einfach kaum möglich, eine vernünftige Botschaft in einem Zehn-Sekunden-Spot unterzubringen. Bedenken Sie, dass alleine das deutliche Sprechen Ihrer Adresse und Telefonnummer meist mehr als fünf Sekunden dauert (versuchen Sie es ruhig selbst einmal – Sie werden erstaunt sein).

→ Mehr Auffälligkeit bringen z.B. Spots, die zwar ebenfalls insgesamt 20 Sekunden lang sind, die aber in vier einzelne kurze Fünf-Sekunden-Spots unterteilt sind und daher in einem Werbeblock die Möglichkeit bieten, nach jedem eigenen Spot einen Fremdspot einzubauen. Der eigene Spot ist dadurch während des gesamten Werbeblocks hörbar und wirkt präsenter. Wichtig bei diesen „Ultrakurzspots": möglichst einheitliche Klangkulisse (erzielbar durch einprägsame Tonfolgen, Geräusche oder Melodien).

Low-Budget Die einzige sinnvolle Möglichkeit, kürzere Spots erfolgreich zu schalten, bietet Ihre eigene Bekanntheit. Sollten Sie in einer kleineren Stadt ein sehr bekanntes Geschäft besitzen, dann sind auch Zehn-Sekunden-Spots erfolgreich, wenn Sie nur aus einigen Schlagworten und Ihrem Firmennamen bestehen. Besonders wichtig sind hier aber wieder die klaren Vorteile für den Kunden. Also z.B:

→ Juppiduuu
   Ausverkauf bei
   MEIER-SCHUH
→ Juppiduuu
   Minus 50 Prozent
   BEI MEIER-SCHUH!

Richtig betont und mit den richtigen Geräuschen versehen, sind auch diese wenigen Worte bereits zehn Sekunden lang.

3. Erzählen Sie eine interessante Story über Ihr Produkt

→ Im Radio gilt wie nirgends sonst: Nur nicht langweilen! Radio ist Unterhaltung. Das bedeutet aber nicht Klamauk und Witze. Auch Produktinformationen (und Vorteile) können interessant formuliert werden. Sie müssen dazu Ihr Produkt gut kennen, um die Vorteile in einer Geschichte möglichst plastisch und verständlich hervorzuheben.
→ Die richtigen Geräusche und Musikstücke machen daraus ein Mini-Hörspiel.

4. Dramatisieren Sie die Vorteile Ihres Produkts!

→ Schützt Ihr Produkt z.B. vor Einbruch, dann erfinden Sie eine kleine Geschichte rund um einen durch Ihr Produkt vereitelten Einbruch. Dramatisieren Sie durch Polizeisirenen, Frauengeschrei, klirrendes Glas, quietschende Reifen etc.
→ Wenn Ihr Produkt z.B. Planzen vor dem Verdorren schützt, dann machen Sie „hörbar", wie heiß es werden kann, erzählen Sie von der Wüste etc.
→ Falls Sie ein Getränk verkaufen, dann lassen Sie den Sprecher, während er redet, immer wieder zu Ihrem Getränk greifen. Das Zischen der Kohlensäure und das Plätschern der Flüssigkeit machen Lust auf das Getränk. Zum Schluss hört man nur mehr das genüssliche Schlucken des Sprechers.

5. Besser mehrere Spots als ein „Rundumschlag"

→ Sie können nicht alle Vorteile Ihres Unternehmens in einem kurzen Spot unterbringen. Produzieren Sie daher für jeden Vorteil oder jedes Produkt einen eigenen. Spots die nur berichten, wie toll und super mein Unternehmen ist, sind absolut unbrauchbar.

→ Warum keinen „Fortsetzungsroman" in Spotlänge produzieren, mit Ihrem Produkt als Helfer in der Not?

→ Auch in Radiospots haben Sie als Unternehmer die Möglichkeit, „persönlich" in Ihren Spots aufzutreten und über die heißesten Sonderangebote zu informieren.

6. Sparen Sie nicht an der professionellen Studio-Aufnahme

Tonstudios gibt es auch in kleineren Städten und Ortschaften. Einige sind auf Werbespotproduktionen spezialisiert. Viele verdienen sich neben Ihren Musikaufnahmen damit ein Zubrot. Die meisten Studios sind relativ billig. Machen Sie mit dem Besitzer einen Fixpreis für die Produktion aus.

Low-Budget

→ Zahlreiche Lokalradiostationen bieten ihren Werbekunden meist zu sehr günstigen Konditionen die Aufnahme der zur Sendung vorgesehenen Spots an. Aber Achtung! Die Sender sind meist nur auf 08/15-Aufnahmen eingerichtet und gehen oft recht gleichgültig an die Spotproduktion. Für aufwändigere Effekte und Musikuntermalungen gehen Sie besser in ein Tonstudio.

→ Jingles bringen Ihnen Aufmerksamkeit und auch Einheitlichkeit. Jingles sind kurze, speziell komponierte Musikstücke, die Ihren Slogan oder Ihren Firmennamen enthalten. Wenn Sie öfter Radiospots schalten, dann lohnt es sich, so einen Jingle in Auftrag zu geben.

→ Lassen Sie diese Arbeit von Profis erledigen – das kostet nicht viel und die Sache hat Hand und Fuß. Auch hier gilt: Machen Sie mit dem Komponisten einen Fixpreis aus.

→ Gute Sprecher kosten kein Vermögen und sind Ihr Geld wert. Gerade in der Provinz sind es vor allem Theaterschauspieler, die sich durch das Sprechen von Radiospots die Butter (und oft auch die Wurst) aufs Brot verdienen. Dort sind die Preise für diese Sprecher und auch für die Studios oft wesentlich günstiger als in den Großstädten.

→ Möchten Sie, dass Robert DeNiro, Tom Hanks oder Sharon Stone Ihren Radiospot spricht? Nichts leichter als das! Die deutschen Synchronsprecher leben zum großen Teil von der Popularität Ihrer Stimmen. Die gerade „angesagtesten" Stimmen kosten aber dementsprechend. Dennoch, gerade in Regional-sendern mit den immer gleichen Sprechern wirken diese Spots enorm professio-nell. Der Mehraufwand zahlt sich also aus. Rechnen Sie bei den Topsprechern mit Preisen ab 500 Euro. Ihr Tonstudio weiß, wo man die prominenten Stim-men kontaktieren kann.

→ Achtung! Die Sprachaufnahmen mit diesen Starsprechern werden natürlich nicht bei Ihnen vor Ort, sondern in einem Tonstudio in der Heimatstadt des Sprechers aufgenommen. Das Band wird ihnen dann zugesandt. Die „Regie-anweisungen" können von Ihnen aber auch live via Telefon während der Auf-nahmen gegeben werden.

→ Ein Tipp für alle, die auch hier zusätzlich sparen möchten: Ein „Rahmenspot" spart Geld und kann jederzeit und sehr günstig aktualisiert werden. Damit ist ganz einfach ein Spot gemeint, der immer gleich aufgebaut ist, jedoch im Mit-telteil die Möglichkeit für aktuelle Angebote und Änderungen bietet. Also z.B.:
  → 4 Sekunden Firmen-Jingle
  → 10 Sekunden Musikuntermalung (hier kann immer wieder Text eingefügt werden)
  → 6 Sekunden Firmen-Jingle mit Adresse oder Telefonnummer
→ Für den Standardspot kann daher ein teurer Promi-Sprecher gewählt werden, während für jede weitere Aufnahme nur mehr ein einziger Sprecher engagiert werden muss, der das aktuelle Angebot spricht. Das Tonstudio fügt in kürzes-ter Zeit diese Änderung in den bestehenden Rahmenspot ein. Die Kosten dafür sind minimal.

7. Die beste Werbezeit im Radio ist der frühe Morgen

→ Zwischen 6.00 und 8.00 Uhr sind die Höhrerzahlen am höchsten. Die Spot-preise sind es zu dieser Zeit aber leider auch!
→ Weitere Spitzenzeiten: die Mittagszeit und der frühe Abend.

8. Werbung im Radio ist nicht immer nur ein einfacher Spot!

→ Aus Ihrem Geschäft kann ein Live-Bericht organisiert werden. Oder Ge-winnspiele, die live über das Radio abgewickelt werden. Fragen Sie den Be-rater Ihres Radiosenders nach den Höhrerzahlen. Und fragen Sie Ihre Kun-den: Was hören sie, was hören sie nicht. Nicht „Ihr" Lieblingssender ist oftmals der mit den besten Höhrerzahlen! Machen Sie nicht den Fehler und setzen auf das eigene Lieblingspferdchen.
→ Sendungswidmung oder Sendungssponsoring vor und nach einer bestimm-ten Sendung.

→ Sponsoring von Preisen für Gewinnspiele.

→ Aus Amerika kommt die einfachste aller Werbedurchsagen. Der Moderator der jeweiligen Sendung spricht live (vom Blatt lesend) Ihre Werbedurchsage. Ohne Geräusche, ohne Toneffekte und ohne Musikuntermalung. Bei uns hat sich dieser Minimalspot noch nicht wirklich durchgesetzt. Der Werbeeffekt ist auch mehr als fragwürdig. Obwohl: Wenn Sie der Erste in Ihrem Lokalsender sind, dessen Spots vom Lieblings-DJ angesagt werden, wer weiß … Anders als die anderen!

9. Denken Sie besonders im Radio an die Musik- und Urheberrechte

→ Bekannte Musikstücke oder Hitparadenlieder können nicht einfach für Werbespots verwendet werden.

→ Der jeweilige Musikproduzent oder der Künstler selbst muss zustimmen. Auf alle Fälle sind die Urheberrechte zu bezahlen – meist nicht zu knapp. Also Vorsicht!

→ Wollen Sie dennoch auf Musikuntermalung nicht verzichten, dann holen Sie sich die Musik von der Konserve. Einschlägige Platten und CDs hat sicher Ihr Tonstudio vorrätig. Diese meist kurzen Musikstücke sind frei von Copyright.

→ Tonstudiotechniker sind meist selbst Musiker – lassen Sie sich Ihre Musik „auf den Leib komponieren". Das kostet mit Sicherheit weniger als die Urheberrechte von bekannten Melodien.

10. Einige Tipps zum Texten Ihres Radiospots!

→ Dramatisieren Sie die Vorteile Ihres Produkts.

→ Kurz, kürzer, am kürzesten: Egal wie wenig sie zu Beginn schreiben werden. Es wird wahrscheinlich dennoch zu viel Text sein.

→ Schreiben Sie zuerst alle Inhalte auf, die unbedingt im Spot vorkommen müssen: Adresse, Telefonnummer, Firmenname, Info oder Angebot.
Wie viele Sekunden kommen alleine durch diese Fakten zusammen?
Und wie viele Sekunden bleiben nun von Ihrem Spot noch übrig?

→ Diese wenigen Sekunden müssen für die Gestaltung reichen. Schreiben Sie nun den ganzen Text des Spots auf – dann lesen Sie ihn langsam und laut vor. Vergessen Sie nicht die gewünschten Toneffekte oder eventuelle Jingles. Sehen Sie beim Sprechen auf Ihre Uhr. Wie viele Sekunden zu viel?

→ Tipps für das sinnvolle Kürzen: Welche Formulierung kann um einige Worte gekappt werden? Muss man wirklich die Postleitzahl oder die Telefon-Vorwahl mitsprechen? Und der Zusatz GmbH kostet auch einige Zehntelsekunden. Vielleicht ist noch anderes entbehrlich?

18 Schaufenster & P.O.S

Auch wenn Einzelhandelsunternehmen kein Geld für Werbung ausgeben, für die Schaufensterdekoration ist immer ein kleines Budget vorhanden. Dennoch sind gerade Schaufenster oft ein Stiefkind der Einzelhandelsunternehmen. Liegt es nur an den fehlenden Ideen, oder glaubt man etwa noch immer, dass einige lieblos ins Fenster gestellte Produkte genügen müssten. Nicht umsonst gibt es im Englischen den Ausdruck „Window-Shopping" für den Schaufensterbummel. Der englische Begriff trifft es genau: „Schaufenster-Einkauf." Ich hole mir heute Appetit – kaufen werde ich ein anderes Mal. Sicher sind Sie selbst schon nach Hause gekommen und haben Ihrer Familie von einem neuen Produkt in einem ganz bestimmten Schaufenster eines Geschäfts erzählt und empfahlen, es sich bei Gelegenheit auch anzusehen. Und wie umlagert sind kurz vor Weihnachten die Schaufenster der Juweliere, Computerläden und Spielzeuggeschäfte – je nach persönlichem Interesse!

Genau das kann das Schaufenster bewirkten – Interesse wecken. Und im Idealfall gibt ein gut gestaltetes Fenster den letzten (oder sogar den unmittelbaren) Anstoß für das Betreten Ihres Geschäfts. Unterschätzen Sie also nicht die Informations- und Werbekraft Ihrer gläsernen Ausstellungsfläche.

Die wichtigsten Punkte für die Gestaltung von Low-Budget-Schaufenstern

1. Gestaltung „muss" sein!

Gute Schaufenstergestaltung kostet in erster Linie – Zeit! Wenn Sie nicht genügend Zeit für diese Arbeit erübrigen können, machen Sie sie nicht nebenbei. Engagieren Sie lieber einen Profi. Das kostet zwar Geld, aber ein gut gestaltetes Schaufenster bringt dieses Geld bald wieder herein. Ich wundere mich immer wieder über Geschäftsleute, die darüber schimpfen, dass die Kunden verstärkt zu den großen Ketten wechseln. Genau dieselben Unternehmer halten aber nicht einmal Ihre Auslage „up to date". Die Auslagengestaltung erinnert mich bei manchen Läden entweder an die 50er-Jahre („Das haben wir immer schon so dekoriert") oder an ein unaufgeräumtes Zimmer (alles wird zwar irgendwie und irgendwo präsentiert, aber ohne Plan, ohne Stil, ohne einheitliche Linie).

Sieht man ein Schaufenster als die Visitenkarte und den Prospekt eines Einzelhändlers an, ist es kein Wunder, dass die Kunden bei solchen Schaufenstern keinesfalls zu einem Einkauf animiert werden.

Low-Budget Versuchen Sie es doch einmal mit nur einer einzigen Farbe! Wenn Sie kein Geld für einen Dekorateur ausgeben möchten, versuchen Sie es doch einmal mit dem einfachsten Gestaltungsrezept. Dekorieren Sie Ihr Schaufenster konsequent in einer einzigen Farbe. Und bitte nicht halbherzig, sondern wirklich konsequent. Sie werden über die Wirkung staunen. Das Ein-Farben-Prinzip sollte bis hin zu den Produkten gehen. Egal ob rote Pullover kombiniert mit roten Hosen auf rotem Samt dekoriert werden oder alle Bücher mit rotem Cover in einer Buchhandlung gemeinsam auf rotem Tüll präsentiert werden – alles ist möglich. Der Effekt ist „augenscheinlich". Die Passanten werden wieder stehen bleiben und das tun, wofür ein Schaufenster eigentlich gedacht ist – schauen. Der Aufwand ist minimal – der Erfolg sofort messbar. Der zweite Schritt sind Dekorationen in zwei Farben.
Anders als die anderen! Auch und gerade im Schaufenster – Ideen sind gefragt. Wagen Sie etwas unkonventionelles. Sie können nur gewinnen.

2. Bewegung „kann" sein!

Alles, was sich „bewegt", reizt das Auge zum Hinschauen. Nutzen sie diesen Effekt. Wenn sich etwas an Ihrer Fassade oder in ihrem Schaufenster bewegt, ist es ein toller Werbeeffekt.

→ Fahnen (ganzjährig oder nur bei bestimmten Anlässen)
→ Bewegliche Werbe- oder Schaufensterfiguren (gerade bei Spielzeuggeschäften sehr beliebt, aber viel zu selten zu sehen)
→ Eine Modelleisenbahn, die im Schaufenster Ihre Runden zieht und in den Lastzügen kleine Produkte präsentiert (Brillen, Schuhe, Bücher, Uhren, Schmuck etc.)
→ Luftballons (vor allem an der Außenseite des Ladens)

Low-Budget Gerade Luftballons sind extrem günstig in der Anschaffung. Sie müssen nicht einmal mit Ihrem Logo bedruckt sein. Wichtig ist eine einheitliche Farbe (entweder nur eine einzelne Farbe oder höchstens zwei Farben). Das ist zusätzlich auffällig und die Farben können zum jeweiligen Anlass gewählt werden (Frühling = Grün etc.) Gerade heute bin ich in einer Einkaufsstraße an einem Geschäft vorbeigekommen, wo ein riesiger Strauß von

Ballons an der Fassade befestigt war. Man feierte ein Jubiläum und es standen eine Menge Leute vor dem Geschäft.

| Tipp | Luftballons an der Fassade wirken auf den Kunden unwiderstehlich und wie ein Signal – da ist etwas los – da gibts was Neues – da schau'n wir mal hin. |

→ Lebende Menschen oder Tiere im Schaufenster: Ideal, um bei kurzen Aktionen enormes Aufsehen zu erregen. Zu Ostern ein paar Häschen ins Schaufenster und die Kinder (aber auch die Erwachsenen) werden sich die Nasen an den Scheiben platt drücken (bei Tierhandlungen ist das eine beliebte und erfolgreiche Methode um das Schaufenster „zu beleben". Aber achten Sie auf den Tierschutz!

→ Gerade Studenten sind (gegen etwas Bares) für manchen Gag zu haben. Ein Bettenhaus könnte also durchaus einige Studenten für eine Nacht zum „Probeliegen" im neuesten Federbett überreden. Natürlich im Schaufenster.

→ Sind Sie ein Modehaus und Ihre Schaufenster groß genug – wie wäre es mit einer Modeschau im Schaufenster – wenn möglich eine Dessous-Modeschau. Menschentrauben vor Ihrem Schaufenster wären die unweigerliche Folge.

→ Ein Friseur könnte an einem Tag ein Schaufrisieren im Schaufenster veranstalten. (Laden Sie dazu auch die lokale Presse und die lokalen Radiostationen ein.)

→ Ein Optiker könnte die Herstellung und das Schleifen seiner Brille vom stillen Kämmerchen öffentlichkeitswirksam ins Schaufenster verlagern.

3. Es werde Licht!

→ Schaufenster ohne Licht sind undenkbar. Aber soll man sich aus Kostengründen auf die einfache Beleuchtung beschränken? Low-Budget-Werber entwickeln auch hier Kreativität!

→ Installieren Sie blinkendes Licht – eine einzelne Glühlampe bringt schon mehr Auffälligkeit.

| Tipp | Ein echter Low-Budget-Tipp: Wechseln Sie eine Ihrer Glühlampen gegen eine blinkende Lampe aus und schon ist dieser Blinkreiz ein fast unwiderstehlicher „Hingucker". |

→ Warum immer weißes Licht, das Leben ist farbig! Installieren Sie einige Farbglühbirnen und Ihr kleines, kaum genutztes Nebenschaufenster erscheint „in neuem Licht". Aber Achtung! Einzig bei rotem Licht ist Vorsicht geboten. Rotes Licht wird leicht mit einem bestimmten Gewerbe identifiziert.

4. Verführen Sie den Kunden mit allen Mitteln, die Ihnen zur Verfügung stehen

Jede Sekunde, die Ihr Kunde länger vor Ihrem Geschäft zubringt, ist kostbar. Stellen Sie eine „Wühlkiste" mit Sonderangeboten vor Ihr Geschäft.

Low-Budget Eine meiner Kundinnen hat ein Geschäft mit Antiquitäten. Sie erzählte mir einmal, dass Sie bei Regen immer sehnsüchtig auf das Ende des Schauers wartet, weil Sie dann wieder Ihre Wühlkiste mit billigen Romanheften und alten Büchern vor die Tür stellen könnte. Sie versicherte mir glaubhaft, dass der Umsatz spürbar mit dem Aufstellen dieser billigen Wühlkiste zusammenhängen würde. Ihr wäre es sogar egal, dass immer wieder einige der Bücher gestohlen würden. Wichtig bei der Sache wäre, dass Interessenten vor Ihrem Geschäft stehen bleiben und sich zumindest einige Sekunden mit der Auslage und den Angeboten beschäftigen. Außerdem würden diejenigen Kunden, die die billigen Bücher kaufen, auch immer wieder in ihrem Geschäft weitere Spontankäufe tätigen.

5. Stellen Sie ein TV ins Schaufenster oder ins Geschäft

Viele Menschen sind TV-süchtig. Nutzen Sie diese Tatsache! Ein TV im Schaufenster ist „Bewegung" und Bewegung zieht die Aufmerksamkeit auf sich.

→ Eine Boutique für junge Mode präsentiert die neuesten Videoclips oder zeigt MTV live.
→ Ein Sportgeschäft überträgt die Sendungen des Sportkanals.
→ Ein Heimwerkermarkt zeigt „Do-it-yourself-Videos" zu einzelnen Produkten.

Möglichkeiten gibt es genügend.

Low-Budget Ein Sportgeschäft präsentierte für längere Zeit ein selbst gestaltetes Video, das die aktuellsten Jubelschreie von bekannten und unbekannten Sportlern nach dem Zieleinlauf oder auf dem Siegerpodest zeigte. Was kann für Amateursportler motivierender sein als die Siegesschreie der Topstars, die noch dazu in den Markenkleidern jubeln, die auch der Sportar-

tikelhändler im Programm hat. Auf alle Fälle ein Programm zum Stehenbleiben, Gucken und Schmunzeln.
Präsentieren Sie die Passanten in einem TV in Ihrem Schaufenster. Simple Technik – faszinierende Reaktionen. Eine Kamera wird direkt auf die Passanten vor Ihrem Schaufenster gerichtet und ein Bildschirm strahlt diese Bilder live aus.

6. Genaue Erklärungen haben noch nie geschadet!

Eine weitere Möglichkeit, die Kunden länger im Geschäft bzw. vor dem Schaufenster zu halten ist, jedes Produkt genau zu beschreiben. Wie Exponate im Museum werden auch die wichtigsten oder interessantesten Produkte in ihrem Geschäft bis ins Detail erklärt (mit allen Vorteilen). Oft ist es nicht erkennbar, warum ein Kaschmirpullover in einem Fachgeschäft 250 Euro kostet und in einem Kaufhaus nur 50 Euro. Die Erklärung gibt oft das unterschiedliche Material selbst. Die Kaufhausware ist eben nicht so fein, nicht so edel und nicht von denselben Kaschmirziegen wie die Produkte im Fachgeschäft. Sie wissen das, aber wissen es auch ihre Kunden, die nur den Preisunterschied sehen und daher doch im Kaufhaus kaufen? Wenn Sie aber Ihre Produkte penibel erklären und seine Eigenarten herausstreichen, dann wird damit auch der höhere Preis gerechtfertigt.

Low-Budget Das beste Beispiel sind hier die Teefachgeschäfte mit offenen Teesorten. Sie haben von Anfang an ihre einzelnen Sorten in kleinen Prospekten beschrieben. Darin werden Angaben zur genauen Herkunft und Verarbeitung, Geschmack und besonderen Eigenschaften gemacht. Es ist für den Kunden z.B. wichtig zu wissen, dass von dem hochpreisigen Tee, den er gerade bereit ist zu erstehen, jährlich nur 100 kg geerntet werden. Der Preis für 50 g Luxustee ist bei 250 €/kg außergewöhnlich. Aber nur, wenn ich nicht erklärt bekomme, warum ich diesen Preis zahlen muss.
Ein besonders teures oder exklusives Produkt wird gesondert im Schaufenster präsentiert und daneben eine detaillierte Produktbeschreibung (auch in der Länge einer ganzen Seite) gestellt. Zusätzlich können auch noch Zeitungsberichte über das Produkt oder das verwendete Material ausgestellt werden. Sie werden erstaunt sein, wie intensiv Ihre Auslage „studiert" werden wird.

7. Reagieren Sie mit Ihrem Schaufenster auf bestimmte Anlässe

→ Egal ob Beethovens Geburts- oder Todestag, die Premiere eines neuen Musicals oder auch „nur" ein Kongress von Lungenärzten in Ihrer Stadt – reagieren Sie auf solche Anlässe mit einer Schaufensterdekoration, die darauf Bezug nimmt. Dies kann auch mit dem Ziel geschehen, neue Kundenschichten anzusprechen oder Zusatzumsatz mit den Kongreßgästen zu erwirtschaften.

→ Nur wer auch von Ihrem Angebot erfährt, kann Kunde bei Ihnen werden. Mozartkugeln wären nie zu einem Verkaufsschlager geworden, wenn man Sie in den Salzburger Konditoreien nicht in den Schaufenstern präsentiert hätte.

19 Messen

Die erste Frage dieses Kapitels muss lauten: Fachmesse oder Publikumsmesse?

Denn die Besucherstruktur und auch die Besuchererwartungen sind bei diesen beiden Messetypen grundsätzlich verschieden.

Sind es bei der Publikumsmesse hauptsächlich Privatpersonen, die einen Messebesuch eher als Freizeitgestaltung sehen und daher hauptsächlich flanieren und „goustieren", so sind es bei der Fachmesse doch eher interessierte Geschäftsleute und Fachpublikum, das sich „von Berufs wegen" über Neuigkeiten und Weiterentwicklungen informiert.

Beiden gemeinsam ist eine hauptsächliche Tätigkeit, die der Low-Budget-Werber versucht, voll für seinen eigenen Vorteil zu nutzen:

Das Schauen

Messebesucher schauen und beobachten. Das tun sie heute und das werden Sie auch noch in 100 Jahren machen. Daher sollten Sie diesen Umstand besonders berücksichtigen und dem Besucher an Ihrem Stand auch etwas „zum Schauen" präsentieren.

Das beginnt schon beim optisch orientieren und auffälligen Messestand. Auffälligkeit hat nichts mit einem großen Budget zu tun hat. Ideen sind auch hier oftmals besser als viel Geld.

Low-Budget Ein Kunde von mir, dessen Firma sich mit der Entwicklung von Software für die Verwaltung von Firmendaten auf Computer beschäftigt, wollte einen Messestand gestaltet bekommen. Die Firma war zu der Zeit gerade im Aufbau, Geld daher Mangelware. Dennoch sollte der Stand auffallen. Noch dazu drängte die Zeit. Aufwändige Messebauten schieden also von vornherein aus. Wir überlegten lange hin und her, bis wir uns für eine simple Idee entschieden, die ursächlich mit dem Nutzen des Produkts in Zusammenhang stand. Eine Datenverwaltung spart nämlich in erster Linie große Mengen an Akten und damit – Papier. Ich sah vor mir ein zerknülltes Blatt Papier und griff danach. Ich stand auf und strich das Papier notdürftig glatt. Natürlich war es völlig verknittert. Aber genau das wollte ich. Ich legte das weiße zerknitterte Blatt auf die Glasplatte des Kopierers. Alle standen gespannt um das Gerät. Ein Druck auf die Copy-Taste und schon kam das kopierte Muster des zerknüllten Papiers aus dem Gerät. Das war dann unser extrem auffälliges „Tapetenmuster" für die Standard-Messewände, das nur noch in einer Copyanstalt in großen Bahnen kopiert werden musste. Als zusätzlicher Eyecatcher sollten am Stand Hunderte zerknüllte Papierkugeln ausgestreut und aufgehäuft werden. Die Aussage war klar: **Sparen Sie sich die Papierlawine!** Der Stand war einer der am meisten fotografierten und auch frequentierten auf dieser Fachmesse. Und das bei Gesamtkosten für die Gestaltung von weit unter 500 Euro.

Die wichtigsten Punkte für die Low-Budget-Messeteilnahme

1. Kennen Sie die Messe, auf der Sie ausstellen möchten?

→ Besuchen Sie, wenn möglich, die Messe, auf der Sie ausstellen möchten, vorher zumindest einmal nur als Besucher. Schauen Sie sich alles gut an. Wie präsentieren sich die Aussteller allgemein – wie präsentieren sich Ihre direkten Konkurrenten im Speziellen? In welcher Halle, in welcher Umgebung möchten Sie selbst gern Ihren Messestand aufstellen?

→ Beobachten Sie, wie es die anderen machen, und machen Sie es dann **anders als die anderen.** Wie sehr dieser Leitsatz auch auf die Zusammensetzung Ihres Messeangebots und auf Ihre Produkte zutrifft, soll ihnen folgende kleine Story vermitteln:

Low-Budget In meinen jungen wilden Jahren bin ich kurzfristig unter die Modedesigner gegangen. Es gab in Wien eine Avantgarde-Modemesse und ich war drei Mal als normaler Besucher (und auch als potenzieller Spontankäufer) auf dieser Messe. Eines ist mir sofort aufgefallen: Kaum ein Stand präsentierte erschwingliche Stücke. Die jungen Modemacher zeigten fast ausschließlich Teile, die jenseits von 150 Euro angesiedelt waren. Ich wollte dagegenhalten und **anders als die anderen** agieren. Ich fertigte also keine tollen Sakkos oder Anzüge – sondern Krawatten-Unikate und Krawatten-Kleinserien. Die außergewöhnlichen Krawatten waren ein Renner. Bei meiner ersten Messe kam ich natürlich auch mit jungen Kreativen aus der Modeszene zusammen, die sich furchtbar über das schleppende Geschäft aufregten. Viele hatten sich für die speziell angefertigten Kollektionen in Schulden gestürzt. Ich machte Spitzenumsätze, weil ich meine Krawatten nicht nur nicht für die in Herrenboutiquen üblichen 50 Euro

anbot, sondern für günstige und damit jedermann erschwingliche 18 Euro. Ganz
einfach, um die über die anderen Messe-Horrorpreise frustrierten Spontankäufer
anzusprechen. Es gelang: **Anders als die anderen** hatte sich auch diesmal wieder
bewährt.

2. Sorgen Sie für Unterhaltung an Ihrem Messestand

→ Gewinnspiele bringen Ihnen Adressen und sorgen für Besucher am Messestand.
→ Nichts ist schlimmer als ein leerer Messestand, der von Besuchern gemieden
  wird, mit einsamen, zum Nichtstun verdammten Verkäufern.. Schon ein
  kleines Gewinnspiel oder ein Geschicklichkeitsspiel kann das schlagartig ändern.

Low-Budget

→ Verteilen Sie Teilnahmekarten am Eingang zur Messe. Täglich gibt es gegen
  Abend eine Live-Verlosung direkt an ihrem Stand. Eine kleine Quizfrage (egal
  zu welchem Thema) oder ein abgebildetes Labyrinth (bei dem der richtige Weg
  nach draußen eingezeichnet werden muss) regen den Spieltrieb der Passanten
  an. Die Karte muss natürlich an ihrem Stand abgegeben werden. Sie kommen
  dadurch an die Adresse der Mitspieler und können auch noch „echte" Interessenten abfragen: „Haben Sie auch Interesse, näher über unsere Produkte informiert zu werden?"
→ Das Glücksrad ist im TV ein Erfolg – warum nicht auch auf Ihrem Messestand?
  Legen Sie auch hier genau fest, was die Gewinner bekommen, damit es im
  Messestress nicht zu Missverständnissen kommt.
→ Wie wäre es mit Dosenabschießen – das sorgt auch für den nötigen Krawall
  auf Ihrem Stand, der Schaulustige auf Messen geradezu magisch anzieht.

→ Auch auf Fachmessen sind sie mit „Action" gut beraten!
  Messebesucher wollen „Action", sie wollen was sehen. Wie wäre es also mit
  einer spektakulären Aktion, die ihnen nicht nur Messebesucher an den Stand
  bringt, sondern vielleicht auch Presseerwähnungen. Versuchen Sie die Aktion passend zu Ihrem Produkt oder Ihrer Dienstleistung auszuwählen. Einige Vorschläge:
  → Ein Friseur oder Visagist könnte an jedem Messetag ein „Bodypainting"
    präsentieren.
  → Ein Türenhersteller könnte seine Türen von „professionellen Künstlern"
    zu Unikaten veredeln lassen. Die Künstler oder auch Kunststudenten

lassen sich bei Ihrer faszinierenden Arbeit am Messestand über die Schulter schauen. Die Türen können nach der Messe im eigenen Schauraum präsentiert werden. Oder die Kunstwerke werden täglich auf der Messe für einen guten Zweck versteigert. Auch das bringt Presseberichte über Sie und Ihre Firma.

→ Ein Buchhändler oder ein Verlag könnte tägliche Live-Lesungen von eigenen Literaten veranstalten. Ist es ein Kochbuchverlag, dann sollte ein Koch eine Vorführung machen.

→ Ein Dessous-Hersteller könnte täglich zu bestimmten Zeiten Amateurfotografen die Möglichkeit geben, Profimodels vor die Linse zu bekommen. Wenn der Stand selbst für diese „Action" zu klein ist, dann empfiehlt sich die Messebühne für dieses außergewönlichen Event. Kündigen Sie diese Aktion in Anzeigen und Flugblättern an.

→ Zeigen Sie live, was Ihr Produkt alles kann!
Eines der Hauptvorteile einer Messe besteht darin, dass der Interessent neben „seinem" Produkt steht und es live erleben kann. Je spektakulärer das Produkt in seiner Handhabung ist, desto mehr Schaulustige werden sich einfinden.

Low-Budget Kennen Sie die gläsernen Badewannen auf manchen Publikumsmessen, die mit Wasser gefüllt und mit buntem Licht von unten angestrahlt werden? Blubbernde Luftblasen steigen aus Massagematten auf, die in die Wanne gelegt werden und durch Luftblasen Verspannungen wegmassieren sollen. Ich habe keine Ahnung, ob das Produkt funktioniert – aber die farbenprächtige Präsentation dieses Produkts habe ich mir gemerkt. So soll es sein.

Tipp Lassen Sie Ihre Maschinen (wenn möglich) laufen – am besten während des gesamten Messetages. Sorgen Sie dafür, dass immer Elektrizität zum Betreiben der Geräte und Maschinen zur Verfügung steht.

→ Lassen Sie die Messebesucher Ihr Produkt selbst „testen".
Nichts bindet einen Kunden mehr an Ihr Produkt als der erfolgreiche Selbstversuch. Er wird begeistert sein von Leichtigkeit der Handhabung, von der Einfachheit des Arbeitens.
Je spektakulärer die „Tests", desto mehr Eindruck machen sie.
Ein Produzent von Panzerglas könnte einen Fensterrahmen mit seinem Produkt verglasen und dann jeden Interessenten mit einem Vorschlaghammer gegen das Glas schlagen lassen. Spektakulär und beeindruckend!

→ Geben Sie Kostproben Ihrer Produkte bzw. der Produkte, die Ihre Maschine gefertigt hat. Lassen Sie alle Interessenten die Resultate riechen, schmecken, sehen, fühlen, hören ...

3. Bewerben Sie Ihre Teilnahme an der Messe

→ Anzeigen: Kuponanzeigen; bei Abgabe des Kupons am Messestand gibt es ein Geschenk oder Prozente auf Messepreise.
→ Direct-Mailing: Schreiben Sie auch Ihre Stammkunden an. Meist ist gerade auf einer Messe etwas Zeit für ein Gespräch mit Ihren Kunden. Nutzen Sie diese Kontaktmöglichkeit am „Treffpunkt Messe".
→ Flugblätter: Sie werden vor oder knapp hinter dem Messeeingang verteilt. Bitte mit Kundenvorteil und Kupon.
→ Lokalradio: Berichten Sie über Ihre Messesonderangebote, Messe-Highlights oder Ihr Gewinnspiel am Messestand.
→ Lautsprecherdurchsagen auf der Messe: Sie sind nur dann sinnvoll, wenn Sie kurz vor einer Präsentation, einer **Live**-Gewinnverlosung oder einem Action-Highlight auf sich und Ihren Standplatz aufmerksam machen wollen. Einfache Durchsagen mit dem Slogan oder Ähnlichem sind weniger erfolgversprechend, da auf einer Messe zu viel „passiert". Der Hörer ist überfordert – Gehörtes wird, wenn es nicht benötigt wird, sofort wieder vergessen.
→ Hauszeitung: perfektes Medium für die Bewerbung der eigenen Messeteilnahme.
→ Plakat: eine Möglichkeit bei kleinem Budget, es ist aber nur sinnvoll in kleineren Städten.

4. Bereiten Sie Ihr Werbematerial gründlich vor

→ Prospekte, Hauszeitung, Flugblätter, Preislisten, Teilnahmekarten für Gewinnspiele, Visitenkarten etc.
Gibt es von all diesen Drucksorten auch eine ausreichende Stückanzahl, um nicht sparsam mit dem Werbematerial umgehen zu müssen?
→ Wohin mit dem vielen Prospektmaterial?
Sie kennen die Situation selbst, auf Messen wird Prospektmaterial in Mengen gesammelt. Selten kommt es vor, dass eine Firma auf diesen Umstand Rücksicht nimmt und „außergewöhnliche" Tragemöglichkeiten für die Messen konzipiert. Einfache Plastiktüten sind zu wenig. Plastiksporttaschen werden im Werbegeschenkehandel bereits für weniger als 10 DM angeboten. In einer knalligen Farbe und mit Ihrem Logo ist dieses Werbemittel vielleicht Ihr günstigstes.

Low-Budget Das folgende Low-Budget-Beispiel stammt zwar von einem internationalen Großkonzern (IBM), ist aber auch ein Tipp für kleine und kleinste Betriebe.

z.B. Vor Jahren wartete IBM auf der Computermesse IFABO in Wien mit im Firmenblau gehaltenen einfachen Kartonkoffern auf schwer beladene Prospektschlepper. Auf der gesamten Messe waren diese blauen Koffer mit den riesigen IBM-Lettern zu sehen. Während eines TV-Berichts über die Messe wanderten ständig die blauen IBM-Koffer an der Kamera vorbei, getragen von Messebesuchern, die sicherlich nicht nur IBM-Broschüren in diesen Köfferchen mitführten. Ein toller Werbeerfolg für einen relativ geringen Kostenaufwand, den diese Koffer im Gesamtmessebudget von IBM verursachten.

5. Haben Sie ein Messeziel, das Sie erreichen wollen?

Das angestrebte Messeziel bedingt auch die Auswahl der geeigneten Werbe- bzw. Präsentationsmaßnamen. Einige dieser Messeziele könnten sein:

→ Verkauf der Produkte, um die Messeteilnahme zu finanzieren und einen Gewinn zu erwirtschaften;
→ Imagepflege (möglichst elegante und hochwertige Präsentation);
→ steigern Sie den Bekanntheitsgrad (durch Aktionen auffallen um jeden Preis);
→ Erstpräsentation des Unternehmens (Auffallen ist dabei wichtig);
→ Kontaktpflege mit den Kunden (bieten Sie Unterhaltung und Action);
→ neues Image oder neue Werbelinie soll präsentiert werden (nicht „kleckern" – „klotzen");
→ Umsatz halten oder steigern (Maßnahmen zur Verkaufsförderung);
→ Erschließung neuer Zielgruppen (Auftritt richtet sich daher nach der Zielgruppe).

6. Haben Sie an ALLES gedacht und ALLES einkalkuliert?

1. Welcher Standort – welche Standfläche?
2. Standardmessestand – oder individuell geplant und gebaut?
3. Kosten für Messestandverschönerung, Transparente, Plakate, Bemalung etc.
4. Werbeaktion vor der Messe
5. Werbeaktionen während der Messe (Models, Flugblattverteiler, Tondurchsagen etc.)
6. Kosten für die Nachbearbeitung und Aufarbeitung der Adressen

7. Personalkosten
8. Reisekosten
9. Speditionskosten (für Anlieferung der eigenen Produkte oder des Messe-stands)
10. Anschlusskosten für den Stand (Wasser, Strom etc.)
11. Bewirtungs- und Verpflegungskosten
12. Werbematerial während der Messe (Muss nach- oder neu gedruckt werden?)
13. Ist ein Besprechungsraum/Koje vorgesehen?
14. Ist eine Bar vorgesehen?
15. Wo lagern ihre Produkte?
16. Ist eine Küche notwendig?
17. Ist eine Kasse oder eine Kreditkartenmaschine notwendig?
18. Soll eine Einschaltung im Branchen- bzw. Messeführer erfolgen?
19. Wird für Stammkunden der Messe-Eintrittspreis reduziert oder ganz über-nommen?
20. Wenn Preise verlost werden – welche und wie viele?
21. Versicherung
22. Standbewachung
23. etc.

7. Einfache Low-Budget-Gestaltungstipps für Ihren Messestand – anders als die anderen

Das Motto lautet: „Auffallen um jeden Preis"; dennoch muss „ungewöhnlich" nicht „unter Niveau" bedeuten. Einige smarte Tipps:

1. Bring Farbe ins Leben

Gestalten Sie Ihren Stand komplett in einer einzigen Farbe. Als Erzeuger von Feuerlöschern wäre es z.B. Rot.
Rote Tapeten, rot lackierte Sessel und Tische, rote Flugblätter, rot gekleidete Hostessen, bis hin zu roten Getränken (Campari, Himbeersaft etc.) – und na-türlich Ihre roten Feuerlöscher;
Der „rote Fleck" inmitten der kunterbunten Stände ist nicht nur auffällig, son-dern darüber hinaus auch noch extrem trendy und stilvoll.
Das funktioniert eigentlich mit jeder Farbe – außer Schwarz. Diese Farbe saugt zu viel Licht ein und die einzelnen Möbelstücke sind dann kaum noch erkenn-bar. Daher ist der Effekt nicht so eindrucksvoll.
Nach dem gleichen Prinzip kann man auch folgende Produkte arrangieren:

→ **Kältetechnik**   blau oder weiß
→ **Bioprodukte**   grün

→ **Eierprodukte**	gelb
→ **Schmuck**	gold, violett oder blau
→ **Dessous**	pink
→ etc.	

2. Ungewöhnliches Material an einem ungewöhnlichem Ort

Eine Messehalle ist ein fast steriler Ort. Alles wirkt immer sehr „aufgeräumt". Durchbrechen sie diese Optik durch ungewöhnliche Materialien, die Sie in ihrem Messestand präsentieren. Wichtig! Wenn Sie sich zu dieser Idee entschließen, dann machen Sie es ordentlich oder gar nicht. Zögern ist hier fehl am Platz. Ordentliche Mengen des gewünschten Materials müssen her – andernfalls lassen Sie es ganz bleiben. (Bitte halten Sie aber zuerst Rücksprache mit dem Messebetreiber und vermeiden Sie problematische Stoffe, die riechen oder gefährlich sind.)

Wird ein ungewöhnlicher Messeauftritt für Urlaub auf dem Bauernhof gewünscht – nichts leichter als das! Eine große Fuhre Heu ist billig, duftet und es lässt sich herrlich darin herumliegen. Mehr Bauernhoffeeling in der Stadt ist kaum vorstellbar.

→ **Südseereisen**	Sand
→ **Schreibwaren**	Papierknäuel
→ **Energiesparen**	Kohlehaufen
→ **Tischler**	Holzspäne
→ **Strickwaren**	ungesponnene Wolle
→ **Wasserpumpen**	Wasser läuft eine Wand hinab
→ **Reinigung**	Hygienepapierrollen
→ **Gartenpflege**	Laub

3. Ungewöhnliche Lichtspiele

Blinkende Lichter, farbiges Licht, Schwarzlicht, Laserlicht etc.

Denkbar ist auch künstliche Dunkelheit (in einem mit lichtdichten Vorhängen verdunkelten Messestand werden Taschenlampen präsentiert oder Nachtsichtgeräte oder ...).

4. Ungewöhnliche Geräusche

Naturgeräusche sind auf einer Messe eher selten – genauso der Ton eines Schiffshornes. Ihr Produkt oder Ihre Dienstleistung geben auch hier den Ausschlag für die verwendeten Geräusche.

5.Nicht offen, sondern geschlossen – das reizt die Neugier

Alle Messestände sind offen, damit man sie sofort und ohne Probleme betreten kann. Sie machen es genau anders herum. Verschließen Sie Ihren kompletten

Stand und lassen Sie nur kleine Gucklöcher. Was „innen" passiert, entscheiden Sie. Wer eintreten darf, entscheiden ebenfalls Sie.

Statt vieler Gucklöcher gibt es nur einen kleinen Eingang, durch den man nur kommt, wenn man sich bückt. Für die Präsentation eines „kleinen" Produkts, das weniger Platz braucht, ein ideales Forum.

6.Nicht viele Produkte – nur ein Einzelstück!

Die meisten Stände sind überfüllt mit Produkten. **Anders als die anderen**: Ein Edel-Juwelier ist nicht auf Laufkundschaft aus. Er könnte seinen Stand komplett leer lassen und nur in der Mitte eine Marmorsäule aufstellen, auf der ein besoners teures Stück steht – bewacht von zwei Security-Männern mit Sonnenbrillen. Der besondere Show-Effekt: Hin und wieder drückt einer der beiden Männer auf eine Alarmsirene und Blaulicht erhellt den Raum.

Dieselbe Präsentation ist für ein sehr billiges Produkt ebenfalls denkbar. Nehmen Sie einmal an, Sie erzeugen Bonbons, Kekse oder Würstchen und wollen eine neues Produkt auf einer Fachmesse möglichst auffällig präsentieren. Gehen sie vor wie der Edel-Juwelier. Einziger Unterschied: Auf der Marmorsäule liegt eben nur ein Bonbon. Die Security lädt zum Verkosten ein – und hin und wieder ertönt auch hier die Alarmsirene.

20 Aktionen, Veranstaltungen, Promotion

Promotions (englisch = „Beförderung") sind kurzfristige Verkaufsaktionen zur Umsatz- oder Kundenfrequenzsteigerung.

Wofür Sie Ihre Promotion Aktion einsetzen, hängt eigentlich nur von Ihren persönlichen Werbeanforderungen ab. Egal ob Sie mehr Kunden in Ihr Geschäft/Lokal locken, ob Sie durch eine Aktion auf Ihr Geschäft aufmerksam machen wollen oder aber ob Sie ganz einfach mehr Umsatz anstreben. Für kurzfristige Aktionen müssen Sie vor allem eines bei Ihren potenziellen Kunden erreichen: **Aufmerksamkeit**. Denn wenn die Aufmerksamkeit fehlt, dann werden auch nicht mehr Kunden als sonst üblich Ihr Geschäft betreten. Und wenn nicht mehr Kunden in Ihr Geschäft kommen und mehr Umsatz als an jedem anderen Tag bringen, dann sind die Kosten für die Promotion-Aktion leider völlig umsonst.
Also investieren Sie nicht zu knapp in möglichst auffällige Werbung, damit auch möglichst viele Besucher, Zuschauer oder Schaulustige zu Ihrer Veranstaltung kommen.

Bleiben Sie bescheiden!
Als Erfolg werte ich bereits, wenn sich die Kosten für die Aktion durch Mehrumsätze wieder einspielen. Jeder Pfennig mehr ist ein Super-Erfolg. Denn in der heutigen Zeit ist es nicht mehr so einfach, die Menschen aus Ihren Wohnungen zu locken und zu einer Handlung zu bewegen. Die Kunden werden von allen Seiten mit spektakulären Aktionen geködert. Daher ist es kein Wunder, wenn kleinere Aktionen schlichtweg untergehen in all dem anderen Werbegetöse.

Für den Erfolg bei einer Aktion kann eigentlich nur unser Merksatz garantieren:

 Anders als die anderen

Nicht die hundertste Einladung zum Sekt in der Boutique X bringt den gewünschten Erfolg, sondern ungewöhnliche Ideen, die meist bedeutend weniger kosten, als sie schließlich an Werbeerfolg bringen.
Wie jede Werbung, so muss auch eine Promotionaktion zu Ihnen und Ihrem Unternehmen passen. Sie werden jetzt vielleicht denken: „Dass eine Aktion zu

meinem Unternehmen passen muss, ist klar; aber warum muss die Aktion auch zu mir passen?" Die Antwort ist eigentlich ganz einfach. Es geht in diesem Fall natürlich nicht um 08/15-Aktionen, sondern um Geschichten, die auch Ihre persönliche Präsenz erfordern. Während einer Kinderwoche in einem Clowns-kostüm durch die Gegend zu springen ist eben nicht jedermanns Sache. Oder stellen Sie sich die vielen Unternehmer vor, die jeden Abend auf einer High Society Party aufkreuzen, nur um sich dann einmal in einer Lifestyle-Sendung zu sehen. Ein Paradekönner auf diesem Gebiet ist der österreichische Bauun-ternehmer Richard Lugner, der jedes Jahr für viel Geld Stars und Prominenz auf den Wiener Opernball einlädt. Aber es vergeht auch sonst keine Woche im Jahr, in der man Richard Lugner nicht mindestens einmal im TV und mehrmals in ir-gendwelchen Klatsch-und-Tratsch-Spalten von Tageszeitungen wiederfindet. Aber dafür muss man geboren sein. Das kann nicht jeder. Und genau das ist mit „Die Aktion muss auch zu mir passen" gemeint. Fangen Sie keine Aktion an, hinter der Sie nicht voll und ganz stehen können – es wäre kontraproduktiv und jeder würde bemerken, dass Sie sich nicht wohl in Ihrer Haut fühlen.

Low-Budget Um einen größtmöglichen Werbeeffekt zu erzielen, sollten Sie versuchen, ungewöhnliche Aktionen auch in die Medien zu bringen. Egal ob es sich um Lokalmedien oder um landesweite handelt. (Es wa-ren schon einige Unternehmer bei der Fernsehshow „Wetten dass", um eine Wette zu präsentieren. Ganz nebenbei – auf T-Shirts oder Ähnlichem – haben Sie auch gekonnt sich selbst präsentiert.) Informieren Sie die relevanten Medien über Ihr Vorhaben und laden Sie sie ein, zu dem Spktakel zu kommen. Sollte es Ihnen nicht auf Anhieb gelingen, die Aufmerksamkeit der „schreibenden Zunft" zu erlangen, ist dies kein Grund zur Verzweiflung. Es sind schon ganz andere Großereignisse ohne Presseberichterstattung über die Bühne gegangen und waren dennoch tolle Erfolge. (Weitere Tipps – siehe im Kapitel PR)
Sehen Sie die folgenden Ideen als Anreiz und Inspiration und nicht als gebrauchs-fertiges Konzept.

Low-Budget-Ideen für Ihre Veranstaltungen und Aktionen

→ Die Feste feiern, wie sie fallen!
   Gehen Sie den Jahreskalender einmal Woche für Woche durch. Wie viele staatliche und kirchliche Feier- oder Festtage finden Sie? Unzählige!
   Und zu jedem dieser Feiertage könnte auch ein passendes Fest oder eine passende Aktion gefunden werden. Einige Beispiele gefällig:

→ **Fasching**: Wenn in Ihrer Gegend nicht Karneval gefeiert wird wie in Köln oder Villach, dann veranstalten Sie doch selbst einen Faschingsumzug – oder verkleiden Sie sich zumindest am Rosenmontag/Faschingsdienstag in Ihrem geschmückten Geschäft. Und für jeden Maskierten gibt es zehn Prozent „Lachrabatt" an diesem Tag.

Low-Budget Muttertag feiert jeder. Für das Votiv-Viertel in Wien (ein Wiener Einkaufsstraßenverein) habe ich den Müttermonat kreiert. Während des gesamten Monats erhalten Frauen bei jedem Einkauf ein Tombolalos mit Hunderten Sofortpreisen und einem Hauptpreis, gestiftet von den Mitgliedsbetrieben.

Die Aktion wird ganz im Stile von Low-Budget nur mit Schaufensterplakaten und Flugblättern beworben.

Auch als Einzelunternehmer können Sie von dieser Idee profitieren. Etablieren Sie einfach an einem bestimmten Tag der Woche z.B. einen Frauentag, einen Seniorentag oder einen Schülertag. An diesem Tag gibt es für die jeweilige Zielgruppe entweder alles um um zehn Prozent günstiger oder einige besondere Angebote zum Schnäppchenpreis. Sie können aber natürlich auch jeden Tag der Woche zu einem „Spezialtag" werden lassen. Diese Aktion läßt sich prächtig auf Flugblättern und in Anzeigen in der Regionalpresse bewerben – weil sie **klare Vorteile für den Kunden** enthält.

→ **Ostern**: Machen sie Ihr Geschäft oder Ihre Auslage für einen Tag zum Streichelzoo für Kinder. Kleine Hasen beleben Ihr Schaufenster und locken mit Sicherheit viele Kinder und Eltern zu Ihrem Geschäft. Achten Sie jedoch unbedingt auf den Tierschutz.

→ **Sommerbeginn**: Der Strand kommt in die Stadt. Eine oder mehrere Fuhren Sand werden direkt vor Ihrem Geschäft oder Lokal aufgeschüttet. Einige Sonnenschirme und eine Sonnenliege sorgen für das richtige Strandklima. Jetzt noch karibische Sambarhythmen und fertig ist die Standparty. Je nach Platzangebot können kleine Wettspiele oder ein Sandburg-Bauwettbewerb abgehalten werden. Ideal für Gastronomiebetriebe, die Ihre Biergartensaison eröffnen wollen, oder aber für alle, die mit Sonne und Sommer zu tun haben. Daher auch einige Sommer-Artikel ins Schaufenster stellen.

(Nicht vergessen – Aktion bei der Gemeinde ankündigen oder anmelden)

→ Feiertage gibt es viele – und noch viel mehr Geburts- und Todestage berühmter Persönlichkeiten. Suchen Sie sich die für Sie passendsten Prominenten aus und machen Sie etwas Besonderes aus diesem Tag. Einige Beispiele :

    → **Walt Disney**   Ideal für ein Spielzeuggeschäft oder eine Kinderboutique

→ **Charlie Chaplin**   Studenten gehen für ein Herrenmodenhaus als Chaplin verkleidet durch die Stadt. Slogan: Jeder Zoll ein Sir!

→ **Humphrey Bogart**   wirbt für ein Hutgeschäft

→ **Ernest Hemingway**   passend für eine Bar – mixt und serviert seine Lieblingsdrinks; perfekt auch für eine Jagdgeschäft oder einen Campingausrüster

→ **Winston Churchill**   als Werbung für Zigarren- oder Tabakladen

→ Oder wie wäre es mit dem Erfinder der Glühbirne oder des Bügeleisens oder …

→ Aktuelle Medienspektakel wie z.b. der Grand Prix d' Eurovision können Anlass für ein Event in Ihrem Lokal sein. Tage vorher werden an jeden Gast Listen mit den Liedern ausgegeben, auf denen, wie beim Toto, die ersten drei Siegertitel ausgewählt werden müssen. Der Gewinner erhält am Abend der Party eine Flasche Champagner. Wichtig bei so einem Event sind die Utensilien: Ein speziell bedrucktes T-Shirt oder eine Baseballkappe sind nicht nur witzig, sie können auch an die Gäste verkauft oder verlost werden, die damit Werbeträger für Sie spielen. Weitere aktuelle Highlights:

→ **Olympische Spiele**

→ **Fußballweltmeisterschaft**

→ **politische Wahlen**

→ **Musik- und Theaterfestspiele**

→ **große Gemäldeausstellungen**

→ **etc.**

Alle diese Ereignisse bieten genügend Anlass, um Ihre Auslagen dementsprechend zu gestalten oder kleine Gewinnspiele abzuhalten. Die Kosten für derartige Veranstaltungen sind gering.

→ Nutzen Sie Gelegenheiten!

Ist gerade ein Zirkus in ihrer Stadt? Dann bitten Sie den Direktor, Ihnen einen Elefanten, ein Kamel oder einige seiner Clowns für einige Stunden zu vermieten. Den Tieren werden Plakate umgehängt und los geht es durch die Stadt. Natürlich sollte die Aktion zu Ihrem Produkt oder zu ihrem Unternehmen passen.

Ich hatte selbst einmal das Vergnügen, anlässlich einer Geschäftseröffnung mit einem Kamel durch eine Kleinstadt zu marschieren. Ich war wirklich erstaunt, dass am Tage der Aktion bereits um acht Uhr morgens einige Dutzend Personen mit Kindern vor dem Geschäft standen und auf das Kamel warteten. Flankiert von einigen Clowns, die Flugblätter verteilten, ging es dann mit dem Kamel durch die Innenstadt. Es war wirklich grandios – die Kinder, die das Kamel sahen, zogen ihre Eltern hinter sich her. Noch wichtiger: Die Aktion des neuen Geschäfts (ein Küchenstudio) war das Stadtgespräch und der damit schlagartig erzielte Bekanntheitsgrad von Anfang an dementsprechend groß. Ein enormer Wettbewerbsvorteil.

→ Tombola und Glücksrad
Nutzen Sie die Beliebtheit von TV-Gewinnshows und platzieren Sie vor Ihrem Geschäft für die Dauer einer Woche ein Glücksrad. Die Gewinne bestimmen Sie. Auch hier mein Tipp: Nur wenige echte Geschenke, aber möglichst viele umsatzabhängige Felder. Also z.B. „Drehen Sie sich Ihre Prozente".
Eine Tombola gibt Ihnen oder Ihrer Werbegemeinschaft die Gelegenheit, Ladenhüter in Form von Trostpreisen „loszuwerden". Bei jedem Einkauf erhält der Kunde ein Los. Hauptpreis entweder ein Gutschein, eine Reise, oder natürlich ein teureres Produkt aus ihrem Geschäft.

→ Infoabende steigern den Umsatz.
Sie sind Fachmann auf Ihrem Gebiet? Dann geben Sie Ihr Wissen weiter – gegen Bares. Veranstalten Sie Kurzseminare für Ihre Kunden. Vom Töpferkurs über Weinseminare bis hin zu Koch- und Tierhalterkursen. Jeder Geschäftsbereich bietet die Möglichkeit, Fachseminare anzubieten. Sie entscheiden, ob dies gratis oder gegen ein kleines Entgelt geschieht.
Einer meiner Kunden ist Tischler und Restaurator. Er veranstaltet regelmäßig Restaurationskurse für seine Kunden, um Ihnen die Grundbegriffe dieses Handwerkes näher zu bringen. Er weiß genau, dass sie auch weiterhin mit größeren und komplizierteren Restaurierungen von Möbelstücken zu ihm kommen werden.

→ Lesungen gibt es üblicherweise in Buchhandlungen – warum nicht ein ganzer Literaturabend für junge und auch etwas unkonventionellere Autoren in Ihrem Lokal?

→ In Amerika gibt es Tausende Lokale, in denen „Stand up Comedy" geboten wird. Die jungen Talente finden sich fast von alleine. In Deutschland, Österreich und der Schweiz sind solche Lokale spärlich gesät. Aber junge Talente brauchen eine Chance – geben Sie sie ihnen in Form eines Comedy-Wettbewerbs unter dem Motto: „Wir suchen den Comedy-King!"

→ Auch junge Maler oder Fotografen suchen Ausstellungsorte. Haben Sie etwas Platz in ihrem Geschäft oder Lokal, dann veranstalten Sie von Zeit zu Zeit Vernissagen.

→ Veranstalten Sie Ihre eigene Messe!
Ein Tipp für Gasthäuser oder Lokale, die ein oder mehrere kaum genutzte Hinterzimmer haben. Je spezialisierter das Messethema, desto mehr Besucher werden kommen.

- → **Überraschungseier-Tauschbörse**
- → **Ufologen-Messe**
- → **Modelleisenbahn-Tage**
- → **Zigaretten-Messe**
- → **Comic-Börse**
- → **Teddy-Tausch- und Sammeltage**
- → etc.

Aussteller für diese Messen finden Sie in den jeweiligen Vereinen bzw. durch das Inserieren von Wortanzeigen in Tageszeitungen oder Fachzeitungen. Flugblätter und Plakate bewerben die Aktion – ansonsten benötigen Sie nur noch einige Tische, damit die Händler ihre Ware auflegen können.

→ Veranstalten Sie einen Flohmarkt.
Genug Platz sollte natürlich vorhanden sein. Dies ist auch eine günstige Gelegenheit, eigene Lagerbestände abzustoßen.

→ Veranstalten Sie einen Schönheitswettbewerb für Haustiere
Egal ob Rassehund, Mischlingskatze oder fetter Hamster: Bei diesem Wettbewerb hat jeder eine Chance. Die Prämierung erfolgt durch eine Jury. Ansonsten wird die Aktion durch Flugblätter oder Postwurfsendungen beworben. Drei Preise in Form von Urkunden oder Pokalen sollten einkalkuliert werden.

→ Verpacken Sie Ihr ganzes Geschäft!
Angenommen, Sie bauen gerade um oder renovieren Ihr Geschäft. Kurz vor der Eröffnung verpacken Sie Ihr Geschäft als riesiges Paket mit großer roter Schleife und enthüllen mit einem kleinen Festakt bei Live-Musik, Sekt und kaltem Buffet in Anwesenheit von lokaler Prominenz Ihr „neues" Geschäft.

→ Verschönern Sie zur Weihnachtszeit Ihr Geschäft/Lokal auf amerikanische Art.
Amerikaner lieben bunte Außenbeleuchtungen.. Besonders zum Ausdruck kommt dies in der Weihnachtszeit, wenn viele Häuser mit Lichterketten verziert sind. In Europa ist diese Idee noch ziemlich neu. Das ist Ihre Chance, in der Weihnachtszeit aufzufallen. Verzieren Sie (wenn möglich) Ihr gesamtes Geschäftshaus mit Lichterketten, leuchtenden Rentierfiguren und blinkenden Weihnachtsmännern. Je mehr Licht, desto besser. Sie werden über die Wirkung erstaunt sein – Kinder werden mit offenem Mund vor Ihrem Haus stehen und auch die Eltern werden einen Blick riskieren müssen. In.diesem Fall ist weniger nicht mehr – sondern weniger ist eher peinlich. Hier lautet das Motto: Besser zu viel als zu wenig.

→ Veranstalten Sie Ihr eigenes Volksfest.
  → Schottisches Highlanderfest (Baumstammwerfen, Steintragen, etc.)
  → Bayerische Fingerhakelolympiade
  → Tiroler Melkmeisterschaften
  → etc.

→ Versuchen Sie sich an einem Guinness-Weltrekord.
Kaufen Sie sich ein „Guinness Book of Records" und versuchen Sie einen dieser oft skurrilen Weltrekorde einzustellen und zu verbessern. (Anmeldung für den Rekordversuche bei Guinness)

→ Verlagern Sie Ihre Werkstatt in die Auslage.
Handwerkliches Können fasziniert die Menschen. Zeigen Sie also Ihr Können und präsentieren Sie sich in der eigenen Auslage. Sie werden erstaunt sein über die vielen interessierten Zuschauer, die Ihnen über die Schulter blicken.

→ Bitten Sie die örtlichen höheren Schulen um Mitarbeit bei der Schaufenstergestaltung.

Schulen sind meist dankbar für praxisorientierte Aufgaben, die den Schülern Einblick in die Arbeitswelt geben. Die Gestaltung Ihres Schaufensters kann im Werkunterricht und im Wirtschaftsunterricht gleichsam durchgenommen werden. Sie geben nur das Thema für das Schaufenster vor – den Rest besorgen die Schüler. Lassen Sie sich überraschen. Als kleines Dankeschön wird das Material gratis bereit- und das Klassenfoto im Schaufenster ausgestellt.

→ Fallen Ihnen zu den obigen Ideen spontan andere Aktionen ein, dann notieren Sie hier einige Stichworte:

....

....

....

....

....

....

....

....

....

→ Ein letzter Tipp zu diesem Kapitel: Schauen Sie sich um – was machen die anderen? Sammeln Sie Ideen, egal ob aus Ihrer oder aus fremden Branchen. Sammeln Sie Zeitungsausschnitte und Berichte über Aktionen. Übernehmen Sie bestimmte „kleine" Aktionen 1:1 oder wandeln Sie „große" Aktionen entsprechend Ihrem Budget ab.

Aktions-Beispiel:

Schuafensterplakate und einige Rubbellose und schon ist sie fertig die Low-Budget-Promotion-Aktion. In diesem Fall eine Gemeinschafts-Aktion mit einer Bank als Sponsor.

Und sehr viel mehr Werbeaufwand als diese Flyer, bzw. Gutscheine, die vor Schulen oder vor Unis verteilt werden, benötigt auch eine Bar oder ein Partylokal nicht.

21 Die Werbekampagne unter 5.000 Euro

Sie stehen kurz vor der Eröffnung Ihres neuen Geschäfts, Lokals oder Ihres Büros und wollen wissen, welche Werbemittel sie von Beginn an einsetzen sollen, um mit möglichst geringem Budget innerhalb von 14 Tagen bereits die ersten Erfolge zu sehen? Vielleicht möchten Sie auch nur wissen, was Sie sinnvollerweise während eines Jahres an Werbeaktivitäten setzen können, wenn Sie 5.000 Euro Werbebudget zur Verfügung haben?

Planen Sie die Einschaltungen und Aktivitäten grob über das Jahr verteilt im Voraus und reservieren Sie immer einen gewissen Betrag, um spontan eine „gute Idee" umsetzen zu können. Vergessen Sie aber nie: Werbung = Masse. Das Versenden von zehn Briefen wird Ihnen keinen sensationellen Erfolg bringen, genauso wenig wie eine einzige Anzeige. Gehen Sie eher nach dem Motto vor: Steter Tropfen höhlt den Stein.

Und nun einige Tipps, die ich Ihnen für eine effiziente Minimal-Kampagne ans Herz legen möchte. Dass die Kampagne auch „funktioniert", hängt weniger von der Gestaltung als von Ihrem Wissen über die eigenen Kundenvorteile ab, die Sie in Ihrer Firma zu bieten haben. Lesen Sie außerdem noch einmal (oder zum ersten Mal) die ersten Kapitel dieses Buches durch. Ohne klare Kundenvorteile können nämlich auch der beste Werber und das größte Werbebudget nichts ausrichten.

Im Folgenden die für mich effizientesten Medien und Werbmittel bei wenig Budget.

Jahreskampagne bei einer Geschäftseröffnung

!   **Nicht kleckern, sondern klotzen!**

Auffällige Werbeaktionen und Veranstaltungen machen auf Ihren Betrieb aufmerksam – von Beginn an. Sparen Sie nicht am falschen Ende, sondern veranschlagen Sie zumindest die Hälfte der 5.000 Euro für die Eröffnung. Ein Stichwortkonzept könnte für diesen Fall folgendermaßen aussehen:

Budget für Eröffnung:	**2.500 Euro**
Eröffnungs-Aktionen:	Je wilder und ungewöhnlicher, desto besser. Mein Vorschlag daher (das Motto hängt natürlich von Ihrem Betrieb und Ihrer Werbelinie ab): a) Laufen Sie mit dem Slogan „**Jumboeröffnung**" mit einem echten Elefant durch die Stadt. b) Verschnüren Sie Ihr gesamtes Ladengeschäft als Paket und packen Sie es anlässlich der Eröffnung aus.
Eröffnungs-Werbemittel: Gewinnspiel:	Flugblätter, Postwurf, Kleinplakate Der Preis für den Gewinn ist nicht in den 2.500 Euro enthalten.
Sonderposten PR:	Meldung der Eröffnung an die Presse – wenn die Aktion ungewöhnlich genug ist, erfolgt eine Gratis-Erwähnung. Wenn nicht, hat es Sie nur etwas Zeit gekostet.

Budget für den Rest des Jahres: 2.500 Euro

Werbemittel-Grundausstattung:	Briefpapier, Kundenkarte, Mini-Plakate, Hauszeitung, Flugblätter
Werbeaktionen im Lauf des Jahres:	Kundenadressen vorhanden: Direct-Mailings (+ Antwortkarte). Keine Kundenadressen vorhanden: Postwurf oder Flugblätter

Jahreskampagne unter 5.000 Euro

Produktion der wichtigsten Werbemittel

500 – 1.000 Euro:	Briefpapier, Kundenkarte, Hauszeitung, Mini-Plakat Flugblatt, Mailing-Antwortkarte

Schaltung der wichtigsten Werbemittel

2.500 – 3.500 Euro:	Direct-Mailing, Flugblatt bzw. Postwurf; Schaltung und Druck Sonderwerbemittel
500 – 1.000 Euro:	Kleinplakate inklusive Plakatierung

Schaltung Telefonbuchanzeige

500 Euro:	Anzeige in den Gelben Seiten

Sonderposten

0 – 50 Euro   Meldungen an die Presse – wenn es etwas Interessantes zu melden gibt, das die Leser der jeweiligen Zeitung interessieren könnte

Die Werbekampagne unter 500 Euro

Überlegen Sie sich, welches Werbebudget Ihnen pro Jahr zur Verfügung steht. (Fünf Prozent vom Umsatz sollten als Durchschnitt gelten.) Die vorgegebenen fiktiven 500 Euro sind daher für wirklich sehr kleine Betriebe gedacht. Dennoch möchte ich Ihnen anhand dieses besonders knapp bemessenen Budgets beweisen, dass es auch hier effiziente Werbemöglichkeiten gibt.

Bei 500 Euro Werbebudget würde ich folgende Werbemittel produzieren und möglichst effektiv unter die Leute bringen:

1. Kundenvorteilskarte

→ Seien Sie nicht „geizig" mit diesen Karten. Es ist das günstigste Werbemittel, das Ihnen zur Verfügung steht.

→ Geben Sie dem Kunden einige echte Gründe, bei Ihnen einzukaufen.

2. Das Flugblatt

→ Die aktuellsten Angebote und die besten Vorteile müssen auf Ihr Flugblatt mit eingedruckter Antwortkarte.

→ Verteilen Sie Ihre Werbemittel selbst oder stecken Sie sie hinter die Scheibenwischer von geparkten Autos.

Low-Budget Verwenden Sie keine DIN-A4-Flugblätter – A5 tuts auch. Oder kopieren sie überhaupt nur Mini-Gutscheine oder Rabattmarken für alle Schnäppchenjäger. Bei guten Angeboten wird der Erfolg nicht lange auf sich warten lassen.

→ Bieten Sie die Flugblätter auch am Geschäftsportal in einem Prospekthalter zur freien Entnahme an.

→ Legen Sie Ihre Flugblätter auch in anderen Geschäften, Vereinslokalen oder an Orten aus, wo viel Publikumsverkehr herrscht. Ein Hundesalon sollte

daher seine Flugblätter beim örtlichen Tierarzt auslegen, ein Sportartikelhändler in den lokalen Sportvereinen, ein Optiker in den örtlichen Alters-
heimen.

Sein Geheimnis: Ein Aushang am schwarzen Brett des Wohnheims – „**Gratis Hausbesuche** für alle Heimbewohner".

→ Verteilung vor Ämtern, Universitäten, Schulen etc.

→ Verteilung vor dem Beginn oder nach dem Ende von kulturellen oder
sportlichen Veranstaltungen.

3. Public Relations

→ Guter Kontakt zur Presse ist eine Daueraufgabe. Geben Sie der Presse immer wieder einen „Grund", auch wirklich über Sie zu schreiben, etwa über

→ ungewöhnliche-Veranstaltungen und Rekordversuche etc.;

→ Seminare;

→ Tipps vom Fachmann oder Handwerksmeister;

→ Bemühen Sie sich hartnäckig um möglichst häufige Medienpräsenz. Machen
Sie „von sich reden".

→ Schreiben Sie Leserbriefe – dies ist der einfachste Weg in die Zeitung.

4. Schaufenster-Plakate

→ Nur kopiert statt gedruckt sind sie extrem günstig und dennoch bei guter
Gestaltung in der Werbewirkung nicht zu überbieten.

→ Hängen Sie das Plakat auch in den umliegenden Geschäften oder an stark
frequentierten Stellen in ihrer Umgebung auf.

→ Auch die Schwarzen Bretter in den Wohnhausanlagen sind perfekt für Ihr
Kleinplakat geeignet. Gestalten Sie Ihr Plakat so, dass man Ihre Telefonnummer (und den Firmennamen) mehrmals leicht vom übrigen Plakat ab-
trennen kann.

→ Denken Sie immer an den Vorteil für den Kunden – sonst hagelt es Misser-
folge.

Danksagung!

Danken möchte ich den Personen, die an diesem Buch mitgearbeitet haben bzw. mit ihrem Know-how zum Gelingen beigetragen haben:

Dr. Karin Gmeiner — Rechtsanwältin (und geliebte Ehefrau)
Nur ihren ständigen „Verbesserungsvorschlägen" ist es zu verdanken, dass dieses Buch jetzt „Hand und Fuß" hat. Obwohl ich nahe am Rande des Nervenzusammenbruchs gewandelt bin, nachdem sie mir (nach Vorlage der ersten 120 Seiten) eine völlige Überarbeitung nahelegte ...
„☠ ☹ 💣 ☹ 😐 ☺ „**Danke Schatz** ☺"
Es hat dem Buch wirklich gut getan.

Mag. Fred Husny — Markt- und Meinungsforscher

Christa Janczer — Fotografin

Josef Mold — Fotograf

Andreas Kobschätzky — mvg-verlag
Dass er auch nach Ablauf der Abgabefrist des Manuskriptes nicht nervös wurde und an das Buch geglaubt hat.

Literaturverzeichnis

Aus folgenden Büchern wurden kurze Zitate bzw. Fachausdrücke übernommen oder Ideen und Anregungen verwendet. Herzlichen Dank an die Autoren:

Autorenteam: *Der Werbeberater. Ideenservice für erfolgreiche Werbung und Öffentlichkeitsarbeit.* Loseblattausgabe, Bonn 2000

Boress, A. S.: *Jetzt brauche ich Aufträge. Wie Dienstleiter, Selbständige und Freiberufler ihre Auftragslage stabilisieren, neue langfristige Kundenbeziehungen aufbauen und erfolgreich am Markt bestehen.* Landsberg am Lech 1998

brand eins Wirtschaftsmagazin

Bürger, J. H.: *Wie sage ich's der Presse.* Landsberg am Lech (vergriffen)

Drescher, U.: *Katalogoptimierung.* Landsberg am Lech (vergriffen)

Förster, H. P.: *Handbuch Pressearbeit*, München

Gmeiner, A.: *Besser werben in 60 Minuten! Werbung leicht gemacht für Klein- und Mittelbetriebe.* Audiokassette, Wien 1998

Gmeiner, A.: *Werbung für freie Berufe endlich erlaubt.* Landsberg am Lech 1999

Gmeiner, A.: *Werbung verboten? Werbung leicht gemacht für Ärzte, Apotheker, Rechtsanwälte, Notare, Steuerberater und Wirtschaftstreuhänder in Österreich.* Wien 1998

Harbich E./Kotschwar G.: *WIFI-Skriptum.* WIFI-Wien

Klewes, J.: *Die Marketing Datenbank. Das Sourcebook für Werbung, PR und Below the Line.* Regensburg 1997

Levinson, J. C.: *Guerilla Marketing für Fortgeschrittene.* München 1997

Levinson, J. C.: *Guerilla Marketing im Internet. Tips und Tricks für kleinere und mittlere Unternehmen.* Zürich 1999

Levinson, J. C.: *Guerilla Marketing. Offensives Werben und Verkaufen für kleiner Unternehmen.* München 1995

Levinson, J. C.: *Guerilla Werbung. Ein Leitfaden für kleine und mittlere Unternehmen.* München 1998

Lewis, H. G.: *Werbebriefe mit Power. 1000 Tips, Regeln und Erfolgsbeispiele.* 2. Aufl. 1997, Landsberg am Lech

Lüscher, M.: *Die Lüscherwürfel*, München

Pawlowitz, N.: *Marketing im Internet. Zielgruppenpotential – Einsatzmöglichkeiten – Umsetzung.* 2. Aktualisierte Aufl., Wien 1999

Schwab, V. O.: *Anzeign wirksam texten.* Landsberg am Lech (vergriffen)

Skirl, M. j.: *100 Ideen für Werbung und PR.* München

Winterfeldt, W.: *Besser texten – mehr verkaufen.* Hohmann Verlag

Stichwortverzeichnis